高等学校工程类专业教学用书

工程经济学与工业企业管理

主　编　刘巍巍
副主编　赵　红
参　编　徐方超　刘　设　佟　玲
　　　　邢艳洪　林　强　王诗雅
　　　　王胜男　孙宇丹　孙宇彤

机械工业出版社

本书针对高等学校工程类专业学生应掌握经济学和管理学知识的教学需求，将工程经济学课程和工业企业管理学课程的教学内容进行了有效整合，重新设计了内容体系，突出了工程类专业的学科特点。本书内容分为工程经济学篇和工业企业管理篇：工程经济学篇主要对资金的时间价值、工程项目经济评价指标与方法、不确定性分析与风险决策、工程项目的可行性研究、价值工程理论与方法、工程经济学在工程中的应用等知识进行了介绍；工业企业管理篇主要对工业企业营销管理、工业企业人力资源管理、工业企业生产运作管理、工业企业质量管理、工业企业技术管理等知识进行了介绍。

本书主要作为高等学校工程类专业教学用书，也可供工程管理人员和企业管理人员参考。

图书在版编目（CIP）数据

工程经济学与工业企业管理/刘巍巍主编. —北京：机械工业出版社，2018.10（2024.1 重印）
ISBN 978-7-111-61060-1

Ⅰ.①工… Ⅱ.①刘… Ⅲ.①工程经济学-高等学校-教材②工业企业管理-高等学校-教材 Ⅳ.①F062.4②F406

中国版本图书馆 CIP 数据核字（2018）第 227488 号

机械工业出版社（北京市百万庄大街 22 号 邮政编码 100037）
策划编辑：王华庆 责任编辑：王华庆
责任校对：刘志文 封面设计：张 静
责任印制：张 博
北京雁林吉兆印刷有限公司印刷
2024 年 1 月第 1 版第 4 次印刷
187mm×260mm·15.75 印张·393 千字
标准书号：ISBN 978-7-111-61060-1
定价：45.00 元

凡购本书，如有缺页、倒页、脱页，由本社发行部调换

电话服务 网络服务
服务咨询热线：010-88379833 机工官网：www.cmpbook.com
读者购书热线：010-88379649 机工官博：weibo.com/cmp1952
教育服务网：www.cmpedu.com
封底无防伪标均为盗版 金 书 网：www.golden-book.com

前 言

创新型工程科技人才的培养强调构建完善的、多学科交叉与融合的知识结构体系。目前，我国很多高校将工程经济学与工业企业管理学作为复合型工程科技人才培养的必修课，以提升学生综合素质，使学生进入工作岗位后能够运用经济尺度判断、评价项目的优劣，设计出具备市场竞争力的产品，用管理方法与手段解决工业企业运营中存在的实际问题。

本书即是为高等学校工程类专业工程经济学与工业企业管理课程而编写的教材。本书具有以下三个特点：

（1）创新性　本书从教学实际出发，结合工程经济学（微观经济学范畴）与工业企业管理（管理学范畴）两大既相互独立又彼此联系的学科特点，将两者在教学上交叉融合，旨在培养学生对工程实际问题的经济决策能力和科学管理能力。

（2）针对性和实用性　本书与一般的工程经济学（建筑类案例）和企业管理（管理类案例）类教材有所区别，注重将服务于工程项目和工业企业的实际成果编写成针对性较强的案例，以激发学生的学习兴趣，锻炼学生运用经济学和管理学知识解决实际问题的能力。

（3）体系精简、完善　本书理论和方法体系完整、资料丰富，内容精简但不失系统性。本书广泛吸收了国内外经济学与管理学研究领域的新内容，对所选材料及练习题的难易程度有所控制，并附有大量图表，以方便学生理解与掌握。

本书由刘巍巍担任主编，负责编写大纲及统稿工作。全书共分为十三章，其中第一章、第七章和第九章由刘巍巍编写，第二章、第六章、第八章、第十章由刘设和邢艳洪编写，第三章、第五章由佟玲编写，第四章、第十三章由赵红编写，第十一章、第十二章由徐方超编写。沈阳北瑞科技有限公司的林强负责相关案例的编写和校对工作。王诗雅、王胜男、孙宇丹、孙宇彤负责参考文献的整理和部分校对工作。

本书在编写过程中参考了国内外专家学者的相关著作，并得到了沈阳工业大学教务部门的大力支持和帮助，在此表示衷心的感谢。

由于编者水平有限，书中难免有错误和不妥之处，恳请读者批评指正。

编　者

目　录

前　言

工程经济学篇

第一章　绪论 2
　第一节　工程经济学的基本概念 2
　　一、工程经济学的定义 2
　　二、工程经济学的起源和发展 3
　　三、工程经济学的学科特点 4
　第二节　工程经济学要素 4
　　一、投资与资产 4
　　二、成本与费用 8
　　三、收入、利润与税金 9
　第三节　工程经济学的研究方法和步骤 14
　　一、工程经济学研究方法 14
　　二、工程经济分析的一般程序 14
　思考与练习 16
　本章小结 16

第二章　资金的时间价值 17
　第一节　利息 17
　　一、利息的定义 18
　　二、利息的计算方法 18
　第二节　现金流量 19
　　一、现金流量的概念 19
　　二、现金流量图的画法 19
　第三节　资金等值计算 20
　　一、一次支付系列 20
　　二、等额分付系列 21
　　三、等差系列（均匀梯度系列） 23
　　四、等比系列（几何级数系列） 25
　第四节　名义利率与实际利率 26
　　一、名义利率与实际利率的概念 26
　　二、计息期短于支付期 26
　　三、计息期长于支付期 27
　思考与练习 27
　本章小结 28

第三章　工程项目经济评价指标与方法 29
　第一节　经济评价指标概述 29
　　一、经济评价指标及指标体系 29
　　二、经济评价指标的设定原则 30
　　三、经济评价指标的分类 30
　第二节　时间性经济评价指标 31
　　一、静态投资回收期 31
　　二、动态投资回收期 31
　第三节　价值性经济评价指标 32
　　一、净现值 32
　　二、净年值 34
　第四节　比率性经济评价指标 34
　　一、净现值率 34
　　二、内部收益率 35
　　三、外部收益率 36
　　四、效益费用比 37
　　五、简单投资收益率 37
　第五节　工程项目方案优选 38
　　一、项目之间的关系及传统解法 38
　　二、多项目（方案）的经济评价方法 40
　思考与练习 46
　本章小结 46

第四章　不确定性分析与风险决策 …… 47
第一节　不确定性概述 …………… 47
一、不确定性及其产生的原因 …… 47
二、不确定性分析的意义 ………… 48
三、不确定性分析方法 …………… 48
第二节　盈亏平衡分析 …………… 49
一、线性盈亏平衡分析 …………… 49
二、盈亏平衡分析的局限性 ……… 52
第三节　敏感性分析 ……………… 52
一、敏感性分析的基本原理 ……… 52
二、单因素敏感性分析 …………… 53
三、多因素敏感性分析 …………… 55
第四节　风险分析与风险决策 …… 57
一、风险估计 ……………………… 58
二、风险决策分析 ………………… 60
思考与练习 …………………………… 63
本章小结 ……………………………… 63

第五章　工程项目的可行性研究 …… 65
第一节　可行性研究概述 ………… 65
一、工程项目发展周期 …………… 65
二、可行性研究报告的作用 ……… 66
三、可行性研究阶段的划分 ……… 66
四、可行性研究的一般程序 ……… 67
第二节　市场调查 ………………… 67
一、市场调查概述 ………………… 67
二、市场调查的方法 ……………… 68
三、市场需求估计 ………………… 69
第三节　市场预测 ………………… 70
一、市场预测的作用 ……………… 70
二、市场预测的程序 ……………… 70
三、市场预测的方法 ……………… 71
第四节　可行性研究报告的编制 … 76
一、可行性研究报告的编制依据 … 76
二、项目建议书的主要内容 ……… 76
三、可行性研究报告的主要内容 … 77
思考与练习 …………………………… 78
本章小结 ……………………………… 79

第六章　价值工程理论与方法 ……… 80
第一节　价值工程的基本原理 …… 80
一、价值工程的定义 ……………… 80
二、价值工程的目的和意义 ……… 81
三、提高价值的途径 ……………… 81
四、价值工程的工作原则和工作程序 …… 82
第二节　价值工程对象的选择与信息收集 …… 83
一、价值工程对象的选择及常用方法 …… 83
二、价值工程的信息收集 ………… 87
第三节　功能分析与评价 ………… 88
一、功能分析 ……………………… 88
二、功能评价 ……………………… 89
第四节　价值工程方案的制订 …… 92
一、创新与改进方法 ……………… 92
二、价值工程方案的制订与选择 … 93
三、价值工程方案的实施与效果评价 …… 95
思考与练习 …………………………… 96
本章小结 ……………………………… 96

第七章　工程经济学在工程中的应用 …… 98
第一节　设计方案的经济分析与选择 …… 98
一、多指标综合评价法 …………… 98
二、单指标评价法 ………………… 99
三、价值分析法 …………………… 99
第二节　工程施工中的经济分析 … 101
一、施工工艺方案的经济评价指标体系 … 101
二、施工组织方案的评价 ………… 102
三、新结构、新材料的经济评价 … 103
四、施工方案经济分析与评价的方法 …… 104
第三节　设备方案的更新与选择 … 106
一、设备的更新 …………………… 106
二、设备原型更新的经济分析 …… 110
第四节　项目经济评价案例 ……… 113
一、研究总论 ……………………… 113
二、研究方法 ……………………… 113
三、宗地最佳利用方式构思 ……… 114
四、宗地地价测算 ………………… 116
五、项目财务评价 ………………… 119
六、项目综合经济评价与建议 …… 123
思考与练习 …………………………… 123
本章小结 ……………………………… 124

工业企业管理篇

第八章　工业企业管理概论 ……… 128
第一节　工业企业概述 …………… 128

一、工业企业的概念和特征 …………… 128
　　二、工业企业的分类 …………………… 129
　第二节　组织管理 …………………………… 130
　　一、组织管理的概念 …………………… 130
　　二、组织设计的原则 …………………… 131
　　三、组织结构的形式 …………………… 132
　第三节　企业文化管理 ……………………… 136
　　一、企业文化的概念和内涵 …………… 136
　　二、企业文化的特征和结构 …………… 136
　　三、企业形象与企业文化的关系 ……… 138
　第四节　战略管理 …………………………… 140
　　一、战略管理的含义 …………………… 140
　　二、战略的构成要素和层次 …………… 140
　　三、战略管理的过程 …………………… 141
　思考与练习 …………………………………… 143
　本章小结 ……………………………………… 144

第九章　工业企业营销管理 ……………… 145
　第一节　市场营销概述 ……………………… 145
　　一、市场营销在现代企业中的作用 …… 145
　　二、市场营销的概念及其观念的演变 … 146
　　三、市场营销管理 ……………………… 147
　第二节　市场细分与市场定位 ……………… 148
　　一、市场细分 …………………………… 148
　　二、目标市场选择 ……………………… 149
　　三、市场定位 …………………………… 151
　第三节　市场营销组合策略 ………………… 151
　　一、产品策略 …………………………… 151
　　二、定价策略 …………………………… 155
　　三、分销渠道策略 ……………………… 158
　　四、促销策略 …………………………… 159
　思考与练习 …………………………………… 162
　本章小结 ……………………………………… 162

第十章　工业企业人力资源管理 ………… 163
　第一节　人力资源管理概述 ………………… 163
　　一、人力资源管理的基本概念 ………… 163
　　二、人力资源管理的特点及作用 ……… 164
　　三、人力资源开发 ……………………… 165
　第二节　工作分析与人力资源规划 ………… 167
　　一、工作分析 …………………………… 167
　　二、人力资源规划 ……………………… 168
　第三节　员工招聘与培训 …………………… 169
　　一、员工招聘 …………………………… 169
　　二、员工培训 …………………………… 171

　第四节　绩效考核与薪酬管理 ……………… 172
　　一、绩效考核 …………………………… 172
　　二、薪酬管理 …………………………… 175
　思考与练习 …………………………………… 178
　本章小结 ……………………………………… 178

第十一章　工业企业生产运作管理 ……… 180
　第一节　生产运作管理概述 ………………… 180
　　一、生产运作的概念及分类 …………… 180
　　二、生产运作的过程 …………………… 182
　　三、生产运作系统 ……………………… 184
　　四、生产运作管理的目标和基本内容 … 185
　第二节　生产过程组织 ……………………… 186
　　一、生产或服务设施布置 ……………… 186
　　二、生产过程的时间组织 ……………… 188
　　三、生产过程的组织形式 ……………… 190
　第三节　生产计划与控制 …………………… 192
　　一、生产计划 …………………………… 192
　　二、生产作业计划 ……………………… 194
　　三、生产作业控制 ……………………… 196
　第四节　精益生产 …………………………… 198
　　一、精益生产概述 ……………………… 198
　　二、精益生产的主要特征 ……………… 198
　　三、精益生产的主要内容 ……………… 199
　思考与练习 …………………………………… 201
　本章小结 ……………………………………… 201

第十二章　工业企业质量管理 …………… 202
　第一节　质量管理概述 ……………………… 202
　　一、质量的概念 ………………………… 202
　　二、质量管理的概念 …………………… 203
　　三、质量管理发展历程 ………………… 204
　第二节　全面质量管理 ……………………… 205
　　一、全面质量管理的概念与特点 ……… 205
　　二、全面质量管理工作原则与方式 …… 206
　　三、全面质量管理的常用工具 ………… 207
　第三节　ISO 9000 与质量认证 ……………… 212
　　一、ISO 9000 系列标准概述 …………… 212
　　二、七项质量管理原则 ………………… 213
　　三、ISO 9000 系列标准质量认证 ……… 214
　思考与练习 …………………………………… 217
　本章小结 ……………………………………… 217

第十三章　工业企业技术管理 …………… 218
　第一节　技术创新 …………………………… 218

一、技术创新概述 …………………… 218
　　二、技术创新模式的选择 …………… 221
　　三、知识产权保护 …………………… 222
　第二节　技术引进 ………………………… 223
　　一、技术引进的概念 ………………… 223
　　二、技术引进的主要形式 …………… 223
　　三、技术引进的程序 ………………… 225
　第三节　新产品开发 ……………………… 226
　　一、新产品开发的概念及分类 ……… 226
　　二、新产品开发的方向及方式 ……… 227
　　三、新产品开发的过程 ……………… 228
　　四、新产品的评价方法 ……………… 230
　思考与练习 ………………………………… 231
　本章小结 …………………………………… 231
附录　复利系数表 ……………………… 232
参考文献 ………………………………… 242

工程经济学篇

第一章 绪 论

教学目的
- 了解工程经济学的基本原理和学科特点。
- 掌握工程经济学要素。
- 理解工程经济学的研究方法。
- 掌握工程经济分析的一般程序。

学习方法
- 识记和理解基本概念及原理。

本章内容要点
- 工程经济学的基本原理和基础知识。
- 工程经济学要素。
- 工程经济学的研究方法。
- 工程经济分析的一般程序。

第一节 工程经济学的基本概念

一、工程经济学的定义

工程经济学是介于工程技术科学与经济科学之间的交叉学科,是研究工程技术实践活动经济效果的学科。工程经济学的实质是寻求工程技术与经济效果的内在联系,揭示二者协调发展的内在规律,促使技术先进性与经济合理性的统一。因此,工程经济学可以定义为:运用工程学和经济学有关知识相互交融而形成的工程经济学分析原理与方法,对能够完成工程项目预定目标的各种可行技术方案、政策、规划等的经济效果进行分析比较、计算和评价,优选出技术上先进、经济上合理的方案,从而为实现正确的投资决策提供科学依据的一门应用性学科。

其主要内容包括资金的时间价值、工程项目评价指标与评价方法、工程项目多方案的比较和选择、建设项目的财务评价、建设项目的国民经济评价和社会评价、不确定性分析、价值工程、设备更新方案的比较、项目可行性研究等方面。

工程经济学的研究对象是工程项目的经济效果。工程项目的含义很广,包括公用事业项目、企业投资项目、私人投资项目等。这些项目可以是现有（已建）项目、新建项目、扩展项目、技术引进项目、技术改造项目等。为创建一个工程项目而进行的工程经济学研究，必须同时解决有关的技术问题和经济问题。它的任务是对工程项目及其相关环节进行经济效益分析，对各种备选方案进行分析、论证、评价，从而选择技术上先进可行、经济上合理的最佳方案，为工程项目实施的经济性效果做出科学的评价。

二、工程经济学的起源和发展

人类社会的发展是以经济发展为标志的，而经济发展依赖于技术进步。任何技术的采用都必然消耗人力、物力、财力等各类自然资源以及无形资源。这些有形和无形资源都是某种意义下的稀有资源。例如，对于人类日益增长的物质生活和文化生活的需求，再多的资源都是不足的。另外，同一种资源往往有多种用途，人类的各种需求又有轻重缓急之分，因此，如何把有限的资源合理地配置到各种生产经营活动中，是人类生产活动产生以来一直就存在的问题。

工程经济学的产生至今已有100多年，其标志是1887年美国土木工程师亚瑟姆·惠灵顿出版的著作《铁路布局的经济理论》。很显然，铁路的选择可以有多种方案，而且不同方案对铁路的建设费用、未来运营费用和收益会产生不同的影响。但当时的实际情况是，许多选线工程师没有意识到这一问题的重要性。于是，作为铁路工程师的惠灵顿首次将成本分析应用于铁路的最佳长度和路线的曲率选择上，并提出了工程利息的概念，开创了工程领域中经济评价的先河。在其著作中将工程经济学描述为"一门少花钱多办事的艺术"。

1920年，戈尔德曼研究总结了工程结构的投资问题，并在其著作《财务工程》中提出了用复利法分析各个方案的比较值，进行投资方案评价的思想，并且指出："有一种奇怪而遗憾的现象，就是许多作者在他们的工程经济学书籍中，没有或很少考虑成本问题。实际上，工程师最基本的责任是分析成本，以达到真正的经济性，即赢得最大可能数量的货币，获得最佳财务效益。"

1930年，格兰特教授出版了《工程经济学原理》，该书奠定了经典工程经济学的基础。书中指出了古典工程经济学的局限性，并以复利计算为基础，对固定资产投资的经济评价原理做出了阐述，首创了工程经济的评价理论和评价原则。该书历经半个世纪，到1982年已再版6次，是一本公认的工程经济学代表著作。格兰特教授对工程经济学的重大贡献获得了社会认可，被称为"工程经济学之父"。

迪安发展了折现现金流量法和资金分配法。迪安指出："时间具有经济价值，所以近期的货币要比远期的货币更有价值。"

第二次世界大战以后，工程经济学的研究内容从单纯的工程成本分析扩大到市场需求和资源合理配置领域，美国的学者把计算现金流量的现值方法应用到资本支出的分析上，同时在风险投资、敏感性分析等考虑市场不确定性因素方面取得了进展。

以后，各国的学者在投资方案比较选优方面、公用事业项目的评价理论与评价方法等方面进一步完善，形成了工程经济学较完整的理论与方法体系。

近十几年来，系统工程、数学及计算机技术在工程经济学中得到广泛应用，出现了微观部门效果分析逐渐与宏观社会效益分析、环境效益分析结合在一起，由单目标向多目标分析研究发展的新趋势，同时对风险分析更为关注。

三、工程经济学的学科特点

从学科归属上看，工程经济学既不属于社会科学（经济学科），也不属于自然科学。工程经济学立足于经济，研究技术方案，已成为一门综合性的交叉学科。其主要特点如下：

(1) 综合性　工程经济学横跨自然科学和社会科学两大类。工程技术学研究自然因素运动、发展的规律，是以特定的技术为对象的；而经济学是研究生产力和生产关系运动、发展规律的一门学科。工程经济学从技术角度去考虑经济问题，又从经济角度去考虑技术问题，技术是基础，经济是目的。在实际应用中，技术经济涉及的问题很多，一个部门、一个企业有技术经济问题，一个地区、一个国家也有技术经济问题。因此，工程技术的经济问题往往是多目标、多因素的。因此，工程经济学所研究的内容既包括技术因素和经济因素，又包括社会因素和时间因素。

(2) 实用性　工程经济学之所以具有强大的生命力，在于它非常实用。工程经济学研究的课题、分析的方案都来源于工程建设实际，并与生产技术和经济活动紧密结合。其分析和研究的成果直接用于生产，并通过实践来验证分析结果是否正确。

(3) 定量性　工程经济学的研究方法注重定量分析，即使有些难以定量的因素，也要设法予以量化估计。通过对各种方案进行客观、合理、完善的评价，用定量分析结果为定性分析提供科学依据。如果不进行定量分析，技术方案的经济性就无法评价，经济效果的大小就无法衡量，在诸多方案中也就无法进行比较和优选。因此，在分析和研究过程中，要用到很多数学方法、计算公式，并建立数学模型。

(4) 预测性　工程经济分析活动大多在事件发生之前进行。要对将要实现的技术政策、技术措施、技术方案等进行预先的分析评价，首先要进行技术经济预测，通过预测，使技术方案更接近实际，从而避免盲目性。工程经济预测性主要有以下两个特点：

1) 尽可能准确地预见某一经济事件的发展趋向和前景，充分掌握各种必要的信息资料，尽量避免由于决策失误而造成经济损失。

2) 预测性包含一定的假设和近似性，只能要求对某项工程或某一方案的分析结果尽可能地接近实际，而不能要求其绝对准确。

(5) 比较性　世上万物只有通过比较才能辨别孰优孰劣。经济学研究的实质是进行经济比较。工程经济分析通过对经济效果的比较，从许多可行的技术方案中选择最优方案或满意的可行方案。一个经济技术指标是先进的还是落后的，是通过比较而言的。以能耗为例，1t 标准煤能够产生多少产值，如果没有比较就无法说明。

第二节　工程经济学要素

一、投资与资产

对项目进行工程经济分析和评价时，将涉及许多基本经济要素，最重要的几个基本经济要素有：投资、成本、销售收入、税金和利润。这些基本经济要素是进行项目分析和评价不可或缺的基础数据，是进行工程经济分析的最重要数据，是构成或影响项目投入产出的基本数据。

对这些数据所进行的预测和估算的准确性，将直接影响项目的决策选择。因此，必须明确这些基本经济要素的概念、构成，掌握其预测（计算）和估算的基本方法。

1. 投资的概念

投资是人类最重要的经济活动之一，一般有广义和狭义之分。

广义的投资是指一切为了将来的所得而事先垫付的资源（包括资金、人力、技术和信息等）及其经济行为。从一定意义上讲，广义的投资是指为了将来获得收益或避免风险而进行的资产投放活动。

狭义的投资是指为了建造和购置固定资产，购买和储备流动资产，而事先垫付的资金及其经济行为。

任何一个项目要想正常运行都要投资。工程经济学中的投资主要是指狭义的投资。狭义的投资是所有投资活动中最基本也是最重要的投资，是经济启动和发展的源泉。

投资活动是诸多要素的统一。

第一，投资主体，是指各种从事投资活动的法人和自然人，具体表现为从事投资的各级政府、企业、个人和外商等。

第二，投资环境，既包括投资政策、法律法规的保障水平等投资软环境，又包括基础设施等投资硬环境。

第三，资金投入，主要是指货币投入，也可以表现为设备、材料等有形资本，以及技术、信息、商标、专利权等无形资本的投入。

第四，投资产出，即投资的直接产出和新增加的生产能力（服务能力）。所构建的资产又包括固定资产、流动资产、无形资产和递延资产等真实资产。

第五，投资目的。投资活动是人类有意识的活动，其目的是获取预期效益，即投资前必须对投入与产出进行估算，考查预期目标的实现程度。

投资是一个极为复杂的经济系统。为了有助于深入理解投资的概念、本质和运动规律，现将投资分类如下：

（1）直接投资与间接投资　按其形成真实资产的直接程度，可将投资划分为直接投资与间接投资。

1）直接投资是指投资者运用筹措的资金，直接开厂设店独立经营，或收购原有企业，或与其他投资者合资经营、合作经营、合作开发等，从而获得支配企业经营管理的权利。直接投资一般都能增加真实资产存量，为最终生产产品和提供劳务创造物质基础。

2）间接投资一般是指投资者运用自己的资金，购买股票、债券等有价证券，以收取一定的股息或利息为目的的投资行为。间接投资只能形成虚拟资产，其本身并不直接导致生产能力、服务能力的增加。

（2）经营性投资与非经营性投资　按其形成资产的用途不同，可将投资划分为经营性投资和非经营性投资。

1）经营性投资是指所形成的资产主要用于物质生产和营利性服务。它的主要特征是投资资金所转换的资产在运转中进行经济核算，以其收入弥补其支出，计算和考核盈亏。

2）非经营性投资是指所形成的资产主要用于公共管理事业。它的主要特征是投资资金所转换的资产在运转中使用价值逐渐损耗，价值却无处转移，不能以收抵支，不考核经济效果，因此，投资资金不能形成自身的循环周转。

（3）固定资产投资、流动资产投资、无形资产投资和递延资产投资　按其形成真实资产的内容不同,可将资产划分为固定资产投资、流动资产投资、无形资产投资和递延资产投资。

2. 建设项目总投资的构成

一般来说,总投资含建设投资和生产经营所需的流动资金。如果建设投资所使用的资金中含有借款,则建设期的借款利息也应计入总投资。建设投资最终形成相应的固定资产、无形资产、递延资产及预备费用,如图 1-1 所示。

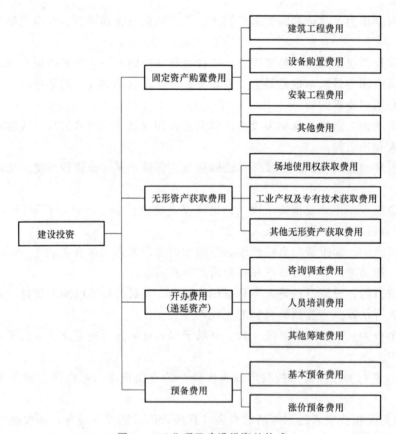

图 1-1 工业项目建设投资的构成

建设投资是指从工程项目确定建设意向开始至建成竣工投入使用为止,在整个建设过程中所支出的总费用。这是保证工程建设正常进行的必要资金。建设投资主要由设备器具购置费用、建筑安装工程费用和工程建设其他费用等组成。

3. 投资形成的资产

依据资产特性,可将投资形成的资产分为固定资产、无形资产、递延资产和流动资产。

(1) 固定资产 固定资产是可供长期使用(一般在 1 年以上)并保持原有实物形态的劳动资料和其他物质资料。

企业使用期限超过 1 年的房屋和其他建筑物、机器、运输工具、以及其他与生产、经营有关的设备、器具、工具等资产,均应作为固定资产;不属于生产、经营主要设备的物品,单位价值在规定限额以上的,使用期限超过规定年限的,也作为固定资产管理。这构成了企业的物质基础。

固定投资中形成的固定资产的支出叫作固定资产投资,是建设和装备一个投资项目所需的一次性支出。在以上所说的这些资产（房屋和其他建筑物、机器、运输工具）的建造或购置过程中发生的全部费用都构成固定资产投资。

（2）无形资产　无形资产是指企业长期使用，能为企业提供某些权利或利益，但不具有实物形态的资产，即没有物质实体而以某种特殊权利和技术知识等资源形态存在并发挥作用的资产，如专利权、商标权、著作权、土地使用权、非专利技术、版权和商誉等。

对无形资产的投入称作无形资产投资。无形资产的原值相当于获得无形资产的实际支出。现代投资项目中，无形资产的比重增加。无形资产投资也要收回。无形资产投资的回收称为摊销。无形资产原值按无形资产的有效使用期平均摊销。

（3）递延资产　递延资产是指集中发生但在会计核算中不能全部计入当年损益，应当在以后年度内分期摊销的费用，如开办费（筹建期间的人员工资、办公费、培训费、差旅费、印刷费和注册登记费）、租入固定资产的改良支出、固定资产大修理支出和股票发行费等。

一般开办费按不少于5年的期限摊销，租入固定资产的改良支出按租赁的期限摊销，这样各年的成本就不会太大。

（4）流动资产　工程项目通过固定资产投资形成固定资产后，不能直接投入运营，因为还需要物化劳动消耗，还必须为物化劳动消耗投入一定的资金，用于为生产消耗准备的必要的周转物资。比如，要购买原材料、燃料、动力，支付工资和其他费用，在制品、半成品、产成品和其他库存占用，以及保证生产和经营中流动资金周转的投资等。

流动资金是指在工业项目投产前预先垫付，在投产后的生产经营过程中用于周转的资金。流动资产的投资对于社会再生产过程的正常进行是必不可少的，它的结构如图1-2所示。一个企业要组织生产和经营活动，不仅要投入货币资金购买固定资产，还要购买劳动对象和支付工资。固定资产是生产的物质条件，而流动资产则是生产过程的对象和活劳动。

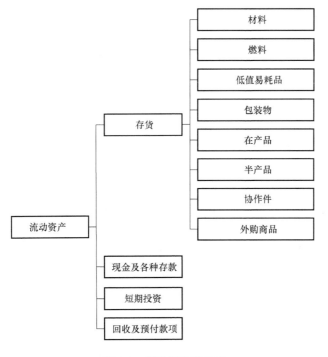

图1-2　流动资产的构成

流动资金周转越快，实际发挥作用的流动资产也就越多。工业项目投入中的流动资金数额，主要取决于生产规模、生产技术、原材料、燃料动力消耗指标和生产周期等。此外，原材料、燃料的供应条件、产品销售条件、运输条件及管理水平等也都会影响流动资金数额。

二、成本与费用

1. 概念

费用泛指企业在生产经营过程中发生的各项损耗费。成本通常是指企业为生产商品和提供劳动所发生的各项费用。

成本和费用指的是用货币表示的，为达到一定目的或获取一定的利益所必须付出或已经付出的代价。它们的区别主要在于：成本有特定的对象，而费用没有特定的对象。成本总是针对特定对象或目的，是一定产出物的消耗，是针对一定的产出物来计算的。这个产出物是成本计算的对象，它可以是一件产品或者一项服务。费用仅指为取得本期营业收入所发生的资产耗费，它强调与特定期间收入相配比的耗费，而不是特定产出物的耗费，往往与一定时期相联系。

成本和费用是从劳动消耗角度衡量工程项目投入的基本指标，它们可以综合地反映企业生产经营活动的技术工艺水平、资金利用率水平、劳动生产率水平以及经营管理水平等。

2. 总成本的构成

工业项目运营过程中的总成本，按经济用途可分解为生产成本和期间成本，如图1-3所示。

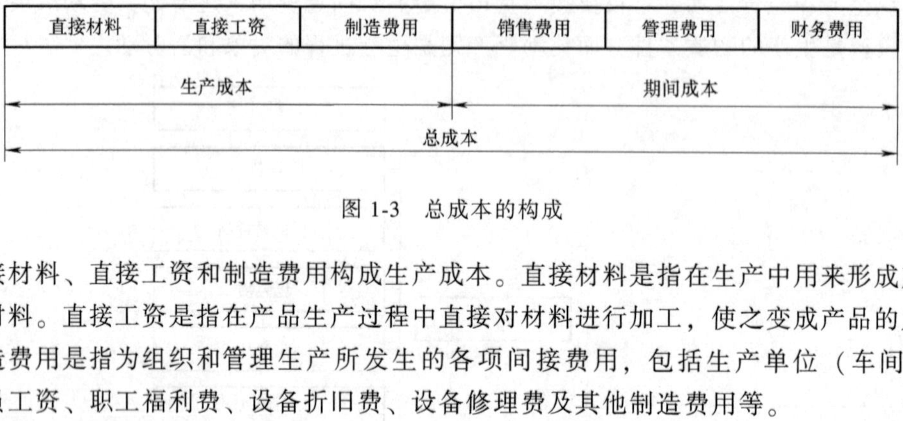

直接材料	直接工资	制造费用	销售费用	管理费用	财务费用
生产成本			期间成本		
总成本					

图1-3 总成本的构成

直接材料、直接工资和制造费用构成生产成本。直接材料是指在生产中用来形成产品主要部分的材料。直接工资是指在产品生产过程中直接对材料进行加工，使之变成产品的人员的工资。制造费用是指为组织和管理生产所发生的各项间接费用，包括生产单位（车间或分厂）管理人员工资、职工福利费、设备折旧费、设备修理费及其他制造费用等。

期间成本包括销售费用、管理费用和财务费用。销售费用是指销售商品过程中发生的费用，包括应由企业负担的运输费、装卸费、包装费、保险费、差旅费、广告费，以及专设销售机构的人员工资及福利费、折旧费和其他费用。管理费用是指企业行政管理部门为管理和组织经营活动而发生的各项费用，包括管理部门人员工资及福利费、折旧费、修理费、办公费、差旅费、保险费、业务招待费及其他管理费用。财务费用是指企业在筹集资金等财务活动中发生的费用，包括生产经营期间发生的利息净支出、汇兑净损失、银行手续费以及为筹集资金发生的其他费用。

在工程经济分析中，为了便于计算，通常按照各费用要素的经济性质和表现形态将它们归并，把总成本分成9项：①外购材料（包括主要材料、辅助材料、半成品、包装物、修理用备件和低值损耗品等）；②外购燃料；③外购动力；④工资及福利费用；⑤折旧费；⑥摊销费；⑦利息支出；⑧修理费；⑨其他费用。

3. 其他用途的成本概念

（1）经营成本　经营成本又称为付现成本，是技术项目本身在一定期间（通常为1年）内由于生产和销售产品及提供劳动服务而实际发生的现金支出。

$$经营成本 = 总成本 - 折旧与摊销费 - 借款利息支出 \tag{1-1}$$

经营成本是总成本的一部分，但不包括虽计入总成本中而实际尚未发生现金支出的费用，是项目经营过程中实际发生的成本，是项目的现金流出。

折旧费和摊销费不是一种经常性的实际支出，它们是以前一次性投资支出的分摊。从项目整个投资期看，由于固定资产、无形资产和递延资产的投资已在其发生时（期初）作为一次性的支出计入现金流出，而折旧费是对资产磨损的价值补偿，是过去的投资在项目使用期的分摊，并不是真正发生的现金流出，对于摊销费也视同折旧费处理，所以就不能再将折旧费和摊销费看作是现金流出，否则会产生重复计算的问题。因此，在经营成本中不包括这两项费用。

借款利息是使用借款资金所要付出的代价，对企业来说是实际的现金流出。但在评价工业项目全部投资的经济效果时，并不考虑资金来源问题，也不将借款利息计入现金流量。

（2）机会成本　机会成本是指将一种具有多种用途的有限资源置于特定用途时所放弃的收益。当一种有限的资源具有多种用途时，可能有许多投入这种资源获取相应收益的机会。如果将这种资源置于某种特定用途，必然要放弃其他的资源投入机会，同时也放弃了相应的收益。在所放弃的机会中，最佳的机会可能带来的收益就是将这种资源置于特定用途的机会成本。也就是说，由于生产要素的供给是有限的，人们不可能用有限的资源无限地生产所有产品。在用某些生产要素生产某种产品的同时，就必须要放弃利用这些要素生产另一种产品。为生产某产品而放弃生产另一种产品所带来的收益，就是生产这种产品的机会成本。其实，在工程经济分析中，机会成本就是选择最优方案而必须放弃的次优方案而获得的收益。

机会成本并非实际支出，也不会计入会计账册，但机会成本的概念是投资者必须掌握的概念，是一种科学的思维方式，是正确进行投资决策必须要认真考虑的现实因素，是选择最佳方案的重要依据。

（3）沉没成本　沉没成本是指以往发生的与当前决策无关的费用。它是过去发生的，不是目前角色所能改变的成本，即与目前决策无关或影响较小可不予考虑的成本。与之相对应的成本称为有效成本。

经济活动在时间上是具有连续性的，但从决策的角度来看，以往发生的费用只是造成当前状态的一个因素，当前状态是决策的出发点，当前决策所要考虑的是未来可能发生的费用及所能带来的效益，不考虑以往发生的费用。

提出这个概念的目的是提醒人们，在进行一项新的决策时，要向前看，不要总想着已经花出去而不能收回的费用而犹豫不决，影响未来的决策。正确理解和运用沉没成本的概念，是进行工程经济分析的一个基本要素。

三、收入、利润与税金

1. 收入

收入有广义和狭义之分。广义的收入是指在企业生产经营活动与非生产经营活动中能够导致企业净资产增加的所得，包括营业收入、投资收入和营业外收入。其中，营业收入是企业主要的收入来源，是反映工程项目真实收益的经济参数，也是工程经济分析中现金流入的一个重要内容。狭义的收入仅指企业在生产经营活动中所取得的营业收入。

我国《企业会计制度》对收入的定义为：企业在销售商品、提供劳务及让渡资产使用权等日常活动中所形成的经济利益的总流入，包括主营业务收入和其他业务收入。经济利益是指直接或间接流入企业的现金或现金等价物。

根据企业会计准则，按照收入的性质，可将收入分为商品销售收入、劳务收入和提供他人使用本企业资产而取得的收入。商品销售收入主要是指取得货币资产方式的商品销售，以及正常情况下以商品抵偿债务的交易等的收入。这里的商品主要包括企业为销售而生产或购进的商品，企业销售的其他存货，如原材料、包装物等。劳务收入主要是指企业提供旅游、运输、广告、理发、饮食、咨询、代理、培训、产品安装等所取得的收入。提供他人使用本企业资产而取得的收入是指企业让渡资产使用权所获得的收入，包括因他人使用本企业现金而收取的利息，因他人使用本企业的无形资产而形成的使用费，出租固定资产取得的租金等。

商品销售收入的计算公式为

$$\text{收入} = \text{产品销售数量} \times \text{产品单价} \tag{1-2}$$

劳务收入的计算比较复杂，如提供运输服务而产生的收入的计算公式为

$$\text{收入} = \text{运输里程} \times \text{运输单价} \times \text{运输重量} \tag{1-3}$$

提供旅游、广告、理发、饮食、咨询、代理、培训、产品安装等产生的收入，一般没有固定的计算公式，大都按照提供劳务的数量计算。每个行业的收费标准不同，计算收入的方法不同。其计算公式可以为

$$\text{收入} = \text{提供劳务的数量} \times \text{劳务单价} \tag{1-4}$$

2. 利润

利润是企业在一定的时间内生产经营活动的最终成果，是收入与费用配比相抵后的余额。企业利润既是国家财政收入的基本来源，也是企业扩大再生产的重要资金来源。利润指标能够综合反映企业的管理水平和经营水平。企业利润有利润总额和净利润两种。如果收入大于费用，则企业的净利润为正，说明企业盈利；如果收入小于费用，则企业的净利润为负，说明企业亏损。企业的利润总额包括营业利润、投资净收益以及营业外收支净额。

利润总额和净利润分别用公式表示为

$$\text{利润总额} = \text{营业利润} + \text{投资净收益} + \text{营业外收支净额} \tag{1-5}$$

$$\text{净利润} = \text{利润总额} - \text{所得税} \tag{1-6}$$

营业利润是指营业收入扣除成本、费用和各种流转税及附加税后的数额。投资净收益是指投资收益扣除投资损失后的数额。营业外收支净额为营业外收入减去营业外支出后的数额。所得税在后面税金中再介绍。收入、成本、费用和利润的关系如图 1-4 所示。

为了规范企业的经营管理，保证国家的税收来源，《企业财务通则》规定了企业利润的分配方式和分配方法。《企业财务通则》规定：企业发生的年度经营亏损，依照税法的规定弥补。税法规定年限内的税前利润不足弥补的，用以后年度的税后利润弥补，或者经投资者审议后用盈余公积金弥补。企业年度净利润，除法律、行政法规另有规定外，按照以下顺序分配：

1）弥补以前年度亏损。

2）提取 10% 法定公积金。法定公积金累计额达到注册资本 50% 以后，可以不再提取。

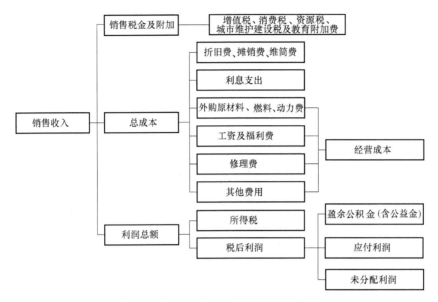

图 1-4　收入、成本、费用和利润的关系

3) 提取任意公积金。任意公积金提取比例由投资者决议。

4) 向投资者分配利润。企业以前年度未分配的利润,并入本年度利润,在充分考虑现金流量状况后,向投资者分配。属于各级人民政府及其部门、机构出资的企业,应当将应付国有利润上缴财政。

3. 税金

税金是指企业或纳税人根据国家税法规定应该向国家缴纳的各种税款。税金是企业和纳税人为国家提供资金积累的重要方式,也是国家对各项经济活动进行宏观调控的重要杠杆。税收是国家凭借政治权利参与国民收入分配与再分配的一种方式,具有强制性、无偿性和固定性的特点。国家对税收的管理是取之于民用之于民。

我国现行税收法律体系是在原有税制的基础上,经过 1994 年工商税制改革逐渐完善形成的,现共有 18 个税种,按其性质和作用大致分为 7 大类:流转税类、资源税类、所得税类、特定目的税类、财产和行为税类、农业税类、关税。本章就工程经济学中经常涉及的税种做简要介绍。

(1) 流转税类　流转税类是指以商品生产、商品流通和劳务服务的流转额为征收对象的各种税,主要在生产、流通或者服务业中发挥调节作用,包括增值税、消费税。

1) 增值税。增值税是对销售货物或者提供加工、修理修配劳务以及进口货物的单位和个人就其实现的增值额征收的一种税。实行增值税的优点如下:

① 有利于贯彻公平税负原则。

② 有利于生产经营结构的合理化。

③ 有利于扩大国际贸易往来。

④ 有利于国家普遍、及时、稳定地取得财政收入。

增值税的设置使得同一种产品,无论是全能厂家生产的,还是专业厂家协作生产的,只要其售价相同,税收负担水平就基本相同,这就平衡了不同生产经营方式的税负。

增值税是一种价外税，是对购买者征收的一种税，销售价格中不含增值税款。因此，增值税既不计入成本费用，也不计入销售收入。从企业角度进行投资的项目现金流量分析中可以不考虑增值税。

增值税的征收范围包括货物、应税劳务和进口货物。2018年5月1日起，我国全面实行"税率下降调整"，调整后我国增值税税率有16%、10%、6%和零税率共4档。

$$一般纳税人的应纳增值税额=（当期销项税额-当期进项税额）×适合的增值税税率 \quad (1-7)$$
$$进口货物的应纳增值税额=（关税完税价格+关税+消费税）×适合的增值税税率 \quad (1-8)$$

2）消费税。消费税是对一些特定消费品和消费行为征收的一种税。在中华人民共和国境内生产、委托加工和进口某些消费品的单位和个人，为消费税的纳税义务人。征收消费税的消费品主要有烟、酒、高档化妆品、贵重首饰及珠宝玉石、鞭炮和焰火、成品油、摩托车、小汽车高尔夫球及球具、高档手表、游艇、木制一次性筷子、实木地板、涂料、电池等商品。与增值税不同，消费税是一种价内税，并且与增值税交叉征收，即对应消费品既要征收增值税，又要征收消费税。

增值税征收范围最广，是一种普遍征收的税，而消费税只针对规定的消费品征收。

（2）资源税类　资源税是指国家为了调节资源级差收入，对因开发和利用自然资源而征收的一种税。它体现了国家要求资源开发者对国有资源的有偿使用。同增值税、消费税一样，我国于1994年1月1日起开始征收资源税。资源税的纳税人是在中华人民共和国领域及管辖海域开采《中华人民共和国资源税暂行条例》规定的矿产品或者生产盐的单位和个人。资源税只对特定资源征税。应当征收资源税的矿产品和盐有七类资源：原油、天然气、煤炭、其他非金属矿原矿、黑色金属矿原矿、有色金属矿原矿和盐。

资源税实行差别税率，即不同的资源其税率不同。资源税税率按销售额、重量或体积计算，如原油的税率为销售额的5%~10%，焦煤的税率为8~20元/t。

无论是自用或捐赠的资源，还是用于销售的资源，只要开采就必须按规定纳税。资源税的税额计算公式为

$$应纳资源税税额=销售（或自用、捐赠）资源数量×单位税额 \quad (1-9)$$

（3）所得税类　所得税是指以单位或个人在一定时期内的纯所得为征收对象的一类税。所得税主要在国民收入形成后，对生产经营者的利润和个人的纯收入发挥调节作用。它包括企业所得税、外商投资企业和外国企业所得税、个人所得税。

在工程经济分析中，常用的是企业所得税。企业所得税是指对中华人民共和国境内的企业和其他取得收入的组织，就其来源于中国境内外的生产经营所得和其他所得而征收的一种税。企业所得税法定税率为25%，国家需要重点扶持的高新技术企业所得税税率为15%。符合条件的小微企业和非居民企业所得税税率为20%企业所得税计算公式为

$$应纳所得税额=应纳税所得额×适合的税率 \quad (1-10)$$

（4）特定目的税类　特定目的税是指国家为了达到某种特定目的而对特定对象和特定行为征收的一类税，包括固定资产投资方向调节税、城市维护建设税、土地增值税。其中，固定资产投资方向调节税已于2000年1月1日暂停征收。

1）城市维护建设税。城市维护建设税是对从事工商经营，缴纳增值税、消费税的单位和个人征收的一种税。我国于1985年1月1日开始征收。城市维护建设税是一种附加税，其税率根据城镇规模设计。纳税人所在地在市区的，税率为7%；纳税人所在地在县城、镇的，税

率为5%；纳税人所在地不在市区、县城或镇的，税率为1%。城市维护建设税，以纳税人实际缴纳的产品税、增值税税额为计税依据，分别与消费税、增值税同时缴纳。计算公式为

$$应纳城市维护建设税额 = (实际缴纳的增值税 + 消费税) \times 适用税率 \qquad (1-11)$$

2) 土地增值税。土地增值税是对有偿转让国有土地使用权及地上建筑物和其他附着物产权，取得增值性收入的单位和个人征收的一种税。我国于1994年1月1日起开始征收土地增值税。它同时具有增值税和资源税双重特点，是一种以特定的增值额为征收依据的土地资源税类。凡是转让国有土地使用权及地上建筑物和其他附着物产权，取得增值性收入的单位和个人都是纳税人。

土地增值税的税率采用四级超率累进税率。第一级税率适用于增值额超过扣除项目金额50%的部分，税率为30%；第二级税率适用于增值额超过扣除项目金额50%，但未超过扣除项目金额100%的部分，税率为40%；第三级税率适用于增值额超过扣除项目金额100%但未超过扣除项目金额200%的部分，税率为50%；第四级税率适用于增值额超过扣除项目金额200%的部分，税率为60%。

土地增值税采用扣除法和评估法计算增值额。其中，转让房地产的增值额，是纳税人转让房地产的收入减除税法规定的扣除项目金额后的余额。

(5) 财产和行为税类　财产和行为税是指国家对财产使用和经营的单位和个人征收的一类税。征收此类税的主要目的是对某些财产和行为发挥调节作用，包括房产税、车船使用税、车船使用牌照税、车辆购置税、印花税、契税、筵席税、屠宰税等。由于车船使用税、车船使用牌照税、车辆购置税、印花税、契税、筵席税、屠宰税等的计算比较简单，有些税不经常发生，有些税在工程经济分析中又不常用，因此，这里重点介绍房产税。

房产税是以城镇经营性房屋为征税对象，按房屋的计税余值或租金收入为计税依据，向产权所有人征收的一种财产税。我国从1986年10月1日开始征收房产税。房屋的产权所有人、经营管理单位、承典人、房产代管人或者使用人，都是纳税义务人。

(6) 关税　关税是世界各国普遍征收的一种税，是指一国海关对进出境的货物或者物品征收的一种税。关税由海关统一征收。它既是国家调节进出口贸易和宏观经济的重要手段，也是中央财政收入的重要来源。关税分为进口税和出口税两种。进口税是关税中最主要的一种。

关税的计算基础是进出口货物的完税价格。一般贸易中的进口货物以海关审定的成交价格为基础的到岸价格作为完税价格；出口货物以海关审定的货物售予境外的离岸价格扣除关税后作为完税价格。不同的进出口货物的税率不同。关税的计算公式为

$$应纳关税税额 = 应税进出口货物数量 \times 单位货物完税价格 \times 适用税率 \qquad (1-12)$$

(7) 税收附加类　税收附加类包括教育附加费和文化事业建设费。其中教育附加费是投资项目建设中必须交纳的费用。教育附加费是以纳税人实际缴纳的增值税、消费税为计征依据而征收的一种专项附加费。征收的目的是多渠道筹集教育经费，改善中小学办学条件。凡是缴纳增值税、消费税的单位和个人，除缴纳了农村教育事业附加费的单位外，都是缴纳教育附加费的纳税义务人。

根据国家的相关规定，教育附加费是以各单位和个人实际缴纳的增值税、消费税的税额为计征依据，分别与增值税、消费税同时缴纳。其计算公式为

$$应纳教育附加费 = (增值税 + 消费税) \times 3\% \qquad (1-13)$$

教育附加费具有专款专用的性质。

第三节 工程经济学的研究方法和步骤

一、工程经济学研究方法

工程经济学是工程技术与经济核算相结合的边缘交叉学科，是自然科学、社会科学密切交融的综合科学，是一门与生产建设、经济发展有着直接联系的应用性学科。工程经济学的研究方法主要包括：

（1）理论联系实际的方法　工程经济学是西方经济理论的延伸，具体研究资源的最佳配置方法。它的许多概念（如投资、费用、成本、寿命周期等）均来自西方经济学。因此，要正确地运用工程经济学分析方法，必须正确地把握经济学中的基本概念，了解经济学所描述的经济运行过程。当然，每一项工程都有其不同的目标、条件和背景，并处在不同的经济发展阶段，因而要对具体问题进行具体分析。

（2）定量与定性分析相结合的方法　工程经济学对问题的分析过程从定性出发，通过定量再返回定性，即首先从工程项目的行业特点、分析的目标要求、基本指标的含义出发，通过资料的收集、数据的计算得到一系列判别指标，最后通过实际指标与基准指标的对比和不同方案之间经济指标的对比，对工程项目方案做出优劣判断。

（3）系统分析与平衡分析的方法　工程项目都是由许多个子项目组成的，每个项目的运行都有自己的费用和寿命周期。因此，工程经济学的分析方法只能是全面的、系统的分析方法。工程经济学分析需要计算成本、收益和费用，其目的在于寻求成本费用与目标的平衡点、成本与功能的平衡点、技术与经济的平衡点。

（4）静态评价与动态评价相结合的方法　可以根据需要，对工程项目进行静态评价和动态评价。静态评价就是在不考虑货币时间价值的前提下，对项目经济指标进行计算和考核，一般称为粗略评价。动态评价是指考虑货币的时间价值，对不同时间点上的投入与产出做不同的核算处理，从而对项目进行更客观的分析和计算，也就是所谓的详细评价。通常在确定投资机会和对项目进行初步选择时，一般只进行静态评价，而为了更科学、更准确地反映项目经济情况，则必须采用动态评价。

（5）统计预测与不确定性分析方法　在对工程项目进行分析时，许多方法往往还停留在考察阶段。因此，过程项目中的投资、成本、费用和收益等只能依靠预测来获得，评价结论的准确性与预测数据的可靠性有着密切关系。统计预测方法主要在横向、纵向两个方面提供预测手段。在横向上利用回归分析方法，对相关的未知数据进行推算，如根据产量与成本的回归模型推算目标成本下的必要产量。在纵向上利用指数平滑等方法，对现象发展的趋势数值进行预测。由于影响未来的因素众多，并且许多因素处在发展变化之中，因此还需要对项目的经济指标做不确定性分析。

二、工程经济分析的一般程序

工程经济分析主要是对各种可行的技术方案进行综合分析、计算、比较和评价，全面衡量其经济效益，以做出最佳选择，为决策者提供科学依据。工程经济分析的一般过程如图1-5所示。

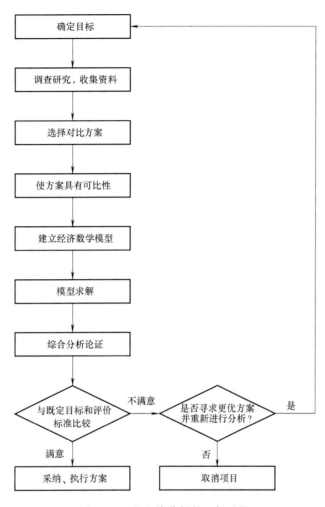

图 1-5 工程经济分析的一般过程

1. 确定目标

工程经济分析的目的在于比较方案优劣并进行优选。要比较就应有共同的目标。由需要形成问题，由问题产生目标，再依目标去寻找最佳方案。目标是根据问题性质、范围、原因和任务设定的，是工程经济分析至关重要的一环。若目标确定错误，会导致分析失误或失败，从而造成浪费。在确定目标时要有长远和总体观点，使目标具体、明确、主次分明。

2. 调查研究，收集资料

目标确定后，要对现实目标的需求进行调查研究，分析是否具有实现目标所需的资源、技术、经济和信息等条件。资料是分析的基础，资料正确与否，直接影响分析质量的高低。资料要真实、先进、及时和全面。

3. 选择对比方案

方案是分析比较的对象。为了便于比较、鉴别和优选，在工程经济分析初期，应首先对能够实现既定目标的各种途径进行充分挖掘。在占有资料的基础上，对比方案应尽可能多一些，提供充分的比较对象，以确保优选质量。

4. 使方案具有可比性

若比选的方案指标和参数各不相同，则难以直接比较，故需要对一些不能直接对比的指标进行处理，使方案在使用价值上等同变化，将不同的数量和质量指标尽可能转化为统一的可比性指标。通常，可比性指标要转化为货币指标，应该且必须满足可比性要求。

5. 建立经济数学模型

经济数学模型是工程经济分析的基础和手段。建立经济数学模型，可进一步规定方案的目标体系和约束条件，为以后的经济分析创造条件。

6. 模型求解

把各具体资料和数据代入数学模型中运算，求出各方案主要经济指标的具体数值并进行比较，初步选择方案。

7. 综合分析论证

在对不同方案指标进行分析计算的基础上，再对整个指标体系和相关因素进行定量和定性的综合比较分析，选出最优方案。

8. 与既定目标和评价标准比较

将最后选定的方案与既定目标和评价标准比较，符合的就采纳，不符合的则重新按照此程序进行其他替代方案的分析。

思考与练习

1. 工程经济学的研究对象有哪些？
2. 工程经济学的主要特点有哪些？
3. 现代工程经济学有什么新的发展特征？
4. 为什么学习工程经济学？
5. 工程经济分析的一般程序是怎样的？

本 章 小 结

工程经济学是以工程项目为主体，以技术和经济系统为核心，研究如何有效利用资源提高经济效益的学科。工程经济学的目的在于培养工程技术人员的经济意识，增强其经济观念，运用工程经济学分析的基本理论和经济效益的评价方法，从可持续发展的战略高度，以市场为前提，以经济为目的，以技术为手段，确保工程项目有较高的质量，并以最少的投入达到最佳的产出，为人类创造出更多的财富。掌握必要的工程经济学知识，能够运用工程经济学的基本理论和方法对工程项目进行经济评价和投资决策，是当代工程技术人员应当具备的一种基本能力。

实物资产投资是人类最重要的经济活动之一。投资是投资主体、投资项目、投资项目环境、投入资金、投资成果等诸多因素的统一。

资本形成以后就要投入生产和经营，在生产与经营过程中形成生产费用。

企业的总成本是指工程项目在一定时间内为生产和销售产品所花费的全部费用，它包括生产成本和期间成本。企业经营成本是指项目总成本扣除折旧费、摊销费和利息支出后的成本。它能准确反映企业的经营水平，是工程经济学分析的重要指标。

第二章 资金的时间价值

教学目的
- 了解资金时间价值的含义。
- 掌握利息的计算方法。
- 熟练掌握现金流量图的画法。
- 掌握资金等值计算方法。
- 学会区分名义利率与实际利率的内涵。

学习方法
- 识记和理解基本概念和原理，进行课堂练习。

本章内容要点
- 资金时间价值的含义、利息的定义和计算方法。
- 现金流量的概念，现金流量图的画法。
- 资金等值的计算公式。
- 名义利率与实际利率。

第一节 利　　息

所谓资金的时间价值是指资金随着时间的推移而发生的增值。也就是说货币在不同时间的价值是不一样的，今天的一元钱与一年后的一元钱价值不等。

资金的时间价值存在的条件有两个：一是将货币投入生产或流通领域，使货币化为资金，从而产生增值（称为利润或收益）；二是货币借贷关系的存在，即货币的所有权和使用权发生分离，比如把资金存入银行或向银行借贷所得到或付出的增值额（利息）。

在方案经济评价中考虑时间因素的意义在于：

1）一个项目若能早一天建成投产，就能多创造一天的价值，延误一天竣工就会延误一天生产，造成一笔损失；另一种情况是，当积累了一笔资金时，把它投入生产或存入银行，就可以带来一定的利润或利息收入，不及时利用就会失去一笔相应的收入。

2）考虑资金使用的时间价值可以促使资金使用者加强经营管理，更充分地利用资金促进生产发展。

3）在利用外资的情况下，不计算资金的时间价值，就无法还本付息。

因此，在经济活动中，应千方百计地缩短项目的建设周期，加快资金周转，尽量减少资金的占用数量和占用时间。

一、利息的定义

利息是衡量资金随时间变化的尺度。从现象上看，资金随时间的推移，其价值增值的部分就是利息。单位时间里投入单位资金所得的增值就是利息率，一般用百分比表示。

二、利息的计算方法

1. 单利法

为了偿还资金的时间价值，只为本金计算利息，不考虑先前的利息在基金运转过程中累计增加的利息的计算体系。其计算方法为

$$I = PiN \tag{2-1}$$

式中，I 是利息；P 是本金，又称初期基金或现值；i 是利率，每年的利息与本金之比；N 是计息期数。

单利法的本利和计算公式（终值公式）为

$$F = P(1+iN) \tag{2-2}$$

式中，F 是本金与利息之和，又称本利或终值。

单利法的现值计算公式为

$$P = F(1-iN) \tag{2-3}$$

$$P = \frac{F}{(1+iN)} \tag{2-4}$$

式（2-3）通常用于银行贴息计算。

例 2-1 某人现在存入银行 1000 元，年存款利率为 6%，存期为 4 年，试按单利法计算 4 年后此人能从银行取出多少钱（不考虑利息税）。

解 4 年后的本利和为

$$F = P(1+iN) = 1000 \text{元} \times (1+4 \times 6\%) = 1240 \text{元}$$

即 4 年后此人能从银行取出 1240 元钱。

2. 复利法

每经过一个贷款计息周期，要将所生利息加入本金再计利息，俗称"利滚利"。不同时间的资金值按复利方式进行相互折算时所采用的系数称为复利系数。复利息的计算方法为

$$I = F - P \tag{2-5}$$

复利法的本利和计算公式（终值公式）为

$$F = P(1+i)^N \tag{2-6}$$

复利法的现值计算公式为

$$P = F(1+i)^{-N} \tag{2-7}$$

例 2-2 某人现存入银行 1000 元，年存款利率为 6%，存期为 4 年，按复利法计算 4 年后能从银行取出多少钱（不考虑利息税）。

解 4 年后的本利和为

$$F = P(1+i)^N = 1000 \text{元} \times (1+6\%)^4 = 1262.48 \text{元}$$

即 4 年后此人能从银行取出 1262.48 元。

从以上计算可见，在所有条件相同的情况下，一般按复利计算的利息大于按单利计算的利息。而且，时间越长，复利利息与单利利息的差别越大。这就是银行经营与生存的目的之一。个人在银行的存款利息按单利计算，而银行借放贷的利息是按复利计算的。

第二节 现 金 流 量

任何一项投资活动都离不开资金活动，而在这个资金活动中必然要涉及现金流量的问题。明确现金流量的概念，弄清现金流量的内容，正确估算现金流量，是进行投资方案效益分析的前提，也是进行科学投资决策的基础。

一、现金流量的概念

生产建设项目一般经历投资期、投产期、达产期、稳产期、减产期、回收处理等阶段，整个过程称为项目的寿命周期。现金流量是一个综合概念。每个项目在其计算期中，各个时刻点都会有现金交易活动，或者流进，或者流出，这个现金流进、流出就称为现金流量。

现金流入是指在项目的整个计算期内流入项目系统的资金，如销售收入、捐赠收入、补贴收入、期末固定资产回收收入和回收的流动资金等。

现金流出是指在项目的整个计算期内流出项目系统的资金，如企业投入的自有资金、上缴的销售税金及附加、借款本金和利息的偿还、上缴的罚款、购买原材料设备等的支出、支付工人的工资等都属于现金流出。

净现金流量是指在项目的整个计算期内每个时刻的现金流入与现金流出之差。当现金流入大于现金流出时，净现金流量为正，反之为负。

二、现金流量图的画法

一个工程项目的建设和实施都要经历很长一段时间，在这个时间内，现金流量的发生次数非常多，且不同的时间点上发生的现金流量是不完全相同的。例如，在项目的建设期，有自有资金的投入、银行贷款的获得、贷款还本付息的支出等；在生产期，有销售收入的获得、利息补贴返还、经营成本的支出、利息的偿还、税金的缴纳、固定资产余值的回收及流动资金的回收等。为了便于分析，通常用图的形式来表示各个时间点上发生的现金流量。现金流量图的三要素是时间点、货币量和流向。现金流量图如图 2-1 所示。

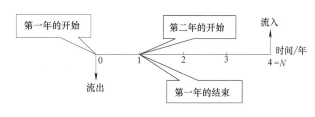

图 2-1 现金流量图

1. 水平轴

时间轴：向右表示时间的延伸。单位：每一间隔代表一个时间单位，通常为年，也可以是半年、季度等。点：时间轴上的点为时点，时点表示该年的年末，同时表示下一年的年初。零时点：第一年的开始时点。

2. 垂直线

垂直线：其长度代表现金流量的大小，按比例画出。方向：箭头向下，表示现金流出；箭头向上，表示现金流入。

当实际问题的现金流量时点没交代清楚（未指明期末、期初）时，规定如下：投资画在期初，经营费用和销售收入画在期末。

例 2-3 某工程项目建设期为 2 年，生产期为 8 年。第一、二年的年初固定资产投资为 1000 万元，第三年年初投入流动资金 400 万元，并一次全部投入。投产后每年获销售收入 1200 万元，年经营成本及销售税金合计支出 800 万元，生产期的最后一年年末回收固定资产净残值 200 万元及全部流动资金。试绘制该项目的现金流量图。

解 该项目的现金流量图如图 2-2 所示。

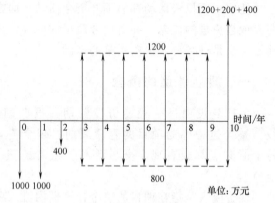

图 2-2 现金流量图

绘制现金流量图时应注意：

1）现金流量图时间轴上所标的时刻表示所标时间（本期）的期末或下一个时期的期初。

2）认真分析并确定项目的现金流入和流出，现金流入箭头向上，现金流出箭头向下。

3）投资一般画在期初。

4）从项目的整个计算期（或寿命周期）来考察。

5）反复检查，不要有遗漏。

第三节　资金等值计算

在工程经济分析中，为了正确地计算和评价投资项目的经济效益，必须计算项目的整个寿命期内各个时期发生的现金流量的真实价值。但由于资金存在时间价值，因此在项目的整个寿命期内，各个时期发生的现金流量是不能直接相加的。为了计算项目各个时期的真实价值，必须要将各个时间点上发生的不同现金流量转换成某个时间点的等值资金，然后再进行计算和分析。这样一个资金转换的过程就是资金的等值计算。

每个投资项目的现金流量的发生是不尽相同的：有的项目一次投资，多次收益；有的项目多次投资，多次收益；有的项目多次投资，一次收益；也有的项目一次投资，一次收益。因此，为了解决以上各种投资项目的经济分析计算，推导几种统一的计算公式，归纳起来，有图 2-3 所示的几种类型的计算公式。

一、一次支付系列

1. 一次支付终值公式（已知 P，求 F）

$$F = P(1+i)^N \tag{2-8}$$

式中，P 是本金或现值；F 是本利和、终值或将来值；$(1+i)^N$ 称为一次支付终值系数，可记为 $(F/P, i, N)$。

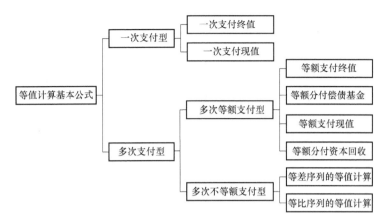

图 2-3 资金等值计算的基本类型

公式理解：0 点处的一笔资金 P，在 N 点（已知利率 i）处的等值资金 F 的数值为 $P(F/P, i, N)$。

例 2-4 某公司计划开发一项新产品，拟向银行贷款 100 万元。若年利率为 10%，借期为 5 年，问 5 年后应一次性归还银行的本利和为多少万元？

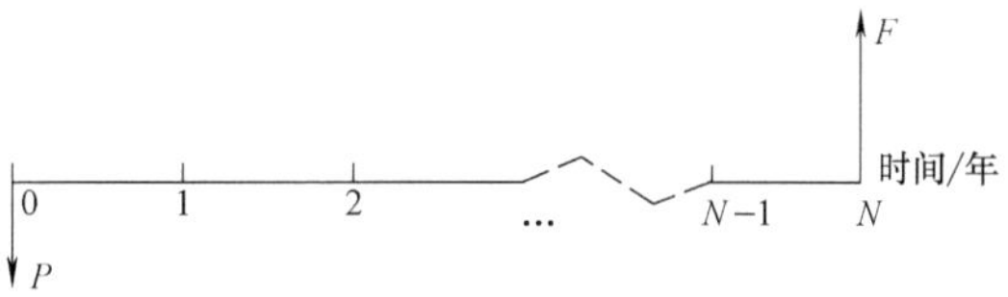

解 $F = P(F/P, i, N) = 100$ 万元 $\times (F/P, 10\%, 5) = 161.051$ 万元。

图 2-4 一次支付现金流量图

2. 一次支付现值公式（已知 F，求 P）

$$P = F(1+i)^{-N} \quad (2-9)$$

式中，$(1+i)^{-N}$ 称为一次支付现值系数，可记为 $(P/F, i, N)$。

公式理解：如图 2-4 所示，P 可理解为 N 点处的一笔资金 F，折合到 0 点（已知利率 i）处的数值为 $F(P/F, i, N)$，故 P 也称为折现值或贴现值，将 i 称为折现率。

例 2-5 若客户 B 将在 5 年后从银行取出 10000 元，银行存款利率为 5%，试问该客户现在将要将多少钱作为 5 年期定期存入银行？

解 $P = F(P/F, i, N) = 10000$ 元 $\times (P/F, 5\%, 5) = 7835.26$ 元。

二、等额分付系列

1. 等额分付终值公式（已知 A，求 F）

$$\begin{aligned}F &= A + A(1+i) + A(1+i)^2 + \cdots + A(1+i)^{N-1} \\ &= A[1-(1+i)^N]/[1-(1+i)] \\ &= A[(1+i)^N - 1]/i \\ F &= A[(1+i)^N - 1]/i = A(F/A, i, N)\end{aligned} \quad (2-10)$$

式中，A 是等额的资金；$[(1+i)^N - 1]/i$ 称为等额分付终值系数，可记为 $(F/A, i, N)$。

公式理解：某人连续每期期末存入银行相等金额 A，连续存 N 期，则 N 期后能从银行取出钱 F。

从等值资金角度来看，该公式表示连续每期期末数值相同的资金 A，在第 N 期末的等额资

金数额为 $A(F/A, i, N)$。

式（2-10）应满足：①每期支付相同金额（A 值）；②支付间隔相同；③每次支付都在对应的期末，终值与最后一期支付同时发生。等额分付终值现金流量图如图 2-5 所示。

例 2-6 按政府相关规定，贫困学生在大学期间可享受政府贷款。某大学生在大学四年期间，每年年初从银行贷款 7000 元用以支付当年学费及部分生活费用，若年利率为 5%，则此学生 4 年后毕业时借款本息一共是多少？（现金流量图见图 2-6）

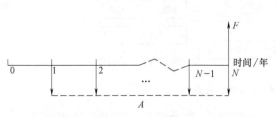

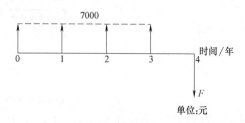

图 2-5　等额分付终值现金流量图

图 2-6　现金流量图（例 2-6）

解　由于每年贷款发生在年初，不满足等额分付终值计算公式的条件，所以不能直接套用式（2-10），而需要先将其折算成年末的等值金额，再进行等额分付终值的计算。

即　　　$F = A(1+i)(F/A, i, N) = 7000\ 元 \times (1+5\%)(F/A, 5\%, 4) = 31679.24\ 元$

即毕业时借款本息一共是 31679.24 元。

2. 等额分付现值公式（已知 A，求 P）

$$P = A\frac{(1+i)^N - 1}{i(1+i)^N} = A(P/A, i, N) \tag{2-11}$$

式（2-11）称为等额分付现值公式，即每期期末数值相同的 N 笔资金 A 相对于最初 0 点处的等值资金数额为 $A\dfrac{(1+i)^N - 1}{i(1+i)^N}$。式中，$\dfrac{(1+i)^N - 1}{i(1+i)^N}$ 称为等额分付现值系数，可记为 $(P/A, i, N)$。

公式理解：某人开始存入一笔资金 P 后（利率为 i），每期期末取出相同的钱 A，至 N 期末资金恰好取光。等额分付现值现金流量图如图 2-7 所示。

例 2-7 某建筑公司打算贷款购买一部 10 万元的建筑机械，利率为 10%。据预测，此机械设备使用年限为 10 年，每年可平均获得净利润 2 万元。问所得净利润是否足以偿还银行贷款？（现金流量图见图 2-8）

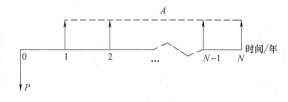

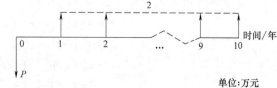

图 2-7　等额分付现值现金流量图

图 2-8　现金流量图（例 2-7）

解　由题意可知 $A = 2$，$i = 10\%$，$N = 10$，则

$P = A(P/A, i, N) = 2\ 万元 \times (P/A, 10\%, 10) = 12.29\ 万元 > 10\ 万元$

因此，所得净利润足以偿还银行贷款。

3. 偿债基金公式（已知 F，求 A）

$$A = F \frac{i}{(1+i)^N - 1} \tag{2-12}$$

式中，$\frac{i}{(1+i)^N - 1}$ 为偿债基金系数，可记为 $(A/F, i, N)$。

公式理解：偿债基金是将第 N 年期末的一笔资金 F，等值地分摊到第一至第 N 期期末上，则每期末可等额分得的 $A = F \frac{i}{(1+i)^N - 1}$。也可理解为：为了在 N 年末能筹集一笔款项 F，按利率 i 计算，从现在起连续 N 年，每年年末必须存 $A = F \frac{i}{(1+i)^N - 1}$。

例 2-8 某企业打算 5 年后兴建一幢 5000m² 的住宅楼以改善职工居住条件，按测算造价为 800 元/m²。若银行利率为 8%，问现在起每年末应等额存入多少金额才能满足需要？

解： 已知 $F = 5000 \text{ m}^2 \times 800 \text{ 元/m}^2 = 400$ 万元，$i = 8\%$，$N = 5$，则

$$A = F(A/F, i, N) = 400 \text{ 万元} \times (A/F, 8\%, 5) = 68.18 \text{ 万元}$$

即该企业每年末应等额存入 68.18 万元。

4. 资本回收公式（已知 P，求 A）

$$A = P \frac{i(1+i)^N}{(1+i)^N - 1} \tag{2-13}$$

式中，$\frac{i(1+i)^N}{(1+i)^N - 1}$ 为资本回收系数，可记为 $(A/P, i, N)$。

式（2-13）也是将 P 等额分摊到以后每期期末（共 N 期）的资金等值换算公式。

公式理解：可以理解为以年利率 i 存入款项为 P 的资金，在今后 N 年内把本利和在每年年末以等额资金 $P \frac{i(1+i)^N}{(1+i)^N - 1}$ 取回。

例 2-9 某项目投资 5000 万元新建一所民办学校，拟于开建 10 年内回收投资，平均每个学生的学费是 12000 元/年。若年利率为率为 6%，则该学校平均每年的在校学生数目至少应为多少？

解 已知 $P = 5000$，$i = 60\%$，$N = 10$，则

$$A = P(A/P, i, N) = 5000 \text{ 万元} \times (A/P, 6\%, 10) = 679.34 \text{ 万元}$$

$$\text{平均每年的在校学生数} = 679.34 \times 10^4 / 12000 \approx 567 \text{ 人}$$

即该学校平均每年的在校学生数目至少应为 567 人。

三、等差系列（均匀梯度系列）

在实际情况中，可能会遇到图 2-9 所示的现金流量。去掉 A_1，则为等差系列或均匀系列，如图 2-10 所示。根据图 2-10 来推导其转换式。

$$F = G \frac{(1+i)^{N-1} - 1}{i} + G \frac{(1+i)^{N-2} - 1}{i} + \cdots + G \frac{(1+i)^2 - 1}{i} + G \frac{(1+i) - 1}{i}$$

$$= \frac{G}{i}[(1+i)^{N-1} + (1+i)^{N-2} + \cdots + (1+i) - (N-1)] = \frac{G}{i}[\frac{(1+i)^N - 1}{i} - N]$$

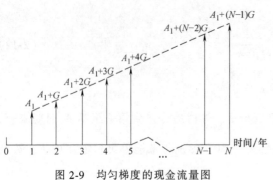

图 2-9 均匀梯度的现金流量图

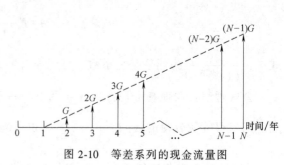

图 2-10 等差系列的现金流量图

因此得

$$F = G\left[\frac{(1+i)^N - iN - 1}{i^2}\right] \tag{2-14}$$

式（2-14）为梯度系列终值公式。式中，$\dfrac{(1+i)^N - iN - 1}{i^2}$ 称为梯度系列现值系数，可记为 $(F/G, i, N)$。

根据式（2-9），将其换算到梯度系列的现值计算公式为

$$P = G\left[\frac{(1+i)^N - iN - 1}{i^2(1+i)^N}\right] \tag{2-15}$$

式（2-15）为梯度系列的现值公式。式中，$\dfrac{(1+i)^N - iN - 1}{i^2(1+i)^N}$ 为梯度系列现值系数，可记为 $(P/G, i, N)$。

考虑到梯度系列现金流量与等额系列（等年值）的转换，将式（2-13）代入式（2-15）有

$$A = G\left[\frac{(1+i)^N - iN - 1}{i(1+i)^N - i}\right] \tag{2-16}$$

式（2-16）称为梯度系列等年值转换公式。式中，$\dfrac{(1+i)^N - iN - 1}{i(1+i)^N - i}$ 为梯度系列等年值系数，可记为 $(A/G, i, N)$。

例 2-10　某项目投产后第一年收益为 300 万元，以后逐年递增，年递增额为 50 万元，若收益率为 10%，求 6 年后收益的终值。

解　画出现值流量图，如图 2-11 所示。

将现金流量分解为等额序列和等差序列现金流量两部分，等额年值 $A = 300$ 万元，等差序列 $G = 50$ 万元，利用等额分付终值公式

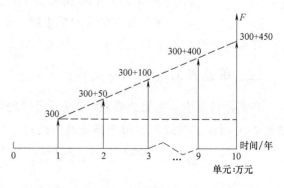

图 2-11 现金流量图（例 2-10）

和等差序列终值公式，有：

$$F = F_A + F_G = A\frac{(1+i)^N - 1}{i} + G\frac{(1+i)^N - iN - 1}{i^2}$$

$$= 300 \text{ 万元} \times \frac{(1+10\%)^6 - 1}{10\%} + 50 \text{ 万元} \times \frac{(1+10\%)^6 - 10\% \times 6 - 1}{10\% \times 10\%}$$

$$= 300 \text{ 万元} \times 7.716 + 50 \text{ 万元} \times 17.156 = 3172.6 \text{ 万元}$$

所以，6 年后收益的终值为 3172.6 万元。

四、等比系列（几何级数系列）

另一种递增的现金流量是呈几何级数递增的情形（见图 2-12）。

$A_1 = A_1$
$A_2 = A_1(1+G)$
$A_3 = A_2(1+G) = A_1(1+G)^2$
$\vdots$
$A_N = A_{N-1}(1+G) = A_1(1+G)^{N-1}$

若期末现金流量以利率 i 折现，则现金流量 A_j 的现值为

$$P_j = A_j(1+i)^{-j} = A_1(1+G)^{j-1}(1+i)^{-j}$$

$$= A_1(1+G)^{-1}\left(\frac{1+G}{1+i}\right)^j (j=1,2,3,\cdots,N)$$

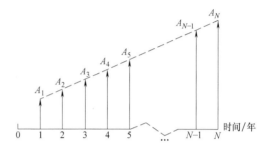

图 2-12 几何级数递增现金流量图

故整个现金流量的现值为

$$P = \sum_{j=1}^{N} P_j = A_1(1+G)^{-1} \sum_{j=1}^{N}\left(\frac{1+G}{1+i}\right)^j$$

$$P = A_1 \frac{1-(1+G)^N(1+i)^{-N}}{i-G} \tag{2-17}$$

式（2-17）为几何级数系列的现值公式。式中，$\frac{1-(1+G)^N(1+i)^{-N}}{i-G}$ 称为几何系列现值系数。关于此系列的终值、年值公式读者很容易导出，这里不再推导。需要指出的是：若 $i=G$，就不能采用式（2-17），此时现值公式为

$$P = A_1 N(1+i)^{-1} \tag{2-18}$$

例 2-11 某公司需要一块土地建造生产车间。如果是租赁，目前每亩地年租金为 50000 元，预计租金水平在今后 20 年内每年上涨 6%。如果将土地买下来，每亩地 700000 元，需要一次性支付，但估计 20 年后还可以以原价的三倍出售。若投资收益率定为 15%，问是租赁合算还是购买合算？

解 根据题意，$N=20$，$A_1=50000$，$G=6\%$，$i=15\%$，则

（1）租赁土地，20 年内每亩地租金的现值为

$$P = A_1 \frac{1-(1+G)^N(1+i)^{-N}}{i-G} = 50000 \text{ 元} \times \frac{1-(1+6\%)^{20}(1+15\%)^{-20}}{15\%-6\%} = 446691 \text{ 元}$$

（2）购买土地，每亩地全部费用的现值为

$$P' = 700000\ 元 - 2100000\ 元 \times (1+15\%)^{-20} = 571689\ 元$$

由于 $P<P'$，因此租赁更合算。

第四节　名义利率与实际利率

一、名义利率与实际利率的概念

利率通常是按年计息的，但有时也可商定每年分几次按复利计息，可发现若按季度计复利所支付的利息要比按年计息的利息多。通常称年利率为名义利率。一年内按若干次计息后的全部利息与本金之比称为年实际利率。设 i 为计息期内的利率，考虑一段时间，在这段时间上共计了 m 次利息，则最初的一笔存款在 m 期末的本利和为

$$F = P(1+i)^m$$

定义这段时间上的名义利率为

$$r = mi \tag{2-19}$$

定义这段时间上的实际利率为

$$i_{实际} = \frac{利息}{本金} = \frac{P(1+i)^m - P}{P} = (1+i)^m - 1 = \left(1 + \frac{r}{m}\right)^m - 1 \tag{2-20}$$

例 2-12　王某现在向银行借款 10000 元，约定 10 年后归还。银行规定：年利率为 6%，但要求按月计算利息。试问：此人 10 年后应归还银行多少钱？

解　由题意可知，年名义利率 $r=6\%$，每年计息次数 $m=12$，则年实际利率为

$$i_{实际} = \left(1 + \frac{r}{m}\right)^m - 1 = \left(1 + \frac{6\%}{12}\right)^{12} - 1 = 6.168\%$$

每年按实际利率计算利息，则 10 年后 10000 元的未来值为

$$F = P(1+i)^m = 10000\ 元 \times (1+6.168\%)^{10} = 18194.34\ 元$$

即此人 10 年后应归还银行 18194.34 元。

二、计息期短于支付期

有些实际问题的现金支付期为固定时间，通常包括几个计息周期。

例 2-13　设年利率为 12%，每季度计息一次，每年年末支付 500 元，连续支付 6 年，求期初的现值为多少？

解　其现金流量图如图 2-13 所示。

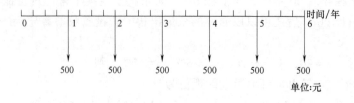

图 2-13　现金流量图（例 2-13）

由于计息期为季度，支付期为1年，计息期短于支付期，所以不能直接套用利息公式，在计算时需使计息期与支付期一致，使计息期向支付期靠拢，求出支付期的有效利率。其年有效利率为

$$i = \left(1 + \frac{0.12}{4}\right)^4 - 1 = 12.55\%$$

期初的现值为

$$P = 500 \text{元} \times (P/A, 12.55\%, 6) = 2024 \text{元}$$

三、计息期长于支付期

这类情况是指计息期未到就出现现金流量的流入或者流出。对于此类问题处理的原则是：在相邻两次计息期之间流入或者流出的款项在该计息期内不计利息；计息期间的现金流入相当于本期期末流入，而流出相当于本期期初流出。

例 2-14 某公司去年在银行的存款、取款现金流量如图 2-14 所示（箭头向上表示取款，箭头向下表示存款）。银行年存款利率为 2%，但每季度计息一次。试问：去年年底该企业能从银行取出多少钱？

解 由于计息期是季度，因此，将图 2-14 中的现金流量进行合并，合并到每个季度的期末。合并整理后的现金流量图如图 2-15 所示。

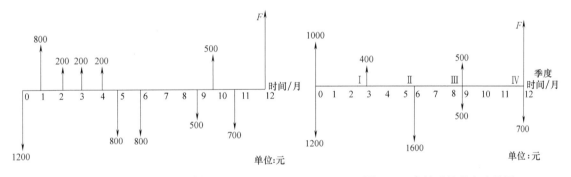

图 2-14 现金流量图（例 2-14）　　图 2-15 合并后的现金流量图

每季度的利率 $i = 2\%/4 = 0.5\%$

$$F = (-1200\text{元} + 1000\text{元}) \times (1 + 0.5\%)^4 + 400\text{元} \times (1 + 0.5\%)^3 - 1600\text{元} \times (1 + 0.5\%)^2$$
$$+ (500\text{元} - 500\text{元}) \times (1 + 0.5\%) - 700\text{元} = -2114.04\text{元}$$

即去年年底该企业能从银行取出 2114.04 元。

思考与练习

1. 资金等值计算的要素是什么？
2. 实际利率与名义利率有什么区别？
3. 什么是货币的时间价值？
4. 某企业准备在10年内每年年末支出2万元作为工程活动经费，年利率为8%，先应存入银行多少元？
5. 某企业拟从银行贷款，年利率为8%，一次贷款，4次偿还，拟从第二年末以后每年等

额偿还 10 万元，问该企业现从银行可贷款多少元？

6. 学生 A 在大学学习期间，平均每年约需花费 8000 元。问该大学生家长在学生 A 入学前应一次性存入银行多少钱（银行利率为 5%）？

7. 某企业 5 年后需 10 万元作为技术改造费。若年利率为 5%，每年存入相同数量的金额，则在年末存款时应该存多少？当改为年初存款时又该存入多少？

本 章 小 结

资金是各种财产和物资或货币的价值形式，并可用来创造更多的价值。

资金的特点在于：从价值角度看，会产生新的价值；从使用角度看，具有时间价值。资金能产生新的价值，说明了劳动只有与生产资料结合才能创造新的价值，它承认了生产资料的重要性。

资本只有在运动中才能增值。利润和利息是衡量资本增值的尺度。资金时间价值分析的根本目的在于促进资本效率的提高。

利率是单位时间、单位资本产生的增值。利率有单利和复利、名义利率和实际利率。计算利息的方式有间断计息和连续计息两种。

在一定时间内流出、流入一个单独的经济系统的现金量叫作现金流量，包括现金流入量、现金流出量和净现金流量。现金流量可用现金流量图和现金流量表表示。

本章介绍了现金流量的概念和构成，借助于现金流量图可以方便表达项目在各个时间点上的现金流量。由于不同时间点上发生的现金流量不具有可比性，因此在项目评价中常需要将现金流量在不同时间点上进行换算，这就需要掌握资金等值的相关概念，并熟练应用资金等值计算公式。

第三章 工程项目经济评价指标与方法

教学目的
- 了解项目经济评价指标的分类。
- 熟练掌握各类经济评价指标的定义、公式及评价准则。
- 学会运用各种经济评价指标建立评价指标体系。
- 了解方案之间的关系及其传统解法。
- 理解多方案比较与优选的意义。
- 掌握多方案比较与选择的方法及评判标准。

学习方法
- 识记和理解基本概念和原理，进行实例分析。

本章内容要点
- 经济评价指标的定义、设定原则、分类。
- 时间性、价值性、比率性评价指标的定义、公式及评价准则。
- 独立项目组的经济性比较和选优方法，互斥项目组的经济性。

第一节 经济评价指标概述

一、经济评价指标及指标体系

要想从经济角度对各种项目进行评价，首先需要确定经济评价的依据，这些依据称为经济评价指标。经济评价指标通常是指在投资决策时比较不同投资方案所运用的经济评价衡量指标，是工程项目经济分析的主要判断手段。由于各个投资方案的经济条件不同，如投资总额及其组成比例不同，收入、成本等不同，现金流量方式不同，项目追求的目标不同，因此，在投资方案的经济分析中很难找到一个通用的经济评价指标。由于项目的复杂性，任意一种具体的评价指标都只能反映项目的某一侧面或某些侧面，因此，仅凭单一的经济评价指标很难达到全面评价项目的目的。为了系统而全面地评价一个项目，往往需要采用多个经济评价指标，从多个方面对项目的经济性进行分析考查。这些既相互联系又有相互独立性的经济评价指标，就构成了项目经济评价的指标体系。正确选择经济评价指标与指标体系是项目经济评价工作成功的关键因素之一。因此，评价人员必须了解各种经济评价指标的经济含义、特点、计算公式以及它们之间的相互关系，以便合理地选择经济评价指标，建立恰当的经济评价指标体系。

二、经济评价指标的设定原则

工程项目经济评价指标的设定应遵循以下原则：

（1）与经济学原理相一致的原则　即所设指标应符合社会经济效益。

（2）项目或方案的可鉴别性原则　即所设指标能够检验和区别各项目的经济效益与费用差异。

（3）排他性项目或方案的可比性原则　即所设指标必须满足共同的比较基础与前提。

（4）评价工作的实用性原则　即在评价项目的实际工作中，所设指标要简要明确，且确有实效。

三、经济评价指标的分类

工程项目经济评价指标可以从不同角度进行分类，通常有以下三种分类方法：

（1）按评价指标所反映的经济性质分类　工程项目的经济性一般表现在项目投资的回收速度、投资盈利能力和资金使用效率三方面。与此相对应，可将评价指标划分为时间性经济评价指标、价值性经济评价指标和比率性经济评价指标。

1) 时间性经济评价指标，是指用时间长度来衡量项目对其投资回收或清偿能力的指标。常用的时间性指标有静态投资回收期、动态投资回收期、静态差额投资回收期、动态差额投资回收期等。

2) 价值性经济评价指标，是反映项目投资净收益绝对量大小的指标。常用的价值性经济评价指标有净现值、净年值、净终值、累计净现金流量等。

3) 比率性经济评价指标，是反映项目单位投资获利能力或项目对贷款利率最大承受能力的指标。常用的比率性经济评价指标有简单投资收益率、投资利润率、内部收益率、外部收益率、净现值率、效益费用比等。

（2）按评价指标是否考虑资金时间价值分类　项目经济评价指标按是否考虑资金时间价值，可分为静态评价指标和动态评价指标两大类。

1) 静态评价指标，是指不考虑资金时间价值的评价指标，如静态投资回收期、简单投资收益率、投资利润率等。静态评价指标的特点是计算简便、直观、易于掌握。因此，传统的经济评价多采用静态评价指标。静态评价指标的缺点是反映项目投资经济效益不准确，以此作为投资决策的依据，容易导致资金积压和浪费。

2) 动态评价指标，是指考虑资金时间价值的指标，如动态投资回收期、净现值、内部收益率、效益费用比等。动态评价指标克服了静态评价指标的缺点，但它需要较多的数据和资料，并且计算比较复杂。

动态评价指标和静态评价指标二者各有所长，两种评价指标通常配合使用，相互补充。

（3）按考查的投资范畴划分　经济评价工作的目的在于分析项目投资经济效益的好坏，而项目经济效益又与其投资有着密切的关系。从投资作为对未来生产价值垫支的角度来看，根据所考查投资范畴（或投资概念）的不同，经济评价指标可分为：考查全部投资经济效益的评价指标、考查总投资经济效益的评价指标、考查自有资金投资（也称部分资金投资）经济效益的评价指标。项目评价常用指标见表3-1。

表 3-1 项目评价常用指标

指标	时间性经济评价指标	价值性经济评价指标	比率性经济评价指标
静态评价指标	静态投资回收期 P_t 静态差额投资回收期	累计净现金流量 $\sum NCF$	简单投资收益率 ROI 投资利润率 投资利税率
动态评价指标	动态投资回收期 P_t' 动态差额投资回收期	净现值 NPV 净年值 NAV 净终值 NFV	内部收益率 IRR 净现值率 NPVR 效益费用比 B/C

第二节 时间性经济评价指标

时间性经济评价指标是指投资回收期，又称返本期，是用时间长短来衡量项目对其投资回收或清偿能力的指标。

一、静态投资回收期

静态投资回收期（P_t）是指在不考虑资金时间价值的条件下，以项目净收益抵偿项目全部投资所需的时间。

$$\sum_{t=0}^{P_t} NCF_t = \sum_{t=0}^{P_t} (CI - CO)_t = 0 \tag{3-1}$$

式中，NCF_t 是某年份的净现金流量；CI 是某年份流入现金；CO 是某年份流出现金。

$$P_t = 累计净现金流量开始出现正值的年份数 - 1 + \frac{上年累计净现金流量的绝对值}{当年净现金流量} \tag{3-2}$$

将项目计算求得的 P_t 与部门或行业的基准投资回收期 P_c 相比较：若 $P_t \leq P_c$，可以考虑接受该项目；若 $P_t > P_c$，可以考虑拒绝该项目。

例 3-1 某项目的现金流量见表 3-2，请计算投资回收期。若该项目的基准投资回收期是 9 年，则该项目是否可接受？

表 3-2 现金流量表 （单位：万元）

t	0	1	2	3	4	5	6	7	8~N
NCF	-6000	0	0	800	1200	1600	2000	2000	2000
$\sum NCF$	-6000	-6000	-6000	-5200	-4000	-2400	-400	1600	

解 由表 3-2 可知，累计净现金流量在第 7 年开始出现正值，代入式（3-1）可得

$$P_t = 7 - 1 + \frac{|-400|}{2000} = 6.2$$

因为 $P_t < 9$，所以该项目可以接受。

二、动态投资回收期

动态投资回收期（P_t'）是考虑资金时间价值以项目净收益抵偿项目全部投资所需的时间。

$$\sum_{t=0}^{P'_t} NCF_t (1+i)^{-t} = \sum_{t=0}^{P'_t} (CI-CO)_t (1+i)^{-t} = 0 \qquad (3-3)$$

$$P'_t = 净现金流量折现累计值开始出现正值的年份数 - 1 + \frac{上年净现金流量折现累计的绝对值}{当年净现金流量折现值}$$

$$(3-4)$$

若 $P'_t \leq N$（N 为项目寿命期），考虑接受该项目；若 $P'_t > N$，考虑拒绝该项目。

例 3-2 试求例 3-1 题中项目的动态回收期，同时考虑该项目是否可接受。该项目的净现金流量与累计净现金流量见表 3-3 中第 1、2 行。基准折现率为 10%。基准动态投资回收期为 9 年。

表 3-3 计算表 （单位：万元）

t	0	1	2	3	4	5	6	7	8	9	10~N
NCF	-6000	0	0	800	1200	1600	2000	2000	2000	2000	2000
$\sum NCF$	-6000	-6000	-6000	-5200	-4000	-2400	-400	1600	3600	5600	
$NPCF$	-6000	0	0	601.05	819.62	993.47	1128.95	1026.32	933.01	848.20	
$\sum NPCF$	-6000	-6000	-6000	-5398.95	-4579.33	-3585.86	-2456.91	-1430.59	-497.58	350.62	

注：$NPCF$ 为净现金流量折现累计值。

解 计算各年的净现金流量的折现值，得表 3-3 中第 3 行。表 3-3 中第 4 行为折现值的累计值。由表 3-3 中数据可知，净现金流量折现累计值在第 9 年出现正值，代入式（3-4）可得

$$P'_t = 9 - 1 + \frac{|-497.58|}{848.20} = 8.59$$

因为 $P'_t < 9$，即动态回收期小于项目寿命，所以可以接受该项目。

第三节 价值性经济评价指标

一、净现值

定义：净现值（NPV）是将项目整个计算期内各年的净现金流量，按某个给定的折现率，折算到计算期期初的现值代数和。

$$NPV = \sum_{t=0}^{N} \frac{(CI-CO)_t}{(1+i)^t} \qquad (3-5)$$

式中，N 是投资涉及年限；CI 是现金流入量；CO 是现金流出量；i 是折现率；t 是第 t 年。

若 $NPV \geq 0$，则该项目在经济上可以接受；若 $NPV < 0$，则在经济上可以拒绝该项目。

经济含义：项目超出最低期望收益的超额收益的现值。

优点：不仅考虑了资金的时间价值对项目进行动态评价，而且考查了项目在整个寿命期内的经济状况，并且直接以货币额表示项目投资的收益大小，经济意义明确、直观。

净现值函数：由净现值的计算公式可知，当净现值流量 NCF_t（$CI_t - CO_t$）与 N 确定后，净现值仅是折现率 i 的函数，称为净现值函数。

$$NPV(i) = \sum_{t=0}^{N} \frac{NCF_t}{(1+i)^t} \quad (3\text{-}6)$$

计算净现值时影响净现值的因素有：计算期内各年的净现值流量NCF_t以及折现率i。NCF_t预测要准确，它会直接影响项目净现值的大小与正负。除此之外，折现率i的选取也很重要。

净现值函数曲线如图3-1所示。在图3-1中，点A是不考虑资金时间价值即$i=0$时的净现值，等于项目在计算期内各年净现金流量的累计值，即$\sum_{t=0}^{N} NCF_t$（称为累计净现金流量）；点B的净现值为0，而此时的折现率为i'。净现值函数曲线是一条以I_0为进线的曲线，此时折现率趋近于无穷大。I_0是项目在投资开始时刻（即第零年）的投资额。

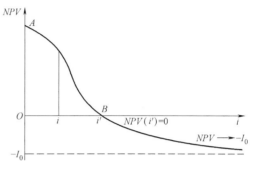

图3-1 净现值函数曲线

从图3-1可以看到，选取不同的折现率，将导致同一技术方案的净现值不一样，进而影响经济评价结论。因此，计算方案的净现值时，选取合适的折现率是非常重要的。折现率i的选取有三种方法：社会折现率i_s、行业基准折现率i_c、计算折现率i_0。

（1）社会折现率i_s　即$i=i_s$，通常只有当无法获得基准折现率或计算折现率时才使用。社会折现率通常是已知的。

（2）行业（或部门）的基准折现率i_c　即$i=i_c$，是根据项目的生产技术或企业的隶属关系，选取相应行业或部门规定的基准折现率i_c，可避免选取i_s。其可以不考虑行业或部门差别的简单化，使NPV的计算结果更趋近于合理。

（3）计算折现率i_0　即$i=i_0$，从代价补偿的角度来求出计算折现率。

$$i_0 = i_{01} + i_{02} + i_{03} \quad (3\text{-}7)$$

式中，i_{01}是仅考虑时间补偿的收益率；i_{02}是考虑社会平均风险应补偿的收益率；i_{03}是考虑通货膨胀因素应补偿的收益率。

例3-3　某企业拟新建一条生产线，投资500万元，当年建成投产。第一年产品销售收入为240万元，经营成本为150万元，以后每年产品销售收入可达480万元，年经营成本为300万元，销售税金为销售收入的10%，使用寿命为10年。设期末残值为50万元，若基准折现率为12%，试计算该方案的折现值，并判断该方案经济上是否可行。

解　该方案现金流入包括销售收入与设备残值回收，现金流出包括投资、经营成本和税金。

第一年的净现金流量（收入－税金－经营成本）为240万元－240万元×10%－150万元＝66万元。

第二年至第九年的净现金流量为480万元－480万元×10%－300万元＝132万元。

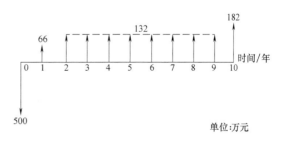

图3-2 现金流量图

则该方案的净现金流量图如图 3-2 所示。

$$NPV = \sum_{t=0}^{10} \frac{(CI-CO)_t}{(1+i)^t}$$

$$= -500 \text{ 万元} + \frac{66 \text{ 万元}}{1+0.12} + 132 \text{ 万元} \times \frac{(1+0.12)^8 - 1}{0.12 \times (1+0.12)^8} \times \frac{1}{1+0.12} + \frac{182 \text{ 万元}}{(1+0.12)^{10}}$$

$$= 203 \text{ 万元} > 0$$

因此该项目经济上可行。

二、净年值

净年值（NAV）是把项目寿命期内的净现金流量以设定的折现率为中介，折算成与其等值的各年年末为等额的净现金流量。

$$NAV = \left[\sum_{t=0}^{N} \frac{(CI-CO)_t}{(1+i)^t}\right]\left[\frac{i(1+i)^N}{(1+i)^N - 1}\right] \tag{3-8}$$

若 $NAV \geq 0$，该项目在经济上可以接受；若 $NAV < 0$，在经济上可以拒绝该项目。

净年值特点：当 $NPV \geq 0$ 时，$NAV \geq 0$；当 $NPV < 0$ 时，$NAV < 0$。

优点：要计算 NAV，一般要先计算 NPV，因此在项目经济评价中很少使用净年值，但对寿命不同的多个互斥方案进行选优时，净年值比净现值简便。

例 3-4 某投资方案的净现金流量如图 3-3 所示，设基准收益率为 10%，求该方案的净年值。

解 用净现值求净年值：

$$NAV = [-5000 + 2000(P/F, 10\%, 1) + 4000(P/F, 10\%, 2) - 1000(P/F, 10\%, 3) + 7000(P/F, 10\%, 4)]$$

$$(A/P, 10\%, 4) \text{ 万元} = 1311 \text{ 万元}$$

用终值求净年值：

$$NAV = [-5000(F/P, 10\%, 4) + 2000(F/P, 10\%, 3) + 4000(F/P, 10\%, 2) - 1000(F/P, 10\%, 1) + 7000]$$

$$(A/F, 10\%, 4) \text{ 万元} = 1311 \text{ 万元}$$

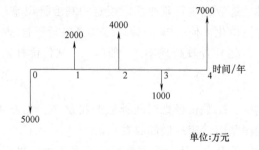

图 3-3 现金流量图（例 3-4）

第四节 比率性经济评价指标

一、净现值率

NPV 没有考虑各方案投资额的大小，因而不能直接反映资金的利用效率。为了考查资金的利用效率，可采用净现值率（NPVR）作为 NPV 的补充指标。净现值率反映了净现值与投资现值比较的关系，是多方案评价与选优的一个重要指标。

净现值率的定义：净现值率是项目计算期的净现值与其全部投资现值的比率。

$$NPVR = NPV/I_p$$
$$= \sum_{t=0}^{N} \frac{(CI-CO)_t}{(1+i)^t} / \sum_{t=0}^{N} \frac{I_t}{(1+i)^t} \tag{3-9}$$

式中，I_p 是全部投资现值。

若 $NPVR \geq 0$，则方案可行，可以考虑接受；若 $NPVR < 0$，则方案不可行，应予拒绝。用净现值率进行方案比较时，以净现值率较大的为最优方案。

例 3-5 某工程有 A 和 B 两个方案，现金流量见表 3-4，当基准收益率为 12% 时，试用净现值法和净现值率法比较择优。

表 3-4 计算表 （单位：万元）

方案	0	1	2	3	4	5
A	−2000	600	1000	1000	1000	1000
B	−3000	500	1500	1500	1500	1500

解 作现金流量图，如图 3-4 所示。

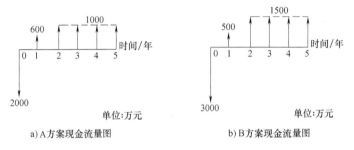

图 3-4 A 方案和 B 方案现金流量图

用净现值法比较：
$NPV_A = -2000 \text{万元} + 600 \text{万元} \times (P/F, 12\%, 1) + 1000 \text{万元} \times (P/A, 12\%, 4)(P/F, 12\%, 1) = 1247.6 \text{万元}$
$NPV_B = -3000 \text{万元} + 500 \text{万元} \times (P/F, 12\%, 1) + 1500 \text{万元} \times (P/A, 12\%, 4)(P/F, 12\%, 1) = 1514.3 \text{万元}$

由于 $NPVR_B > NPVR_A$，所以方案 B 较优。

用净现值率法比较：
$$NPVR_A = \frac{1247.6}{2000} = 0.6238$$
$$NPVR_B = \frac{1514.3}{3000} = 0.5048$$

由于 $NPVR_A > NPVR_B$，所以方案 A 较优。

方案 A 的净现值率为 0.6238，其含义是方案 A 能满足 12% 的基准收益率，每万元投资现值可获得 0.6238 万元的收益；而方案 B 虽能满足 12% 的基准收益率，但每万元现值仅能获得 0.5048 万元的净收益。所以，方案 A 较方案 B 为优。

二、内部收益率

定义：内部收益率是使项目净现值为零时的折现率，记作 IRR。

$$\sum_{t=0}^{N} \frac{(CI-CO)_t}{(1+IRR)^t} = 0 \quad (3-10)$$

IRR 取值区间是 $(-1, +\infty)$，对于大多数项目，$IRR \in (0, +\infty)$。

若 $IRR \geq i_c$，则认为项目在经济上可行；若 $IRR < i_c$，则认为项目在经济上应拒绝。

IRR 的经济含义：未被收回的投资的盈利率。

内部收益率的算法为

$$IRR = i_1 + \frac{NPV_1}{NPV_1 + |NPV_2|}(i_2 - i_1) \quad (3-11)$$

式中，i_1 是 $NPV>0$ 时的试算折现率；i_2 是 $NPV<0$ 时的试算折现率；NPV_1 是与 i_1 对应的净现值；NPV_2 是与 i_2 对应的净现值。

例 3-6 某工程的净现金流量见表 3-5，当基准收益率为 10% 时，试用内部收益率指标判断该项目是否可行。

表 3-5 某工程净现金流量 （单位：万元）

年份	0	1	2	3	4	5
NCF	-2000	300	500	500	500	1200

解 设 $i_1 = 12\%$，$i_2 = 14\%$，则

$NPV_1 = -2000$ 万元 $+ 300$ 万元 $\times (P/F, 12\%, 1) + 500$ 万元 $\times (P/A, 12\%, 3)$
$(P/F, 12\%, 1) + 1200$ 万元 $\times (P/F, 12\%, 5) = 21$ 万元

$NPV_2 = -2000$ 万元 $+ 300$ 万元 $\times (P/F, 14\%, 1) + 500$ 万元 $\times (P/A, 14\%, 3)$
$(P/F, 14\%, 1) + 1200$ 万元 $\times (P/F, 14\%, 5) = -9$ 万元 < 0

$$IRR = 12\% + \frac{21}{21 + |-9|} \times (14\% - 12\%) = 13.4\%$$

因为 $IRR > 10\%$，所以该项目可行。

三、外部收益率

定义：若项目所有的投资按某个折现率折算的终值，恰好可用项目每年的净收益按基准折现率折算的终值来抵偿，则这个折现率称为外部收益率，记作 ERR。

$$\sum_{t=0}^{N} I_t (1+ERR)^{N-t} = \sum_{t=0}^{N} R_t (1+i_c)^{N-t} \quad (3-12)$$

式中，I_t 是第 t 年的投资；R_t 是第 t 年的净收益。

$$I_t = \begin{cases} (CO-CI)_t & \text{当}(CI-CO)_t < 0 \text{ 时} \\ 0 & \text{当}(CI-CO)_t > 0 \text{ 时} \end{cases}$$

$$R_t = \begin{cases} (CI-CO)_t & \text{当}(CI-CO)_t < 0 \text{ 时} \\ 0 & \text{当}(CI-CO)_t > 0 \text{ 时} \end{cases}$$

ERR 越大，说明投资经济性越好，投资的效率越高。

若 $ERR \geq i_c$，可以考虑接受该项目；若 $ERR < i_c$，可以考虑拒绝该项目。

例 3-7 某建筑公司承接一项建筑工程，合同规定甲方先分两年预付一部分款项，待工程

完工后再分两年支付工程款的其余部分。该建筑公司承接该项目预计各年的净现金流量见表 3-6。设基准折现率 $i_c = 10\%$，试用外部收益率指标评价该项目是否可行。

表 3-6　净现金流量表　　　　　　　　　　　　　（单位：万元）

年份	0	1	2	3	4	5
NCF	1900	1000	-5000	-5000	2000	6000

解 根据式（3-12），列出如下方程：

$$1900 \times (1+10\%)^5 + 1000 \times (1+10\%)^4 + 2000 \times (1+10\%) + 6000$$
$$= 5000 \times (1+ERR)^3 + 5000 \times (1+ERR)^2$$

可解得 $ERR = 10.1\%$，因为 $ERR > i_C$，所以项目可接受。

四、效益费用比

定义：效益费用比是用现金流入的现值和除以现金流出的现值和，记作 B/C。

$$B/C = \sum_{t=0}^{N} CI_t(1+i)^{-t} / \sum_{t=0}^{N} CO_t(1+i)^{-t} \tag{3-13}$$

若 $B/C \geq 1$，则该项目经济上可以接受；否则，应予拒绝。

例 3-8 某工程项目有 A、B、C、D 四个独立方案，有关资料见表 3-7。当基准收益率为 20% 时，试做选择。

表 3-7　各独立方案的有关资料

方案	投资/万元	寿命/年	残值/万元	年收益/万元
A	20000	5	4000	6000
B	150000	10	-10000	40000
C	30000	20	0	10000
D	160000	30	10000	40000

解 根据效益费用法的计算公式得：

A 方案成本 $C = 20000$ 万元 $\times (A/P, 20\%, 5) - 4000$ 万元 $\times (A/F, 20\%, 5) = 6150$ 万元

收益 $B = 6000$ 万元

$$(B/C)_A = 6000/6150 = 0.98$$

同理：$(B/C)_B = 1.10$，$(B/C)_C = 1.62$，$(B/C)_D = 1.25$。

根据 B/C 法的选择原则可知，应选择 B/C 值大于 1 的方案，即 B、C、D。

五、简单投资收益率

定义：简单投资收益率是项目投产后的年净收益 R 与初始投资 I_0 之比，记为 ROI。

$$ROI = \frac{R}{I_0} \tag{3-14}$$

式中，R 是净收益；I_0 是项目初始投资。

若 ROI 大于或等于行业（或部门）基准投资收益率，则认为该项目可以接受。

例 3-9 某集团企业的一期工程总投资为 70 亿元，达产后正常生产年份的平均净收益额

为10亿元。设基准投资收益率 E_c = 11%，试求该工程项目的平均投资收益率，并初步判断该方案是否可行。

解 由题意，可知，R = 10亿元，I_0 = 70亿元，则

$$ROI = \frac{R}{I_0} = \frac{10}{70} = 14.29\%$$

因为 14.29% > 11%，所以可认为该方案可行。

第五节 工程项目方案优选

一、项目之间的关系及传统解法

1. 项目之间的关系

在一个方案的集合里，按照诸多投资项目（方案）相互之间的经济关系，可将项目分为独立项目（方案）和相关项目（方案）。其中，相关项目（方案）又可分为互斥项目（方案）、互补项目（方案）和层混型项目（方案）。为了便于叙述，以下分别将其称为独立项目、互斥方案、互补方案和层混型方案。

独立项目是指在经济上互不相关的项目，即接受或放弃某个项目，不会影响其他项目的取舍。诸项目之间没有排他性，只要条件允许，就可以选择符合条件的项目，几个项目可以共存。独立项目的经济效果具有加和性，即投资、经营费用与投资收益之间具有可加性，可表示为

$$\sum_{i=1}^{n} X_i \leq N \tag{3-15}$$

式中，X_i = 1 或 0，i = 1, 2, 3, …, n。

投资收益表示为

$$K_总 = \sum_{i=1}^{n} K_i$$

$$C_总 = \sum_{i=1}^{n} C_i$$

$$B_总 = \sum_{i=1}^{n} B_i \tag{3-16}$$

式中，K_i 是第 i 个项目的投资；C_i 是第 i 个项目的经营费用；B_i 是第 i 个项目的投资收益。

例如，在允许的条件下，企业可以开发新产品、改造老产品、进行设备更新等活动，这些项目之间就是独立关系。

互斥方案是指同一项目的各个方案彼此可以相互代替，即采纳方案组中的某一方案，就会自动排斥这组方案中的其他方案。在进行评价时，互斥方案的经济效果之间不具有加和性。互斥方案的选优可表示为

$$\sum_{i=1}^{n} X_i \leq 1 \tag{3-17}$$

式中，X_i = 1 或 0，1 代表选择第 i 个方案，0 代表不选择第 i 个方案；i = 1, 2, 3, …, n，代

表方案序号，共 n 个方案。

独立项目和互斥方案不是绝对的，在某种条件下，独立关系也可转化为互斥关系。例如，当企业资金不足时，只能选择开发新产品而无力更新设备，原来的独立关系就成了互斥关系。

项目（方案）之间如果出现经济上的互补现象，称其为互补方案。它们之间互相依存的关系可能是对称的，也可能是不对称的。例如，连铸连轧工艺把过去相对独立的钢坯和钢材生产结合了起来，使生产过程大大简化，还减少了热耗，降低了成本，不仅对钢坯生产有利，而且对轧钢生产有利。此外还存在着大量不对称的经济互补。例如，建造一座建筑物 A 和增加一个空调系统 B，建筑物 A 本身是有用的，增加空调系统 B 后，使建筑物 A 更有用，但不能说采用方案 B 也包括方案 A。当然，这种互补也可能是负的。例如，在一个江河渡区考虑两个方案，一个是建桥方案（方案 A），另一个是轮渡方案（方案 B），且两个方案都是收费的，此时如果考虑一个 AB 混合方案，方案 A 的收入将因为方案 B 的存在而受到影响。

当项目（方案）比较多时，它们之间会形成复杂关系，这些关系一般有两个层次，高层次是一组独立项目，低层次由构成每个独立项目的若干个互斥方案组成。这种关系称为层混型方案，如图 3-5 所示。

一般来说，工程技术人员遇到的多为互斥方案，高层管理部门遇到的多为独立型和层混型方案。其传统的解法是将独立型和层混型问题先转换为互斥型问题进行决策，然后求最优解。

2. 传统解法——互斥组合法

所谓互斥组合，是指组与组之间为互斥关系，而组内各方案为独立关系的方案组合。互斥组合法就是在限定条件下对备选方案首先进行互斥组合，然后再从多个互斥组合中选择一组满足限定条件而经济效益又最大化的互斥组合方案作为最优方案。在一般情况下，当项目各技术方案之间存在非互斥关系时，都可以把它们转化为一系列互斥组合项目。解决独立型和层混型项目的主要方法就是项目的互斥化。

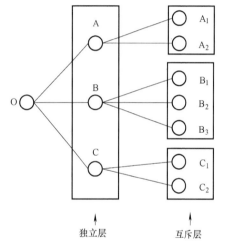

图 3-5 层混型方案关系图

（1）独立型项目的互斥化　因为每个项目都有两种可能——选择或拒绝，故 n 个独立项目可构成 2^n 个互斥型方案。若以 1 代表项目被接受，0 代表项目被拒绝，A、B、C 为三个独立项目，则它们可以转换成表 3-8 中 8 种可能的互斥组合。

表 3-8 独立项目的互斥组合表

方案 \ 项目	A	B	C	组合内的项目
1	0	0	0	无
2	0	0	1	C
3	0	1	0	B
4	0	1	1	B,C
5	1	0	0	A
6	1	0	1	A,C
7	1	1	0	A,B
8	1	1	1	A,B,C

（2）层混型项目的互斥化　层混型项目也可以借助"真值表"仿照表3-8转化为互斥方案组合。例如，某企业有A、B两家工厂，各自提出互斥方案A1与A2，B1与B2，该投资项目可以组合成表3-9中的9个互斥方案。

表3-9　层混型项目的互斥组合表

方案＼项目	A1	A2	B1	B2	组合内的项目
1	0	0	0	0	无
2	0	0	0	1	B2
3	0	0	1	0	B1
4	0	1	0	0	A2
5	0	1	0	1	A2,B2
6	0	1	1	0	A2,B1
7	1	0	0	0	A1
8	1	0	0	1	A1,B2
9	1	0	1	0	A1,B1

如果以 M 代表相互独立的项目数，N_j 代表第 j 个独立项目中相互排斥的方案数，则可以组成相互排斥的方案数为

$$N = \prod_{j=1}^{M}(N_j + 1) = (N_1 + 1)(N_2 + 1)\cdots(N_M + 1) \tag{3-18}$$

二、多项目（方案）的经济评价方法

1. 独立项目组的经济性比较与选优

（1）无约束条件下独立项目组的投资决策　在无约束条件下，一群独立项目的决策是比较容易的。这时项目评价要解决的问题可用净现值率法、内部收益率法等。任何一种方案的评价结论都是一致的。单个项目的经济评价方法和评价指标，在前面已有详细叙述。对于一组独立无约束的项目组的决策，结果可能是：全部项目被接受、某些项目被接受和全部项目不被接受。各个项目是否被接受，只取决于项目的本身，与其他项目的取舍无关。

（2）约束条件下独立项目组的投资决策　企业从独立项目组中选择项目时，有许多约束条件，只能从中选择一部分项目实施，此时各个项目是否被接受，要取决于它们经济效益的大小。企业最常见的约束条件就是投资的限制，这主要是因为主管部门规定了某一时期投资的限额，或者某项目已达到了企业资本成本的临界点，即这时的资金成本已达到或接近企业的边际投资收益率。因此，企业不可能采用所有经济合理的项目，这时就存在着资金的最优分配问题。对一般企业来说，资金总额和资金成本之间存在着图3-6所示的关系。

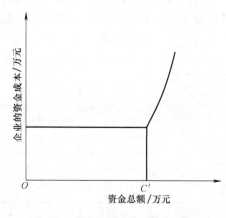

图3-6　资金总额与资金成本曲线

由图3-6可见，企业使用资金的成本不是一成不变的，当企业资金增加到一定程度后，后续融资渠道会逐渐变少，只能通过高资金使用费用来进一步融资。因此，企业资金总额会存在着某个临界点C'，超过这一临界点，资金成本会大幅度上升。当然，如果经过了一段顺利的发展时期后，企业向资金的债权人和投资者证明自己能从已投资的项目中得到满意的利润，那么额外的风险费用就消失了，企业的临界点C'会提高到一个新的水平。

企业的资金总额与资金成本曲线可用来进行投资决策。用直方图把IRR从大到小排列起来，标绘在企业边际项目的示意图（见图3-7）上，与曲线上升部分相交的项目，将是边际项目。从图3-7可知，项目E是边际项目。内部收益率低于这个投资项目的其他项目（包括项目E在内），都在该企业的放弃范围之列。在有资金限额的条件下，独立项目组中入选的项目，首先要满足净现值或IRR判据。此外，在可行的项目中，要根据资金限额进行项目组合，并使最后入选的项目组经济效益最大。

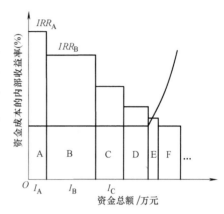

图3-7 多项目中的边际项目选择

总之，在存在着资金约束的条件下，多个互不相关的项目的经济评价不能简单地用一个评价准则来决定排序和取舍，应把所有的满足约束条件的投资项目的组合列出来，然后进行排序和取舍，有时还要考虑其他非经济因素的影响，必要时甚至需要进行项目的多目标决策。

例3-10 某企业有5个独立投资方案，数据见表3-10，资金限额为500万元。试用整体内部收益率标准选取最优方案组合（$i_c = 10\%$）。

表3-10 独立方案投资、寿命和 IRR

方案	投资/万元	寿命/年	IRR(%)
A	80	4	25
B	100	5	22
C	160	6	18
D	260	7	17.5
E	300	8	13.5

解 5个独立投资方案可构成一系列互斥的方案组合，其中将总投资额不超过500万元的部分互斥方案组合及整体内部收益率的计算结果列于表3-11中。整体内部收益率的计算举例如下：

第一个方案组合（ABC）的整体收益率为

$$\frac{80\times 0.25 + 100\times 0.22 + 160\times 0.18 + 160\times 0.10}{500}\times 100\% = 17.36\%$$

表3-11只列举了几个整体内部收益率较大的方案组合。当资金限额大于方案组合的需要量时，假定多余资金能转作他用，并且可获得基准收益率为10%的期望收益。

由表3-11可知，方案组合ACD的整体内部收益率最大，因此，ACD为最优方案组合。

表 3-11　组合方案投资及整体 IRR

组合号	方案组合	投资/万元	整体 IRR(%)
1	ABC	340	17.36
2	ABD	440	18.70
3	ACD	500	18.86
4	CE	460	14.66
5	BE	400	14.50

应该指出，这种方案适用于方案数量较少的情况。若方案数量较多，其方案组合数量就会很大，该方法会显得过于烦琐。对于有些情况，可以先用内部收益率或净现值率进行一次筛选，删除那些低于基准收益率和小于零的方案，再用互斥组合法选优。

2. 互斥项目组的经济性比较与选优

多项目（方案）评选的传统解法是互斥组合法，即将各种关系的多项目（方案）全部转化为互斥项目组，从多个互斥项目中选取其一。因此，互斥项目组的经济性比较与选优就成为多个项目（方案）评选的一种比较通用的方法。

互斥方案的比较可以是全面评价也可以是局部比较。前者是将各个方案所含的全部因素记入方案的全部经济效益，进行全面的对比；后者仅就不同因素计算相对经济效益，进行局部对比。互斥项目经济效益的评价包括两部分内容：一是考虑各个项目本身的经济效益，即绝对经济效益检验；二是考虑一个项目相对于另一个项目的经济效益。哪一个较优，就需要进行相对经济效益检验。通过绝对经济效益评价可以同时得出项目在经济上是否可行和哪一方案最优，据此可以做出项目取舍与否的结论。但相对经济效益评价的结果只能表明两个项目中何者较优，而即使较优的项目也有可能在经济上是不可取的。因此，只有当互斥项目中必须选择其中之一时，才能只进行相对效益的检验，并据以做出项目取舍的结论。

下面介绍互斥项目评价中的一些常用指标和方法：

(1) 寿命期相同方案的比较与选优　对于寿命期相同的互斥方案，通常将方案的寿命期设定为共同的分析期。这样，在利用资金等值原理进行经济效果评价时，各方案在时间上才具有可比性。在进行寿命期相同方案的比较和选择时，一般采用净现值法、内部收益率法、差额分析等方法来选择最佳方案。以下举例说明净现值法的应用。

净现值法即计算各个互斥项目的净现值，从中选出净现值最大值即可。

例 3-11　设 A、B 两个方案为互斥方案，其寿命内各年的净现金流量见表 3-12，使用净现值法做出选择（$i_c=10\%$）。

表 3-12　互斥方案 A、B 的净现金流量　　　　（单位：万元）

方案 \ 年末	0	1~10
A	-502	100
B	-629	150

解　1) 计算各方案的绝对效果并加以检验。

$$NPV_A = -502\text{万元} + 100\text{万元} \times (P/A, 10\%, 10) = 112.46\text{万元}$$

$$NPV_B = -629\text{万元} + 150\text{万元} \times (P/A, 10\%, 10) = 292.69\text{万元}$$

由于 $NPV_A>0$,$NPV_B>0$,故两个方案均通过绝对检验,即它们在经济效果上均是可行的。

2)计算两个方案的相对效果并确定最优方案。采用净现值法时,两个方案的相对效果为

$$NPV_{B-A}=NPV_B-NPV_A=180.23\text{ 万元}$$

由于 $NPV_{B-A}>0$,表明 B 方案优于 A 方案,因此选择 B 方案为最优方案。

(2)寿命期不同方案的比较与选优 只有计算期相同时,方案才能进行经济效益的比较。但是在实际工作中,常常会遇到计算期不等的方案的比较问题。要使计算期不等的方案具有时间的可比性,就要使各方案具有相同计算时期。为此一般采取下列方法:

1)以备选方案的计算期的最小公倍数作为各方案的共同计算期。

2)计算各备选方案的年度等值,通过比较年度等值的大小来选取项目(净收益取较大者,费用则取较小者)。

3)以备选方案中计算期最短者的时间作为各方案的共同计算期,令计算期比这个共同计算期长的各方案,在计算期末有一个因缩短了项目寿命期而导致的残值增值。

4)以备选方案中计算期最长者的时间作为各方案的共同计算期,令计算期短的方案在期末有一个因延长寿命而需要的补充投资。

5)统一规定一个计算期,这个计算期与各备选方案的寿命期不同。这时可能出现两种情况:

①为了达到统一规定的计算期,有些方案需延长寿命期,有些方案需缩短寿命期。

②为了达到统一规定的计算期,全部方案都需延长寿命期或全部方案都需缩短寿命期。

以下举例说明最短计算期法的应用。

如果应用最短计算期法计算,就要对方案中计算期(对设备而言就是设备的经济寿命)长的方案因缩短使用而造成的设备残值(增值)进行重估,在应用评价指标时要考虑这一增值。

例 3-12 某厂为增加产品,考虑了两种方案(产量相同,收入可以忽略不计),具体数据见表 3-13,基准收益率为 15%,判断采纳哪种合作方案更佳。

表 3-13 两个方案的现金流量

项目	方案 A	方案 B	项目	方案 A	方案 B
初期投资/万元	1250	1600	残值/万元	100	160
年经营成本/万元	340	300	经济寿命期/年	6	9

解 当计算期选用 6 年时,方案 B 由于使用寿命缩短了 3 年会使设备的残值增值,这个增值实际上也就是考虑了 B 设备未用 3 年的使用价值。为了确定这个增值,这里简单地用 3 年的折旧额来计算,即:

$$\text{残值}=160\text{ 万元}+(1600\text{ 万元}-160\text{ 万元})\div 9\times 3=640\text{ 万元}$$

$NPV(15\%)_A=-1250\text{ 万元}-340\text{ 万元}\times(P/A,15\%,6)+100\text{ 万元}\times(P/F,15\%,6)=-2493.49\text{ 万元}$

$NPV(15\%)_B=-1600\text{ 万元}-300\text{ 万元}\times(P/A,15\%,6)+640\text{ 万元}\times(P/F,15\%,6)=-2458.65\text{ 万元}$

由于应当选费用较小者,因此方案 A 更佳。

(3)寿命周期无限长方案的比较与选优 如果几个方案寿命数值的最小公倍数很大,或者使用一次性投资且使用年限 $n\to\square$ 时,可以用寿命期无限大计算 NPV 或将投资转换成年金,计算年费用大小进行比较,选择 NPV 最大的或年限最小的为最优方案。

1)净现值法。方案重复无数次致使寿命无穷大之后的总净现值为

$$NPV_\square = NAV_1 \frac{1}{i_c} \tag{3-19}$$

例3-13 为修建横跨某河的大桥,有南北两处可以选点。由于地形要求南桥跨越幅度较大,要建吊桥,其投资为3000万元,建桥购地费为80万元,年维护费为1.5万元,水泥桥面每10年翻修一次需5万元;北桥跨越幅度较小,可建桁架桥,预计投资为1200万元,年维护费为8000元,该桥每3年粉刷一次需1万元,每10年喷砂修整一次需4.5万元,购地用款为1030万元。若年利率为6%,试比较两方案何者为优。

解 根据题意,绘制出现金流量图,如图3-8和图3-9所示。

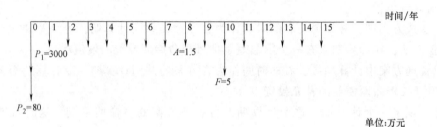

图3-8 南桥建桥用现金流量图

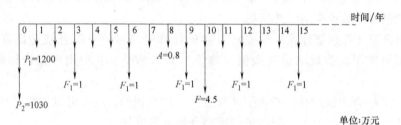

图3-9 北桥建桥用现金流量图

$$NPV(6\%)_南 = 3000 + 80 + \frac{1.5 + 5(A/F, 6\%, 10)}{6\%} = 3000\ 万元 +$$

$$80\ 万元 + \frac{1.5 + 0.3795}{6\%} 万元 = 3111.33\ 万元$$

$$NPV(6\%)_北 = 1200 + 1030 + \frac{0.8 + 1(A/F, 6\%, 3) + 4.5(A/F, 6\%, 10)}{6\%}$$

$$= 2230\ 万元 + \frac{0.8 + 0.3141 + 0.3415}{6\%} 万元 = 2254.26\ 万元$$

$$NPV(6\%)_南 - NPV(6\%)_北 = 3111.33\ 万元 - 2254.26\ 万元 = 857.07\ 万元$$

结果表明,建北桥(桁架桥)可以节省857.07万元,所以选建北桥方案。

2)费用年值法。对于仅需要计算年费用现金流量的互斥方案,可计算方案的费用年值进行比较。判别标准为:费用年值小的方案为最优方案。

例3-14 有两种疏浚灌溉渠道的技术方案,一种是用挖泥机清除渠底淤泥,另一种在渠底铺设永久性混凝土板,数据见表3-14。若年利率为5%,试比较两个方案的优劣。

表 3-14　两种技术方案数据

方案 A	费用/元	方案 B	费用/元
购买挖泥设备(寿命 10 年)	65000	河底混凝土(无限寿命)	650000
挖泥设备残值	7000	年维护费	1000
挖泥作业年经营费	22000	混凝土板维修(5 年一次)	10000
控制水草年度费用	12000		

解　根据题意，绘制出现金流量图，如图 3-10 和图 3-11 所示。

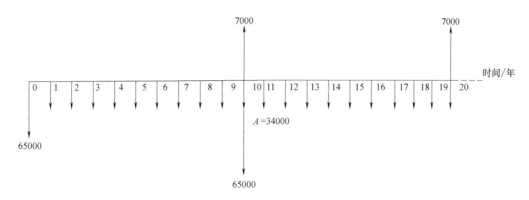

图 3-10　方案 A 的疏浚灌溉渠道现金流量图

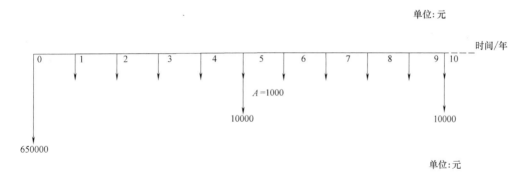

图 3-11　方案 B 的疏浚灌溉渠道现金流量图

方案 A 的现金流量图属于无限循环而且每个周期的现金流量完全相同。因此，只需计算一个周期的年金等额成本即可。

对于具有无限寿命周期的方案 B，只要把它的初始投资乘上年利率即可换算出年成本。换言之，永久性一次投资的年金成本只不过是一次投资的每年利息而已。

$$AC_A = 65000 \times (A/P, 5\%, 10) - 7000 \times (A/F, 5\%, 10) + 22000 + 12000$$
$$= 65000 \ 元 \times 0.1295 - 7000 \ 元 \times 0.0795 + 34000 \ 元 = 41861 \ 元$$
$$AC_B = 650000 \times 5\% + 10000 \times (A/F, 5\%, 5) + 1000$$
$$= 32500 \ 元 + 10000 \ 元 \times 0.1810 + 1000 \ 元 = 35310 \ 元$$

因为 $AC_B < AC_A$，所以方案 B 优于方案 A。

思考与练习

1. 工程项目的经济评价指标有哪些？在项目评价时应如何选择评价指标？
2. 什么是动态评价指标？什么是静态评价指标？
3. 内部收益率的含义是什么？它存在的条件是什么？
4. 一项目总投资 10000 元，以后连续 5 年每年收入 5310 元，年经营费用 3000 元，5 年后残值 2000 元，求净现值（折现率按 8% 计）。
5. 某汽车价值 10 万元，每年运行费用 1.5 万元，3 年大修一次费用是 2 万元，使用 5 年后以 5 万元卖掉，求这 5 年里的汽车年平均费用（折现率按 8% 计）。
6. 用 15000 元建造一个任何时候均无残值的临时仓库，估计年收益为 2500 元，假设基准贴现率为 12%，仓库能使用 8 年，那么这项投资是否满意？临时仓库使用多少年这项投资才是满意的？
7. 有 3 个独立方案 A、B、C，各方案寿命均为 6 年。方案 A 投资 80 万元，年净收入 40 万元；方案 B 投资 220 万元，年净收入 110 万元；方案 C 投资 420 万元，年净收入 205 万元。假设基准收益率为 10%，资金限额为 450 万元，试用互斥组合法求最优方案组合。
8. 互斥方案 A、B，各方案的现金流量见表 3-15，试求方案重复无数次使寿命无穷大后的最优方案。（折现率按 10% 计）

表 3-15 现金流量

方案	投资额/万元	年净收益/万元	寿命/年
A	100	40	4
B	200	53	6

本 章 小 结

经济效果评价是投资项目各方案评价的核心内容。为了确保投资决策的正确性和科学性，建立合理的经济指标评价体系及正确地运用评价方法是十分重要的。项目的经济评价按照经济性质可划分为时间性评价指标、价值性评价指标和比率性评价指标，按是否考虑资金的时间价值可划分为静态评价指标和动态评价指标。

在项目方案群的选优中，用得较多的是互斥方案的优选。在比选方案时，应注意检验方案的绝对经济效果，在各个备选方案都可行的基础上，进行方案相对经济效果的检验。对于独立型方案的选优，关键是看资金对研究的所有项目是否构成约束。如果资金充裕，对所有项目不构成约束，这时独立型项目的比选方法与单个方案的评价方法相一致；如果有一定的资金限制，独立型项目的比较方法有两种：互斥组合法和净现值率排序法。

第四章 不确定性分析与风险决策

教学目的
- 了解不确定性分析的意义和方法。
- 熟练掌握盈亏平衡分析的原理和方法，理解盈亏平衡点的含义。
- 掌握敏感性分析的概念、分析步骤以及分类和计算方法。
- 掌握风险分析与风险决策的概念和决策树分析方法。

学习方法
- 识记和理解基本概念和原理，进行课堂练习。

本章内容要点
- 不确定性及其产生的原因。
- 盈亏平衡分析计算方法。
- 敏感性分析的分类，单敏感性分析与多敏感性分析的算法。
- 风险分析与决策分析的概念以及意义，评价风险的指标。
- 决策树分析方法。

第一节 不确定性概述

工程经济分析是对"未来"结果所做的事先分析，它一般分为两个阶段：第一阶段是在预测的基础上进行相对确定性分析，用销售收入、投资经营费用等数据计算各方案的指标，从而进行分析比较和优选；第二阶段是对基本方案进行不确定性分析，主要分析各种外部条件发生变化或者测算数据误差对方案经济效果的影响程度，以及方案本身对不确定性的承受能力。常用的方法有盈亏平衡分析、敏感性分析和概率分析。

一、不确定性及其产生的原因

不确定性就是指事先不能准确知道某个事件或某种决策的结果。或者说，只要事件或决策可能的结果不止一种，就会产生不确定性。一般来说，产生不确定性的原因有以下几个方面：

1. 通货膨胀和价格调整

每一个国家都存在着不同程度的通货膨胀，通货膨胀对项目有着多方面的影响。一方面，由于建设期只有投入没有产出，因此通货膨胀的结果常常导致投资的突破。在生产期即使销售收入与经营成本同步调整，由于折旧费和残值是不变的，因此它们会因通货膨胀而实际贬值，从而使项目的收益减少。另一方面，通货膨胀也会给有借贷资金的项目带来好处，因为用于归还贷款的货币是已经降低了购买力的货币。

由于一般工程项目的寿命期较长（十年到几十年），而通货膨胀是年年存在的，具有复利的性质，因此通货膨胀对工程项目的影响是较大的。但是在项目评价时很难将通货膨胀因素考虑进去，原因是谁也没有把握预测今后几年甚至十几年的通货膨胀率是多少。

除了通货膨胀对物价的影响外，市场瞬息万变，致使项目评价中投入物和产出物的价格也有可能出现较大的变动，这也会给项目的经济评价带来较大的不确定性。

2. 政府政策和规定的变化

国内外经济形势的影响以及国家经济政策、财务规定的改变，会给项目带来不可预测和不可控制的影响。例如，外汇汇率的提高会给以资源为原料的出口项目带来好处；关税的普遍降低和贸易限制的放宽，给某些项目带来机遇的同时也给一些项目带来严峻的挑战。

3. 技术和工艺的变革

在技术和工艺日新月异的今天，原来拟订的生产工艺和技术方案，有可能在项目的建设和实施的过程中发生变化，从而改变原始数据。此外，新的代用品的出现以及大的竞争对象的出现，会导致产品价格和市场需求情况发生意外变化。

4. 项目生产能力的变化

项目因资金的筹集、外购设备不及时到货或施工安排等问题引起建设工期延长，或因设计、装备等原因导致项目建成后达不到预定的生产能力等，都会改变项目的各项经济指标。

5. 预测和估算的误差

这是一切项目普遍存在的问题，可能由资料的不完全占有、统计预测方法的不当所引起，也可能因时间、资金以及其他未知因素的限制而导致。此外，大量不能定量表示的因素和一些不确切的简化和假定，也会给项目带来较大的不确定性。

二、不确定性分析的意义

1）进行不确定性分析有助于投资决策者对工程项目各因素的影响趋势和影响程度有一个定量的估计，使得项目的实施对关键因素和重要因素予以充分的考虑和控制，以保证项目真正取得预期的经济效益。

2）进行不确定性分析更有助于投资决策者对工程项目的不同方案做出正确的选择，而不会只注重各方案对项目因素正常估计后求得的效果。其选择是既要比较各方案的正常效果，又要比较各方案在项目因素发生变化和波动后的效果，然后再从中选出最佳方案。

三、不确定性分析方法

不确定性问题根据影响因素的已知情况分为完全不确定问题和不完全不确定问题两种。只知道影响因素的种类，不知其发生概率分布情况，称为完全不确定问题；知道影响因素发生概率分布情况，称为不完全不确定问题，又称风险问题。

不确定性分析方法按分析因素对经济效益指标的影响趋势、分析因素在不同估计值的情况下对经济效益指标的影响程度、分析因素在出现变化的各种可能情况下对经济效益指标的综合影响等，可归纳为三种：一是盈亏平衡分析法；二是敏感性分析法；三是概率分析法。其中，盈亏平衡分析法适用于企业财务评价，运用产量-成本-利润的关系和盈亏平衡点来分析项目财务上的经营安全性，可以分析完全不确定问题。通过敏感性分析法，可以找出影响经济效益的敏感因素和数据，以便加以控制，也为后续进一步分析确立重点项目目标，它适用于国民经济评价和企业财务评价。概率分析是获得经济效益目标实现的可能性的方法，如实现 NPV 的概率有多大，项目 IRR 的概率分布如何等，它适用于国民经济评价和企业财务评价。

第二节 盈亏平衡分析

不确定因素的变化会影响投资方案的经济效果，这些因素的变化达到某一临界值时，可能致使原来盈利的项目变为亏损项目，并导致项目比选的结果发生质的变化。盈亏平衡分析的目的就是要找出建设项目的盈亏临界点，以判断不确定因素对方案经济效果的影响程度，说明方案实施的风险及投资项目承担风险的能力，为投资决策提供科学依据。

一、线性盈亏平衡分析

当项目的总成本、销售收入与产量呈线性关系时，盈亏平衡分析称为线性盈亏平衡分析。盈亏平衡分析的目的是找出产量、总成本、利润三者结合的最佳点。三者之间的关系模型为：利润=销售收入-总成本。

1. 独立方案的线性盈亏平衡分析

独立方案的线性盈亏平衡分析是通过项目产量（销售量）、成本、利润之间的经济数量关系，分析市场及项目生产经营等内外情况变化对方案实施效果的影响，并据此进行项目经济效果可靠性评价。

（1）线性盈亏平衡分析的前提条件

1）产量等于销售量。

2）产量变化，单位可变成本不变，从而使总成本成为产量的线性函数。

3）产量变化，销售单价不变，从而使销售收入成为销售量的线性函数。

4）只生产单一产品，或者生产多种产品，但可以换算为单一产品计算。

（2）线性盈亏平衡分析函数 销售收入等于产品单价与销售量的乘积。在没有竞争的市场条件下，销售收入与销售量呈线性关系，即产品价格是一个常数，不随产品销售量的变化而变化。此时销售收入为

$$TR = P \times Q \tag{4-1}$$

式中，TR 是销售收入；P 是单位产品价格；Q 是产品销量。

总成本费用是项目投产后，生产和销售产品的全部费用，包括固定成本和变动成本两部分。固定成本（C_F）是指在一定条件下不随产量增减而变化的成本，如固定资产折旧费、大修费用等；变动成本（C_V）是指在一定技术水平和生产规模限度内随产量变化而变化的成本，如直接人工费、直接材料费、原材料费等。

若设企业产品的单位变动成本为 c_v，则总成本 TC 与产量的关系可表示为

$$TC = C_F + C_V = C_F + c_v \times Q \tag{4-2}$$

要使投资项目盈利，则总销售收入必须大于总成本。由利润（B）=销售收入-总成本，得到

$$B = TR - TC = (P - C_v) \times Q - C_F \tag{4-3}$$

(3) 线性盈亏平衡分析图 图 4-1 中纵坐标表示销售收入与成本，横坐标表示产品销量。销售收入线与总成本线的交点 E 称为盈亏平衡点。在平衡点左边，总成本大于销售收入，为亏损区；在平衡点右边，销售收入大于总成本，为盈利区；在平衡点上，企业不盈不亏。

(4) 盈亏平衡点的确定 令 $B=0$，解出的 Q 即为盈亏平衡点产量（或销量），记为 $BEP(Q)$。

$$BEP(Q) = \frac{C_F}{P - C_v} \tag{4-4}$$

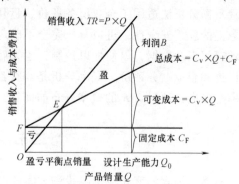

图 4-1 盈亏平衡分析图

如果项目设计生产能力为 Q_0，则项目盈亏平衡能力利用率 $BEP(f)$ 为

$$BEP(f) = \frac{BEP(Q)}{Q_0} \times 100\% \tag{4-5}$$

若按生产能力 Q_0 进行生产和销售，则盈亏平衡价格为

$$P^* = \frac{TR}{Q_0} = \frac{TC}{Q_0} = C_v + \frac{C_F}{Q_0} \tag{4-6}$$

同理，若按设计能力 Q_0 进行销售，且售价已定，则盈亏平衡时的单位产品变动成本为

$$C_v^* = P - \frac{C_F}{Q_0} \tag{4-7}$$

(5) 盈亏平衡分析与经营风险的衡量 盈亏平衡分析给出了项目盈亏区域界限，只有在盈利区内项目才可行。但是，项目在实施过程中会受到很多不确定因素的影响，可能会超越盈亏分界线，进入亏损区。为了说明经营风险的大小，引入经营安全指标 $BEP(S)$。

$$BEP(S) = 1 - BEP(f) \tag{4-8}$$

$BEP(S)$ 越大，实际生产经营情况越远离盈亏平衡点，项目经营的安全性越大，抗风险能力越强。通常，当 $BEP(S) > 30\%$ 时，认为企业经营安全，即只有盈亏平衡时的产量（或销售量）$BEP(Q)$ 小于或等于正常年份产量或销售量的 70%，才可认为风险性较小，经营安全。若 $BEP(S) < 10\%$，则表示企业经营相当危险。

(6) 考虑税金的盈亏平衡分析 设 t 为单位产品的税金，则上述各平衡点的计算公式分别为

$$BEP(Q) = \frac{C_F}{P - C_v - t} \tag{4-9}$$

$$BEP(f) = \frac{C_F}{(P - C_v - t)Q_0} \times 100\% \tag{4-10}$$

$$P^* = \frac{TR}{Q_0} = \frac{TC}{Q_0} = C_v + \frac{C_F}{Q_0} + t \tag{4-11}$$

$$C_v^* = P - \frac{C_F}{Q_0} - t \tag{4-12}$$

从上述盈亏平衡点计算公式可知，盈亏平衡点的产量（或销量）越高，盈亏平衡点的销售收入、生产能力利用率、价格就会越高，单位产品变动成本会越低，项目的风险就会越大，安全度也就越低；反之，项目安全度就会越大，项目盈利能力越强，项目抗风险能力也就越强。

例 4-1 某企业欲投资一条新产品生产线，其年设计生产能力为 40000 台，该产品售价为 500 元，固定成本为 800 万元，变动成本为 1000 万元。试确定盈亏平衡点，并判断项目的经营状况。

解 单位变动成本为

$$C_v = \frac{10000000}{40000} \text{元/台} = 250 \text{ 元/台}$$

盈亏平衡点产量为

$$BEP(Q) = \frac{C_F}{P-C_v} = \frac{8000000}{500-250} \text{台} = 32000 \text{ 台}$$

项目盈亏平衡点生产能力利用率为

$$BEP(f) = \frac{BEP(Q)}{Q_0} \times 100\% = \frac{32000}{40000} \times 100\% = 80\%$$

项目盈亏平衡点价格为

$$P^* = \frac{TR}{Q_0} = \frac{TC}{Q_0} = C_v + \frac{C_F}{Q_0} = 250 \text{ 元/台} + \frac{8000000}{40000} \text{元/台} = 450 \text{ 元/台}$$

经营安全率为

$$BEP(S) = 1 - BEP(f) = 20\%$$

因此，通过计算可知，若未来产品销售价格及生产成本与预期值相同，项目不发生亏损的条件是年销售量不低于 32000 台。若生产成本与预期值相同，按设计生产能力进行生产，不亏损的销售价格最少为 450 元/台。由于经营安全率低于 30%，因此项目经营不安全。

2. 互斥方案的线性盈亏平衡分析

盈亏平衡分析还可以运用在对互斥方案的必选上。若一个共有的不确定因素影响互斥方案的取舍，可先求出两方案的盈亏平衡点（BEP），再根据 BEP 取舍。

设两个方案经济效果（E_1，E_2）受同一个共同的不确定因素 x 影响，且可以表示成 x 的函数，即

$$E_1 = f_1(x)$$
$$E_2 = f_2(x)$$

当两个方案经济效果相同（即 $E_1 = E_2$）时，使其成立的 x 值即为两方案的优劣平衡点，结合对不确定因素 x 未来取值范围的预测，就可以做出相应的对策。

例 4-2 生产某种产品有两种方案。方案 A 初始投资为 50 万元，预期年净收益为 15 万元；方案 B 初始投资为 150 万元，预期年净收益为 35 万元。该产品的市场寿命具有较大的不确定性。如果给定基准折现率为 15%，不考虑期末资产残值，试就项目寿命期分析这两个方案取舍的临界点。

解 设项目寿命期为 x，则有

$$NPV_A = -50 + 15(P/A, 15\%, x)$$

$$NPV_B = -150+35(P/A,15\%,x)$$

当 $NPV_A = NPV_B$ 时，有

$$-50+15(P/A,15\%,x) = -150+35(P/A,15\%,x)$$

得

$$(P/A,15\%,x) = 5$$

即

$$\frac{(1+0.15)^x - 1}{0.15 \times (1+0.15)^x} = 5$$

解这个方程，可得 $x \approx 10$ 年。

这就是以项目寿命期为共有变量时方案 A 与方案 B 的盈亏平衡点。由于方案 B 的净收益比较高，项目寿命期延长对方案 B 有利，故可知：如果根据市场预测，项目寿命期少于 10 年，应采用方案 A；如果项目寿命期在 10 年以上，则应采用方案 B。

二、盈亏平衡分析的局限性

通过盈亏平衡分析得出盈亏平衡点，使建设项目投资决策的外部条件简单地表现出来，根据盈亏平衡分析点的高低，可以了解项目抗风险的能力。因此，这种分析方法简便实用，但也存在一定局限性。

1）要假定产量等于销量，这实际上有些理想化。

2）变动成本的分析过于简单化，因为根据边际报酬递减规律，变动成本是以产量为自变量的开口向上的一元二次非线性函数。

3）计算盈亏平衡点所采用的数据是所谓"正常年份"的数据，而现实经济环境是千变万化的。

4）盈亏平衡分析法是一种短期的、静态的分析方法，没有考虑货币的时间价值和长期情形。

鉴于上述原因，盈亏平衡分析法的计算结果和结论是粗略的。

第三节 敏感性分析

敏感性分析也称灵敏度分析，是一种常用于评价建设项目经济效果的不确定性分析方法。该方法通过计算一个或多个不确定因素的变化导致的经济评价指标的变化幅度，分析各个因素的变化对现实预期目标的影响程度，发现敏感因素，为项目决策提供重要的依据。

一、敏感性分析的基本原理

1. 敏感性分析的概念

敏感性分析是在确定性分析的基础上，进一步分析、预测项目主要不确定因素（如投资、成本、销售量、生产能力、价格、利率、寿命周期等）的数值变化对项目评价指标（如内部收益率、净现值等）的影响，从中找出敏感因素，确定评价指标对该因素的敏感程度和项目对其变化的承受能力。

敏感性分析分为单因素敏感性分析和多因素敏感性分析两种。单因素敏感性分析是对单一

不确定因素变化的影响进行分析,即假设各不确定因素之间相互独立,每次只考查一个因素,其他因素保持不变,以分析这个可变因素对经济评价指标的影响程度和敏感程度。单因素敏感性分析是敏感性分析的基本方法。多因素敏感性分析是当两个或两个以上互相独立的不确定因素同时变化时,对这些变化的因素对经济评价指标的影响程度和敏感程度进行的分析。

2. 敏感性分析的步骤

对项目进行敏感性分析时,其基本步骤如下:

(1) 确定敏感性分析指标 由于敏感性分析是在确定性经济效果的基础上进行的,因此敏感性分析的指标应与技术方案的经济效益评价指标一致。评价项目经济效益的指标包括净现值、净年值、内部收益率、投资回收期等。敏感性分析可根据经济评价的深度和项目特点选择相应指标。

(2) 选定不确定因素,设定其变化范围 通常,影响项目经济效益的不确定因素包括项目总投资、项目寿命期、固定资产残值、变动成本、产品价格、销售量、工期和基准折现率等。实际上,并不需要对所有不确定因素逐一进行敏感性分析,只需选择最有可能对经济效益产生影响的因素即可。不确定因素的选择可依据两个原则:①预计在可能的变动范围内,某因素的变动会较强烈地影响方案的经济效益指标;②在评价中,某因素对自身数据的准确程度把握不大。

(3) 计算不确定因素变动对分析指标的影响结果 设定不确定因素的变动范围和变动幅度(如±20%、±15%、±10%、±5%),计算各不确定因素不同幅度的变动所导致的经济效果评价指标的变动结果。

(4) 确定敏感因素 判别敏感因素可用相对测定法和绝对测定法两种方法。相对测定法是假定拟分析的不确定因素从基本数值开始变动,比较在同一变动率下各因素的变动对经济效益指标影响的大小。其影响程度可用敏感度系数表示。敏感度系数的计算公式为

$$\beta = \Delta A / \Delta F \tag{4-13}$$

式中,β 为评价指标 A 对于不确定因素 F 的敏感度系数;ΔA 为不确定因素 F 发生 ΔF 变化率时,评价指标 A 的相应变化率(%);ΔF 为不确定因素 F 的变化率(%)。

依据敏感度系数确定影响程度,找出最敏感的因素。敏感度系数越大的因素对分析指标的影响越强,也是越敏感的因素。

绝对测定法是假设各因素均向对项目不利的方向变动,并分别取其可能出现的"最坏值",据此计算项目的经济效益指标。这一"最坏值"是项目允许不确定因素向不利方向变化的极限值,称为临界点,即超过极限值后,项目将变为不可接受。

实践中可将确定敏感因素的两种方法结合起来使用。首先,设定有关经济评价指标为其临界值,如令净现值等于零、内部收益率等于基准折现率;其次,分析因素的最大允许变动幅度,并与其可能出现的最大变动幅度相比较,若某因素可能出现的变动幅度超过最大允许变动幅度,则表明该因素是方案的敏感因素。

二、单因素敏感性分析

单因素敏感性分析就是针对单个不确定因素的变动对方案经济效果的影响所做的分析。其在分析方法上类似于数学上多元函数的偏微分,即在计算某个因素的变动对经济效果指标的影响时,假定其他因素均不变。单因素敏感性分析的意义如下:

(1) 可以选择风险小的技术方案 在选择方案时,通过各方案敏感程度大小的对比,可以选择敏感程度小即风险小的投资方案。

（2）可以对风险大但效益好的投资方案进行完善 对于经济效果好而敏感程度大的方案，可以吸取其他方案的长处或者设法对其进行调整，以减小敏感程度，完善方案。

（3）可以减少或避免风险 分析主要因素变化引起项目经济效果评价指标的变动，使决策者全面了解项目投产后可能出现的经济效果变动情况，积极采取措施，控制或减少不利因素的影响，从而减少或避免风险。

例 4-3 某项目初始投资 200 万元，寿命为 10 年，期末残值为 20 万元，各年的销售收入、经营成本均相等，分别为 70 万元、30 万元。经预测，将来投资、销售收入、经营成本可能在 ±10% 范围内变化，试对 NPV 进行敏感性分析（$i_c=10\%$）。

解 题目中指出不确定因素为投资、销售收入、经营成本。

1）计算原方案指标

$$NPV = -200 + (70-30) \times (P/A, 10\%, 10) + 20(P/F, 10\%, 10)$$
$$= -200\text{万元} + 40\text{万元} \times 6.1446 + 20\text{万元} \times 0.3855 = 53.49\text{万元}$$

2）计算各因素变化后的指标值

① 设投资变化±10%，其他因素不变，则

$NPV(+10\%) = -200\text{万元} \times (1+10\%) + 40\text{万元} \times 6.1446 + 20\text{万元} \times 0.3855 = 33.49\text{万元}$

$NPV(-10\%) = -200\text{万元} \times (1-10\%) + 40\text{万元} \times 6.1446 + 20\text{万元} \times 0.3855 = 73.49\text{万元}$

求投资变化的临界点，即设投资变化百分比为 x 时，NPV 等于 0，此时

$$NPV(x) = -200(1+x) + 40 \times 6.1446 + 20 \times 0.3855 = 0$$

解得 $x = 0.2675 = 26.75\%$。

② 设销售收入变化±10%，其他因素保持原值不变，则

$NPV(+10\%) = -200\text{万元} + [70 \times (1+10\%) - 30] \times 6.1446\text{万元} + 7.71\text{万元} = 96.51\text{万元}$

$NPV(-10\%) = -200\text{万元} + [70 \times (1-10\%) - 30] \times 6.1446\text{万元} + 7.71\text{万元} = 10.48\text{万元}$

设销售收入变化百分比为 y 时，NPV=0，即

$$NPV(y) = -200 + [70(1+y) - 30] \times 6.1446 + 7.71 = 0$$

得 $y = -12.44\%$。

③ 设经营成本变化±10%，其他因素不变，则

$NPV(+10\%) = -200\text{万元} + [70 - 30 \times (1+10\%)] \times 6.1446\text{万元} + 7.71\text{万元} = 35.06\text{万元}$

$NPV(-10\%) = -200\text{万元} + [70 - 30 \times (1-10\%)] \times 6.1446\text{万元} + 7.71\text{万元} = 71.93\text{万元}$

设经营成本变化百分比为 z 时，$NPV(z) = 0$，即

$$NPV(y) = -200 + [70 - 30(1+z)] \times 6.1446 + 7.71 = 0$$

得 $z = 29\%$。

3）敏感性因素排序并作图。由以上计算可知，在不确定因素都变化同样的数值（10%）时，引起指标的变化大小不同（见表 4-1）。

表 4-1 敏感性分析

因素 \ NPV范围	+10%	0%	-10%	临界值(%)
投资/万元	33.49	53.49	73.49	26.75
销售收入/万元	96.51	53.49	10.48	-12
经营成本/万元	35.06	53.49	71.93	29

由表 4-1 可知：销售收入导致的变化最大，因此为最敏感因素；投资次之，为次敏感性因素；经营成本引起的变化最小，为不敏感性因素。根据表 4-1 的数据作敏感性分析图，如图 4-2 所示。由图 4-2 也可以看出，最陡的直线为最敏感性因素，并以此类推。由于分析指标 NPV 与上述 3 个不确定性因素的函数关系都是线性的，故图 4-2 中的变化线都为直线。

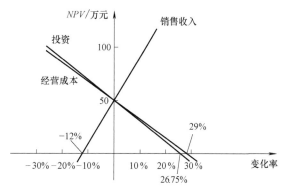

图 4-2 敏感性分析图

4）风险分析。从投资角度（投资变化，其他 2 个因素不变）来看，当投资增加超过 26.75% 时项目不可行，据最初的数据，投资最多增减 10%，因此项目抗风险性较强；从销售收入角度看，当销售收入减少至 12% 时，NPV 等于零，即项目处于可行与不可行的临界点，而销售收入最多增减 10%，因此从销售收入角度看，项目抗风险性较强。同理，从经营成本角度看，项目也具有较强的抗风险能力。

以上分析只是一个问题的侧面，具有片面性。因为不确定因素的变化不可能是一个变另外两个不变，而是都在变，因此做如下分析：

① 在最不利的情况下：即投资为 200 万元×(1+10%) = 220 万元，销售收入为 70 万元×(1-10%) = 63 万元，经营成本为 30 万元×(1+10%) = 33 万元时，有

$$NPV = -220 \text{万元} + (63-33) \text{万元} \times 6.1446 + 7.71 \text{万元} = -27.95 \text{万元} < 0$$

② 在最有利的情况下：即投资为 200 万元×(1-10%) = 180 万元，销售收入为 70 万元×(1+10%) = 77 万元，经营费用为 30 万元×(1-10%) = 27 万元时，有

$$NPV = -180 \text{万元} + (77-27) \text{万元} \times 6.1446 + 7.71 \text{万元} = 134.94 \text{万元}$$

把 NPV 可能的数值表示出来，如图 4-3 所示。

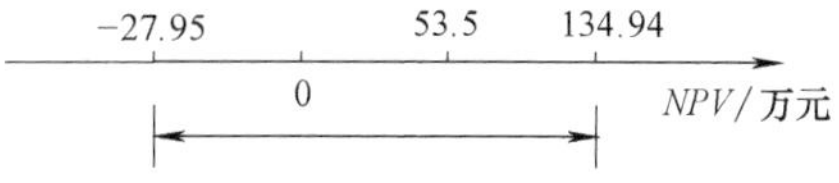

不可行所占比例为

$$\frac{|-27.95|}{134.94 + |-27.95|} = 17.16\%$$

图 4-3 净现值的数值范围

在概率分析上，发生概率小于 5% 的事件为小概率事件。在实际分析中，可根据项目性质及工程经济分析的特点，确定合适的抗风险尺度。若风险尺度定为 15%，上例中由于 17.16% > 15%，因此该项目抗风险性不强。

三、多因素敏感性分析

多因素敏感性分析是在以下假定条件下完成的：同时变动的几个因素是相互独立的；一个因素变动的幅度、方向与别的因素无关。单因素敏感性分析是找出敏感性因素，但忽略了多因素的综合影响，有条件的应该进行多因素敏感性分析，找出因素的可取范围，找出一个敏感性曲面。

例 4-4 有一个生产小型电动汽车的投资方案，用于确定性经济分析的现金流量表（见表 4-2）所采用的数据是根据对未来最可能出现情况的预估数据。由于对影响未来经济环境的某些因素把握不大，投资额、经营成本和产品价格均有可能在 ±20% 的范围内变动。设基准折现

率为10%，试进行多因素敏感性分析。

表 4-2 小型电动汽车项目现金流量　　　（单位：万元）

年份	0	1	2~10	11
投资	15000			
销售收入			19800	19800
经营成本			15200	15200
期末资产残值				2000
净现金流量	-15000	0	4600	4600+2000

解　设投资额为 K，年销售收入为 B，年经营成本为 C，期末资产残值为 L，用净现值指标评价本方案的经济效果，计算公式为

$$NPV = -K + (B-C)(P/A, 10\%, 10)(P/F, 10\%, 1) + L(P/F, 10\%, 11)$$

将表 4-2 中的数据代入上式得

$$NPV = -15000\text{万元} + 4600\text{万元} \times 6.1446 \times 0.9091 + 2000\text{万元} \times 0.3505 = 11397\text{万元}$$

设投资额变动的百分比为 x，经营成本变动的百分比为 y，产品价格变动的百分比为 z，如果同时考虑投资额与经营成本的变动，则分析这两个因素同时变动对方案净现值影响的计算公式为

$$NPV = -K(1+x) + [B - C(1+y)](P/A, 10\%, 10)(P/F, 10\%, 1) + L(P/F, 10\%, 11)$$

将表 4-2 中的数据代入上式得

$$NPV = 11397 - 15000x - 84900y$$

取 NPV 临界值，即 $NPV = 0$，则有

$$NPV = 11397 - 15000x - 84900y = 0$$

$$y = -0.1767x + 0.1342$$

这是一个直线方程。将其在坐标图上表示出来（见图 4-4），即 $NPV = 0$ 的临界线。在临界线上，$NPV = 0$；在临界线左下方区域，$NPV > 0$；在临界线右上方区域，$NPV < 0$。也就是说如果投资额与经营成本同时变动，只要变动范围不超过临界线左下方区域（包括临界线上的点），方案都是可以接受的。

如果同时考虑投资额、经营成本和产品价格这3个因素的变动，则分析其对净现值的计算公式为

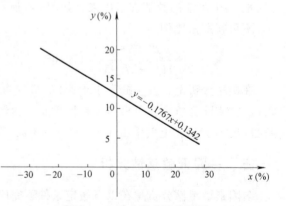

图 4-4　双因素敏感性分析图

$$NPV = -K(1+x) + [B(1+z) - C(1+y)](P/A, 10\%, 10)(P/F, 10\%, 1) + L(P/F, 10\%, 11)$$

代入表 4-2 中的数据，经过整理得

$$NPV = 11397 - 15000x - 84908y + 110604z$$

取不同的产品价格变动幅度代入上式，可以求出一组 $NPV = 0$ 的临界线方程。

当 $z = +20\%$ 时，有

当 $z = +10\%$ 时，有

$$y = -0.1767x + 0.3948$$

当 $z = -10\%$ 时，有

$$y = -0.1767x + 0.2645$$

当 $z = -20\%$ 时，有

$$y = -0.1767x + 0.0040$$

$$y = -0.1767x - 0.1263$$

在坐标图上这是一组平行线，如图 4-5 所示。

由图 4-5 可以看出：产品价格上升，临界线往右上方移动；产品价格下降，临界线往左下方移动。根据这种三因素敏感性分析，可以直接观了解投资额、经营成本、产品价格这三个因素同时变动对决策的影响。在本例中，如果产品价格下降 20%，同时投资额下降 20%，经营成本下降 10%，则投资额与经营成本变动的状态点 A 位于临界线 $z = -20\%$ 的左下方（见图 4-5），方案仍具有满意的经济效果；如果产品价格下降 10%，同时投资额上升 5%，经营成本上升 10%，则投资额与经营成本变动的状态点 B 位于临界线 $z = -10\%$ 的右上方（见图 4-5），方案就变得不可接受了。

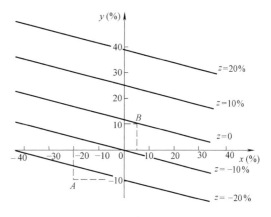

图 4-5　三因素敏感性分析图

第四节　风险分析与风险决策

所谓风险就是指生产目的与劳动成果之间的不确定性。因此，风险可以表示为（不利）事件发生的概率及其后果的函数，即风险 = $F(P, C)$。其中，P 表示事件发生的概率，C 表示事件发生的后果。

风险分析的目的是帮助人们做出风险最小的决策，同时注意控制项目执行过程中的风险。因此，风险分析指的是人们利用系统的、规范的方法对风险进行辨识、估计和评价的全过程，它包括风险辨识、风险估计、风险评价三个部分。因为只有对风险的类型及产生的原因有了正确的认识和估计，才能对风险的大小做出较为准确的估计。同样，只有在对风险有了正确的认识和估计的基础上，才能有针对性地提出处理风险的具体措施。风险分析的内容如图 4-6 所示。

风险的概念不同于危险，危险意味着一种

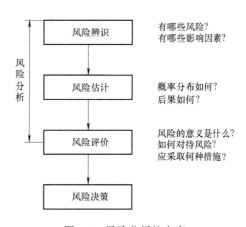

图 4-6　风险分析的内容

坏兆头的存在,而风险则不仅意味着坏兆头的存在,还意味着发生这个坏兆头的渠道和可能性。因此,有时虽然存在着危险,但不一定要冒此风险。例如,某人不善于经商,如果他要去经商,就有赔的危险,如果他自不量力,真的要去经商,就要冒赔本的风险;如果他有自知之明,不去经商,虽然有赔本的危险,但由于没有发生的渠道,所以对于他根本就没有赔本的风险。风险也不同于不确定性,风险是一种可测定的不确定性(可确定其发生的概率),是不完全不确定性问题,而"不可测定的不确定性"才是真正意义上的不确定性,也称为完全不确定性。

一、风险估计

风险估计是指通过研究各种不确定因素发生不同幅度变动的概率分布及其对方案的经济效果的影响,对方案的净现金流量及经济效果指标做出某种概率描述,从而对方案的风险情况做出比较准确的判断。

大量的社会经济现象都具有概率性质。项目的种种不确定因素的变动及其对项目经济效果的影响也具有概率性。在这种情况下,无论哪一种项目经济效果评价指标,都可作为一个随机变量,而这种随机变量,实际是很多其他随机变量(如产品产量、产品价格、生产成本、投资等)的复杂函数。风险估计就是利用概率分布研究不确定性的方法。它通过研究不确定的概率分布,找出经济效果评价指标连续概率分布的情况,以判断项目可能发生的损益或风险。所以,风险估计又称为概率分析或风险分析。

1. 期望值和标准差

在受不确定因素的影响下,项目经济效果评价指标不是一个确定值,而是不确定因素的某种概率描述。期望值和标准差是描述这种分布特征的重要参数。

(1)期望值 在大量重复事件中,期望值就是随机变量取值的平均值,也是最大可能取值,它最接近实际值。

以 X 表示随机变量,$P(X)$ 表示该随机变量可能出现的概率,则期望值 $E(X)$ 可按下式计算:

$$E(X) = \sum_{j=1}^{m} X_j P_j(X) \tag{4-14}$$

在概率分析中

$$\sum_{j=1}^{m} P_j(X) = 1 \tag{4-15}$$

例 4-5 某项目的投资决策有两个方案:方案一就是大规模生产方案,该方案在没有竞争对手的情况下可获净现值 3000 万元,在有竞争对手的情况下净现值变为-500 万元;方案二就是小规模生产方案,该方案在没有竞争对手的情况下可获净现值 1800 万元,在有竞争对手的情况下可获净现值 1300 万元。通过多方征求专家意见,以为"有竞争"的概率为 0.25,"没有竞争"的概率为 0.75。试求两个方案的期望值,并确定哪个方案较好。

解 大规模生产方案的净现值为

$$E(X) = 3000 \text{ 万元} \times 0.75 - 500 \text{ 万元} \times 0.25 = 2125 \text{ 万元}$$

小规模生产方案的净现值为

$$E(X) = 1800 \text{ 万元} \times 0.75 + 1300 \text{ 万元} \times 0.25 = 1675 \text{ 万元}$$

根据期望值最大准则，应选择大规模生产方案，即方案一。

表达不确定性的一种简单方法是通过未来事件的各种可能估计，进行最乐观的、最可能的、最悲观的估计，在这三种估计之后，分别给予不同的权重，计算其期望值，由期望值进行判断项目是否可行。三种估计范围的结果会用相对权重分配给各种不同估计值，并且利用加权平均值求解算术期望值。一般予以三种估计值的权重见表4-3。

表 4-3 三种估计值的权重

三种估计	相对权重	三种估计	相对权重
最乐观值	1	最悲观值	1
最可能值	4		

例 4-6 某项目根据市场前景估计的不同，有三种结果：①最乐观估计，该项目将有内部收益率28%；②最可能估计，该项目将有内部收益率18%；③最悲观估计，该项目将有内部收益率11%。试求该项目的内部收益率期望值。

解 该项目的内部收益率期望值为

$$E(X) = \frac{\sum Xf}{\sum f} = \frac{28\% \times 1 + 18\% \times 4 + 11\% \times 1}{6} = 18.5\%$$

应该指出，当某种情况（事件）多次重复发生时，在分析及长期结果中，期望值是有用的。对于像建设项目投资之类的经济行为，大多数只发生一次，此时期望值的作用就不大了，而应配合其他指标。

（2）标准差　标准差表示随机变量的离散程度，即随机变量和真值之间的偏离程度。标准差可用下式计算：

$$\sigma = \sqrt{\sum_{j=1}^{m} (X_j - \overline{X})^2 P_j(X)} \tag{4-16}$$

式中，$\overline{X}$ 是随机变量的平均数，即式（4-14）中的期望值。

2. 期望值与标准差之间的权衡问题

（1）期望值相同的情况分析　若两个方案期望值相等，则标准差大的方案，风险也大。由于人们对风险总是持回避态度，因此，标准差大的方案是不利方案。

（2）期望值不相同的情况分析　期望值不相同时，可能有下列几种情况（甲乙方案比较）：

1）方案甲期望值 $E(X)$ 大，标准差小，则方案甲有利。

2）方案甲期望值 $E(X)$ 小，标准差大，则方案乙有利。

3）方案甲期望值 $E(X)$ 大、标准差大，或方案乙期望值 $E(X)$ 小、标准差小，则两方取舍比较困难。胆小、怕担风险的决策者常常挑选乙方案，这样一来风险是小了，但同时也失去了获得较高经济效益的机会。

如果认为项目的期望值服从正态分布，则可以建立项目期望值的置信区间：

$$E(X) \pm t\sigma \tag{4-17}$$

式中，σ 是标准差；t 为概率度，可根据正态分布表的概率 F（又称置信度）查表求得，例如置信度为95%，则 $t = 1.96$。

例 4-7 某项目有两个方案可供选择。方案甲净现值为 4000 万元,标准差为 600 万元;乙方案净现值为 2000 万元,标准差为 400 万元。试以 95% 的置信度(即风险概率不超过 5%)选择项目方案。

解 方案甲的置信区间为 4000 万元 ±1.96×600 万元,即 2824 万~5176 万元,也可以表述为方案甲的净现值在 2824 万~5176 万元之间的可能性为 95%。

方案乙的置信区间为 2000 万元 ±1.96×400 万元,即 1216 万~2784 万元,也可以表述为方案甲的净现值在 1216 万~2784 万元之间的可能性为 95%。

通过置信区间比较不难看出应选择甲方案。

(3)期望值代表性 反映期望值代表性大小的指标,可用标准差系数表示为

$$V_\sigma = \frac{\sigma}{\overline{X}} \times 100\% \tag{4-18}$$

式中,V_σ 为标准差系数;σ 为标准差;$\overline{X}$ 为平均数。

公式理解:标准差系数又称均方差系数,是反映标志变动度的相对指标。一般而言,标准差系数越小,则项目的风险越小。

二、风险决策分析

1. 风险决策的概念

工程的设计与施工、工厂新产品的开发与产品生产批量的确定、企业的发展、商品的经营等问题,经常面对几种不同的自然状态(或称客观条件),又有可能采取几种不同的方案。条件迫使人们针对各种不同的自然状态在各种不同的方案中选定一个最优方案加以实施,这就提出了决策问题。

例如,某厂需确定下一计划期内产品的生产批量,根据以前经验并通过市场调查和预测,已知产品销路好、一般、差三种情况的可能性(即概率)分别为 0.3、0.5 和 0.2,产品采用大、中、小批量生产,可能获得的效益价值也可以相应地计算出来,见表 4-4。现要通过决策分析,确定合理批量,使企业效益最大,并对三种方案进行决策。

表 4-4 效益价值 (单位:万元)

自然状态		产品销路		
		θ_1(好)	θ_2(一般)	θ_3(差)
自然状态概率		$P(\theta_1)=0.3$	$P(\theta_2)=0.5$	$P(\theta_3)=0.2$
行动方案	A_1(大批量生产)	20	12	8
	A_2(中批量生产)	16	16	10
	A_3(小批量生产)	12	12	12

在这个问题中,决策者面临的几种自然情况称为自然状态,又称为客观条件,简称状态(或条件)。这个问题是面临三种自然状态(即销路好 θ_1、一般 θ_2 和差 θ_3),这些状态是不以人的意志为转移的,所以也称为不可控因素。但在 $\{\theta_1,\theta_2,\theta_3\}$ 中必定会出现一种状态,而且也只可能出现一种状态。A_1(大批量生产)、A_2(中批量生产)、A_3(小批量生产)称为行动方案(简称方案),也称为策略。这一部分是可控因素,最后要选择哪个方案由决策者决定。表 4-4 中右下方的数字 20、12、8、16、16、10、12、12、12 称为益损值,又称为损益值。因这些数字的含义不同,也有人称其效益值或风险值。它们构成的矩阵如下:

$$M = \begin{pmatrix} 20 & 12 & 8 \\ 16 & 16 & 10 \\ 12 & 12 & 12 \end{pmatrix}$$

该矩阵叫作决策的益损矩阵或风险矩阵。表 4-4 中 $P(\theta_1)$、$P(\theta_2)$、$P(\theta_3)$ 是各自然状态出现的概率。

因此,满足下列五个条件即构成风险决策问题:

1) 决策者:希望达到的目标(利益较大或损失较小)的决策人。
2) 方案 P:两个或两个以上决策人选择的行动方案,最后只选定一个方案。
3) 自然状态 θ:两个或两个以上的不以决策人的主观意志为转移的自然状态。
4) 结局 U:不同的行动方案在不同的自然状态下的相应益损值(利益或损失),并可以计算出来。
5) 状态概率 $P(\theta)$:在几种不同的自然状态中未来究竟将出现哪种自然状态,决策人不能肯定,但是各种自然状态出现的可能性(即概率),决策人可以预先估计或计算出来。

2. 决策树分析

求解风险问题,最常用的方法有决策表法、矩阵法、决策树法等,决策准则有最大可能性准则、最大期望值准则等。这里只介绍利用最大期望值准则的决策树法。

工程经济评价是一个系统性评价,俗话说"三思而后行""走一步看一步",意思是人们在做决断或采取行动之前要慎重考虑和权衡可能发生的情况,要看到未来发展的几个步骤,系统化考虑问题。决策树法就是这一思想的具体化。这种决策方法的思路如树枝形状,所以起了个形象化的名字叫作决策树。决策树法的步骤如下:

首先,由表 4-4 中的数据做出决策树,如图 4-7 所示。

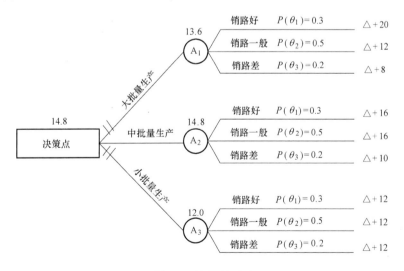

图 4-7 决策树(1)

图中符号说明如下:

"□"表示决策点,从它引出的分枝叫作方案分枝,分枝数反映可能的行动方案数。

"○"表示方案节点,其上方的数字表示该方案的效益期望值,从它引出的分支叫作概率分支,每条分支的上面写明了自然状态及其出现的概率,分枝数反映可能的自然状态数。

"△"表示结果节点（或称"末梢"），它旁边的数字是每一方案在相应状态下的效益值。

其次，将各方案节点上的期望值加以比较，选取最大的益损期望值 14.8 万元，写在决策点的上方，说明选择了方案 A_2。方案分枝中标有"≠"记号的表示该方案删除掉，或称剪枝方案。

为了掌握和运用决策树法进行决策，需要掌握几个关键步骤：

（1）画决策树 把某个决策问题未来发展情况的可能性和可能结果所做的预测或预计用树状图形反映出来。画决策树的过程实质是拟订各种决策方案的过程，是对未来可能发生的各种事情进行周密思考、预测或预计的过程，是对决策问题进一步深入探索的过程。

（2）预计可能事件发生的概率 概率数值的确定，可凭相关人员的估算或根据过去的历史资料推算，或用特定的预测方法计算。概率的准确性很重要，如果误差过大，就会给决策带来偏差，从而给企业带来损失，但是为了求得一个比较准确的概率可能会支出相当的人工和费用。所以，对概率的要求应根据实际情况而定，不能离开现实条件而要求越精确越好。为了便于决策，把确定好的概率值标在树图的相应位置上。

（3）计算益损期望值 在决策树中末梢（即结果节点），开始由右向左的方向顺序考虑，利用益损值和它们相应的概率计算出每个方案的益损期望值。

决策问题的目标如果是效益（如利润、投资回收额等）应取期望值的最大值。如果决策目标是费用的支出或损失，则应取期望值的最小值。

例 4-8 某企业准备生产某种产品，预计该产品的销售有三种可能：销路好，其概率为 0.3；销路一般，其概率为 0.5；销路差，其概率为 0.2。可采用的方案有两个：一是新建一条流水线，需投资 120 万元；二是对原有设备进行技术改造，需投资 50 万元。两个方案的使用期均为 5 年，各种自然状态下年度销售利润见表 4-5。问该企业应如何决策？

表 4-5 各种自然状态下年度销售利润表

方案	投资/万元	年收益/万元			使用期
		销路好 (0.3)	销路一般 (0.5)	销路差 (0.2)	
新建流水线	120	80	40	0	5 年
技术改造	50	60	30	15	5 年

解 依据题意画出决策树，如图 4-8 所示。

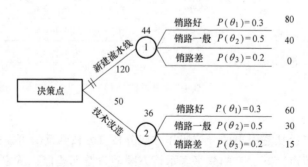

图 4-8 决策树（2）

决策点 1：(80×0.3+40×0.5+0×0.2)×5 万元−120 万元 = 100 万元。
决策点 2：(60×0.3+30×0.5+15×0.2)×5 万元−50 万元 = 130 万元。
因为 100 万元<130 万元，所以选择方案 2。

思考与练习

1. 什么叫不确定性分析？为什么要对项目进行不确定性分析？
2. 简述盈亏平衡分析的目的、特点。
3. 风险分析包括哪些内容？
4. 某企业新建一条生产线，设计生产能力为 7000 件/年，预计将来产品售价为 12 元/件，单位产品变动成本为 8 元，总固定成本为 17000 元。求盈亏平衡产量、平衡点销售收入以及达到设计产量时产品的最低出厂价格，并分析项目的抗风险能力。
5. 某项目年销售收入为 500 万元，销售利率为 20%，项目投资 1000 万元，年经营费用为 200 万元，其中固定费用为 100 万元，设标准收益率为 15%。另经分析，将来变动成本、销售收入可能在±20%范围内变动。试对投资收益率进行敏感性分析。
6. 某钢铁联合企业，规模为 800 万吨/年，估计正常年份的年固定总成本为 25500 万元，年可变成本为 18200 万元，年销售收入为 79500 万元，年销售税金及附加为 3000 万元。试求保本产量及生产能力利用率并画出盈亏平衡简图。
7. 设某项目基本方案的基本数据估算值见表 4-6，试进行敏感性分析（基准收益率 $i_c = 8\%$）。

表 4-6 基本方案的基本数据估算表

因素	建设投资/万元	年销售收入/万元	年经营成本/万元	期末残值/万元	寿命/年
估算值	1500	600	250	200	6

8. 某工程分两期进行施工，第一期工程完工后，由于某种原因，第二期工程要半年后才能上马。这样工地上的机械设备面临着是否需要搬迁的问题。如果搬迁，半年后再搬回来，共需搬迁费用 8000 元。如果不搬迁，对工地上的设备必须采取保养措施：天气好时（概率为 0.6），可采取一般性保养措施，费用为 3000 元；经常下雨时（概率为 0.4）若仍采用一般性的保养措施，则肯定会造成 100000 元的损失，若采取特殊保养措施（费用为 10000 元），则有 0.8 的可能性造成小损失 1000 元，0.2 的可能性造成大损失 4000 元。请使用决策树方法按期望费用最小确定采用哪种方案。

本 章 小 结

不确定性分析是工程项目经济评价的重要内容，因为对工程项目进行的评价都是以一些确定的数据为基础的，如项目投资、建设期、年销售收入、年经营成本等指标，并认为它们是已知的、确定的，即使是对某个指标值所做的估计或预测，也认为是可靠的。但实际上，由于存在许多不确定因素，这些指标值与实际值之间往往存在差异，这样就对项目评价的结果产生了影响，可能导致投资决策失误。

敏感性分析在使用中也存在一定的局限性，即它不能说明不确定因素发生变动的情况的可能是大还是小，也就是没有考虑不确定因素在未来发生变动的概率。要解决这个问题，还要借助概率分析。

　　概率分析又称风险分析，是使用概率研究、预测各种不确定因素和风险因素的发生对工程项目评价指标的影响的一种定量分析方法。在概率分析中，一般计算工程项目净现值的期望值及其分布状况和净现值大于或等于零时的累计概率。计算出的累计概率越大，说明工程项目承担的风险越小。

第五章 工程项目的可行性研究

教学目的
- 了解可行性分析的基本原理与基础知识。
- 掌握可行性研究报告的主要内容。
- 培养学生对项目前期进行策划和评估、投资分析以及编写可行性研究报告的能力。
- 掌握市场调查方法、市场预测方法。

学习方法
- 识记和理解基本概念和原理,撰写可行性研究报告。

本章内容要点
- 工程项目可行性研究的原理。
- 可行性研究的一般工作程序。
- 可行性研究报告的主要内容。
- 市场调查方法。
- 市场预测方法。

第一节 可行性研究概述

所谓可行性研究,是指运用多种科学手段综合论证一个工程项目在技术上是否先进、实用和可靠,在财务上是否盈利,做出环境影响、社会效益和经济效益的分析和评价,评估工程项目抗风险能力,为投资决策提供科学依据。可行性研究还能为银行贷款、合作者签约、工程设计等提供依据和基础资料。它是决策科学化的必要步骤和手段。

可行性研究最早被运用是在 20 世纪 30 年代。当时美国为了开发田纳西河流域而首次进行了可行性研究,并使田纳西河流域的开发利用取得了显著成效。第二次世界大战以后,随着技术与经济的高速发展,市场竞争的加剧以及科学管理的需要,可行性研究也不断发展和完善。20 世纪 60 年代后,经过一些工业发达国家总结,可行性研究逐渐发展成为在项目投资前期进行系统科学研究的一门综合性学科。

一、工程项目发展周期

工程项目是以工程建设为载体的项目,是作为被管理对象的一次性工程建设任务。它以建筑物或构筑物为目标产出物，需要支付一定的费用，按照一定的程序，在一定的时间内完成，并应符合质量要求，如图 5-1 所示。

工程项目建设一般可以分为 4 个时期：投资前时期、投资时期、生产时期和后评估时期。

在投资前时期，首先根据市场调研与经济形式预估，提出拟建项目构想，之后进行项目可行性分析。如果项目不可行，则重新构想项目或终止项目；如果项目可行，则进一步撰写项目设计任务书并进行项目初步设计。在投资时期，主要与供应商及其他相关单位进行谈判、签订合同，进行施工图设计及施工建设与验收。接下来是生产时期与后评估时期。上述 4 个时期中，最关键、风险最大的应属于第一时期，即投资前时期，而可行性研究又是投资前时期最重要的工作。

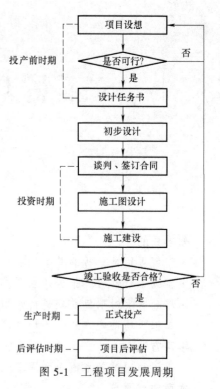

图 5-1　工程项目发展周期

二、可行性研究报告的作用

1) 作为项目投资决策的依据，也是向项目建设所在地政府、规划部门申请建设执照的依据。

2) 作为向银行等金融组织和金融机构申请贷款、筹集资金的依据。银行对建设项目实施贷款，首先要严格审查项目的可行性研究报告，对工程项目的经济效益、盈利状况进行分析，并以此判断项目建成后有无资金偿还能力。

3) 作为签订有关合同、协议的依据。根据可行性研究报告内容的要求，可与有关部门签订为完成项目建设所需要的各种原材料、燃料、水电、运输等各方面的协议或合同，以保证项目顺利进行。

4) 作为建设工程的基础资料，也是编制设计文件和进行项目建设准备工作的重要依据。在可行性研究报告中，对厂址、工艺技术方案、生产规模、交通运输以及合理组织生产、工程进度等方面的问题都进行了比较论证，并确定了最佳方案。

5) 作为环保部门审查的依据。项目建设与环境有着密切的联系，因而项目建设也必须得到当地环保部门的认可。可行性研究报告可作为审查项目是否符合环保要求的依据。

6) 作为企业组织管理、机构设置、劳动定员和职工培训工作安排的依据。

三、可行性研究阶段的划分

1. 机会研究

该阶段的主要任务是对投资方向提出设想，选择有利的投资项目。它要求在一个确定的地区或部门内，以自然资源和市场预测为基础，寻找最有利的投资机会。机会研究是在将项目意向变成项目建议的过程中，对所需的参数、资料和数据进行量化分析的主要手段，是制订经济计划和编制项目建议书的基础，可为初步选择投资项目提供依据。

2. 初步可行性研究

初步可行性研究是对投资机会研究的分析和细化。初步可行性研究的主要任务是：

1）分析机会研究的结论，并在详细调查资料的基础上做出投资决定。

2）确定是否应进行详细的可行性研究。

3）确定有哪些关键问题需要进行辅助性专题研究，如市场需求预测和新技术、新产品的试验等。

4）判断项目是否有生命力，能否获得较大的利润等。

3. 详细可行性研究

详细可行性研究也称最终可行性研究，简称可行性研究。通过初步可行性研究的项目一般不会再被淘汰，但在具体实施前还要进行详细可行性研究来确定具体实施方案和计划。详细可行性研究阶段要对项目的产品纲要、技术工艺及设备、厂址与厂区规划、投资需求、资金融通、建设计划以及项目的经济效果进行全面、深入、系统的技术经济论证，确定各方案的可行性，选择最佳方案。详细可行性研究要编制可行性研究报告，作为项目投资决策的基础和重要依据。

4. 项目评估与决策阶段

对详细可行性研究所提供的方案进行综合分析与评价，提出结论性的意见，写出评价报告。结论可以是推荐一个最好的方案，或提出一个以上供决策者选定的方案，并分别列出方案的利弊，也可能得出不可行的结论。

四、可行性研究的一般程序

可行性研究的一般程序如图 5-2 所示。

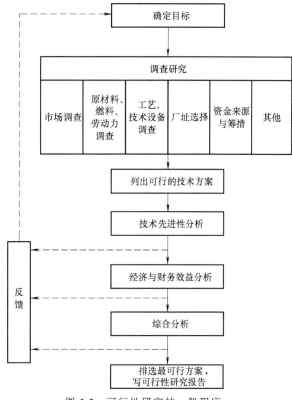

图 5-2 可行性研究的一般程序

第二节 市 场 调 查

一、市场调查概述

市场调查是指为了形成特定的市场营销决策，采用科学的方法，以客观的态度对市场营销有关问题所需的信息，进行系统的收集、记录、整理和分析，以了解市场活动的现状和未来发展趋势的一系列活动过程。市场调查一般分为探测性调查、描述性调查、因果关系调查和预测性调查。

在信息化时代，企业想要顺利发展，就必须了解当前市场的情况和未来市场发展趋势，找到企业自身缺陷并给出改进完善策略。

市场调查的主要内容要对影响市场大小、销量和决定市场性质的有关因素进行调查。

1. 调查国内需求量

了解谁是主要消费者,以及他们的欲望、购买动机和购买习惯(购买地点、时间,购买中是否坚持某种厂牌、商标等);了解消费者的收入变化,如果收入增加,表明购买力提高,而购买力是实现购买行为的前提;了解消费者生活方式的变化(生活方式变化也会使消费者产生新的需要),弄清楚现有和潜在的市场容量以及发展趋势。

2. 调查国内供应量

了解竞争企业的数量和规模,竞争企业所采取的市场政策、竞争策略和手段,采用新技术和开发新产品的动向,竞争产品的市场占有率等;弄清产品的国内供应量以及生产能力的增加水平。

3. 调查国外需求量

了解产品目前的出口量、出口国家或地区以及出口的增长情况;了解国际市场的价格及外商对产品的要求,国际市场上的质量管理条例以及关税、银行、保险、商品检验、外汇收支等情况。

4. 调查国外供应量

了解我国的进口政策,每年产品的进口量及变化趋势,进口产品的价格、性能、品种、质量等。

二、市场调查的方法

市场调查方法有很多,主要有三种:

1. 观察法

观察法是收集最新资料的一种方法,调查者在现场观察有关的对象和事物。主要有四种观察法:

1)无方向的观察。调查人员心中无特定目的,只是一般性地接触信息。

2)有条件的观察。调查人员有目的地接触信息,但不准备主动寻找,只是或多或少地接触某一已认定的范围或某种类型的信息。

3)非正式收集观察。为获得特定信息或某特定目的信息而进行的一种比较有限和无组织的努力。

4)正式收集观察。按照事先制订的计划、程序或方法,为获得特定信息而进行的一种经周密思考的努力,如工厂派人到商店了解顾客的购买习惯、态度和行为。

由于观察法的被调查者不感到自己正在被调查,因此动作比较自然、真实、准确。但观察法只能反映事实,不能说明产生行为的原因。

2. 访问法

访问法主要了解人们的认识、信任、偏好、满意度等,以便在总体上衡量这些量值。调查表是用以收集第一手资料的最普遍工具。在设计调查表时,调查人员必须精心地设计要问的问题、问题的形式、问题的用词和问题的次序。在设计问题时应以它对调查目标是否有贡献来确定。可把问题分为两种形式:封闭式和开放式。所谓封闭式问题,即在调查表中把所有可能的回答全部列出,让被调查人从中选择一个答案。开放式问题允许被调查人用自己的语言来回答问题,不受任何限制,这样常能提供更多的信息。在问题的用词上必须十分审慎,一般应使用简单、直接、无偏见的词汇。问题的次序排列也值得研究,所提问题应符合逻辑次序,引导性的问题应能引起被访问者的兴趣，较难回答的问题应放在最后。

常用的访问方法有四种：网络访问、电话访问、邮寄调查表和面谈访问。网络访问的调查范围最广，收集资料的周期短；电话访问对样本控制较好，费用支出较少；邮寄调查表是在被访问者不愿面谈或其反应可能受访问者偏见影响的情况下所能采用的一种最好的方法，这种方法的资料回收率比较低和较迟缓；面谈访问是最通用的方法，访问者能够提出较多的问题和可用个人观察来补充访问的不足，但较费时、费钱，其效果较好，能洞察消费者的感知、态度和要求。

3. 实验法

实验法是最正式的一种调查方法。实验法要求选择相匹配的目标小组，分别给予不同的处理，控制外来的变量和核查所观察到的差异是否具有统计上的意义。其目的是通过排除观察结果中常有争议性的解释来捕捉因果关系，使调查的结果具有可信性。

三、市场需求估计

市场调查的主要工作之一是估计市场目前和未来的规模。工程项目的可行性决策依赖于这些估计，取决于这个市场是否足够大和将来它的成长是否足够快，以便证明进入该市场的正确性。

市场是某一产品的实际购买者和潜在购买者的全体。市场规模根据特定市场供应品的购买者人数而定。它有不同的层次，如 6 个不同的产品层次（产品品目、产品形式、产品水平线、公司销售、行业销售、全国销售）、5 个不同的空间层次（顾客、地区、区域、国家、世界）和 3 个不同的时间层次（短期、中期、长期），这样就有几十种不同类型的需求估计。需求的每一种类型都为特定的目的服务，因而可做出特定产品品目总需求预测，以便为订购原材料、制订生产计划和安排短期筹资提供基础，也可为主要产品做出一个区域需求的长期预测，为考虑市场的扩展提供依据。

市场需求不是一个简单的概念，其明确定义为：在一定的地理区域和一定的时期内，一定的营销环境和一定的营销方案下，特定的顾客群体愿意购买的产品总数量。由此定义可知市场需求有 8 个要素：

1) 产品。市场需求的衡量需要确定一个产品种类的范围。
2) 总数量。市场需求可用实物数量、金额数量或相对数量进行衡量。
3) 购买。购买是指订单数量、装运数量、付款数量、收货数量或消费数量。
4) 顾客群体。顾客群体是指整个市场或细分市场的购买量。
5) 地理区域。市场需求应依据明确定义的地理边界来衡量。
6) 时期。市场需求应有规定时期，如一年度、未来 5 年或公元 2020 年等。
7) 营销环境。市场需求受很多不可控因素的影响，如人口统计、政治、文化、技术经济等。
8) 营销方案。市场需求也受一些可控因素的影响，如行业价格、产品性能、促销努力等。

从这 8 个因素可见，市场总需求不是一个固定数字，而是一个函数。假设在一个特定的营销环境下，市场需求是行业营销费用的函数，当行业营销努力达到无穷大时，市场需求达到一个极限，称为市场潜量，基本销售量称为市场最低量。市场预测指的是预期的市场需求，而不是最大的市场需求。市场最低量的市场称为不可扩展市场，市场潜量的市场称为可扩展市场。如果在不可扩展的市场上销售，则可以认为市场规模（主要需求水平）是固定的。

第三节 市场预测

一、市场预测的作用

市场预测是在市场调查的基础上，根据得到的市场经济信息和资料，经过定性的经验分析或定量的计算，预测未来一定时期内市场对某种产品的需求量及其发展趋势。预测尽管是对未来进行预计和推测，但还是很科学的，因为预测是根据已知推测未来，利用客观的资料和条件、主观的经验和教训、演变的逻辑与推断，来寻求事物的发展趋向，基本上反映了事物的发展规律。在环境复杂和因素多变的情况下，事先预测与未来的现实总会存在一定偏差。市场预测的作用主要表现在：

1. 为企业生产规模及其发展任务、新的工程项目的设立提供依据

如果各个时期的总预测供应量大于预测需求量，说明市场已经饱和，不宜安排此项新工程（或产品）；如果各个时期的总预测需求量大于预测供应量，说明市场还有潜力，可以安排此项工程（或产品）。为了确保产品有销路，还要对各种竞争要素进行深入分析，为确定生产规模打下基础。

2. 为企业制订经营计划提供依据

企业在编制年度销售计划和生产计划时，必须以各种产品的需求量为依据，不做预测或预测有误，都可能导致产品滞销、积压，造成生产能力浪费，直接影响企业的经济效益。

3. 为企业经营决策提供基础

现代管理的重点在经营，经营的中心在决策，决策的基础在预测，预测是正确规划和计划的基础。

二、市场预测的程序

为了保证市场预测取得近似准确的结果（这些结果反映了事物各因素互相联系和制约的关系及程度的真实性），预测工作必须按照一定的程序进行。其步骤为：明确预测目标，收集资料，选择预测方法，建立预测模型，评价修正结果。

1. 明确预测目标

首先要明确预测目标，即预测什么，要达到什么目的，要解决什么问题。在任何一个问题上都存在着许许多多可以预测的事情，除非对该问题做出清晰的定义，否则预测的成本可能会超过得出的结果价值。预测的目标既不要太宽，也不要太窄，太宽可能得到一些不需要的信息，而实际需要的信息却得不到，太窄可能影响预测效果。只有目标明确，才能有的放矢地收集资料和选择合适的预测方法。

2. 收集资料

收集资料时要注意资料的准确性、可靠性和可比性。资料有第一手资料和第二手资料。所谓第一手资料，是指为当前的某种特定目标而收集的原始资料；第二手资料是指在某处已经存在并已经为某种目的而收集起来的资料。第二手资料为收集提供了一个起点，并具有成本低和

能迅速得到的优点。但应注意第二手资料可能过时，不正确和不可靠，在这种情况下要花费较多的费用和较长的时间去收集可能更恰当、更正确的第一手资料。资料来源主要有：

1) 国家政府部门的计划和统计资料。
2) 本行业和有关行业的计划和统计资料。
3) 商业部门的市场统计和分析资料。
4) 情报部门整理的有关技术经济情报和国内外市场动态资料。
5) 政府出版物、期刊和书籍上有关的数据和资料。
6) 企业内部财物部门、生产部门和销售部门的有关实际活动统计资料。

3. 选择预测方法

市场预测的方法很多，如专家意见法、趋势外推法、趋势相关法、动态模型法、交叉影响分析法等。每种方法都有各自的特点和适用范围，究竟选择哪种方法是由预测的目的、占有资料的情况、对预测精度的要求和预测费用决定的。在可能的情况下，最好能综合运用多种方法。

4. 建立预测模型

市场预测面临的情况是很复杂的，因素也很多，数据量也很大。要寻求预测对象的基本脉络和发展趋势，必须建立预测模型，以便排除偶然因素的干扰，抓住问题的本质。模型就是设计出来用以表述某些真实系统或过程的一组变量和它们之间的相互关系。模型可分为三类：文字模型、图形模型、数学模型。一般定量预测要建立数学模型，定性预测要建立文字模型或图形模型。

5. 评价修正结果

预测结果和客观实际很难完全吻合，不能直接应用模型预测的结果，要进行分析评价，找出预测结果与未来实际之间可能产生的误差有多大。出现一定的误差是允许的，但误差太大，可靠性就很差，甚至失去实际意义。因此，只有对预测的结果进行修正，才能选出最佳值作为决策的依据。在修正时，应分析误差产生的原因。产生误差的原因主要有：

1) 资料不完整或有虚假因素。
2) 预测方法选择不当。
3) 预测模型不完善。
4) 外部环境条件的变化，不可控因素的影响。
5) 预测人员素质水平低。

应针对存在的问题采取切实有效的措施加以改进和修正，使预测结果尽量符合和接近实际，也可建立一些数学模型，如用季节性指数修正产品需求量的预测值等。

三、市场预测的方法

市场预测的方法很多，这里介绍几种常用的方法。

1. 定性预测法

定性预测法主要靠预测者的经验和综合分析能力，对各种可能的未来发展的重要程度和概率进行评价，对事件进行反复评价，并在预测过程中不断修正其假设和判断。这种方法简单，适应性好，花费不多，在资料数据较少的情况下通常能获得较好效果。

（1）专家座谈法　聘请有识之士及有关方面的专家，通过座谈讨论，依靠专家的知识和经验进行预测。这种方法以专家为索取信息的对象,因此选择和依靠的专家必须具有所需且较高的学术水平及较丰富的实践经验。预测的方法是先向专家提出问题并提供信息,由专家讨论分析,并根据自己知识和经验的深度及广度做出判断,然后对专家意见进行归纳整理,形成预测结论。这种方法的优点是占有的信息量大,考虑的因素比较全面和具体,专家之间可以互相启发,集思广益,取长补短;其缺点是容易受权威的影响,与会者不能畅所欲言。

(2) 销售人员意见综合法　这是把销售人员的判断综合起来的一种方法。请销售人员参加预测可获得许多好处,因为销售人员对市场、用户以及发展趋势比任何一个组织都更具有敏锐性,所提供的信息比较切合实际,具有较高的灵敏度。其不足之处是:销售人员是有偏见的观察者,存在着虚浮因素,如他们可能是天生的悲观主义者或乐观主义者,他们也可能由于最近的销售受挫或成功,从一个极端走向另一个极端等。

(3) 德尔菲法　德尔菲法又称分别征询法,采用信函进行意见征询。

德尔菲法是在专家座谈法的基础上加以改进而形成的方法,近年来成为广泛应用的预测方法,其实质是具有反馈的函询集智。具体做法是:预测主持者选定预测目标(问题)和参加预测的专家,先将所要预测的问题和有关背景材料以及调查表,用信函的方式寄给各位专家,分别向各位专家征询意见;预测小组把专家们寄回的个人意见加以综合、归纳、整理,再反馈给专家,进一步征询意见;如此反复多次,直至专家们的意见渐趋一致,方可作为预测结果。

德尔菲法有三大特征:匿名性、反馈性和统一性。德尔菲法实际上就是采用函询的形式进行匿名交流。在进行过程中专家互不见面,这样就避免了专家座谈法的缺点,减少了权威、资历、口才、人数、心理等各种因素对专家的影响,便于打消顾虑,大胆思考,畅所欲言;从汇总资料可以了解别的专家的看法,取长补短,改变自己的意见,重新预测,无损自己的威望。反馈性是德尔菲法的又一特征,因为函询征集意见不是一次就结束了,而是反复几次,一般3次或4次。为了使专家掌握情况,预测领导小组每次都将专家的意见汇总分类,列出不同看法和依据,再分送给专家,专家们从反馈资料中进行分析、选择,参考有价值的信息,深入联想,反复比较,有利于提出较好的预测意见。统一性是德尔菲法的第三大特征,对于不同专家提出的不同估计,可以用统计方法对结果进行处理,如用平均得分值、权重系数、满分频率和等级数总和等统计方法来表示,以达到预测结果统一的目的。

(4) 主观概率法　主观概率法是对预测现象的未来做出各种可能的估计,可以预测未来事件发生的结果,也可以预测未来事件成功的可能性。它与客观概率不一样,客观概率是根据事物发生的实际次数(或数值)统计出来的一种概率,而主观概率则是人们对预测现象的认识,设想并提出预测现象在未来会发生的各种可能性,利用几次经验的特定结果所做的主观判断推算出概率的结果。例如,某公司要开发某项新技术,预测其成功的可能性。先由公司把这个计划附上目标说明及部分实际资料分发给10名专家,请专家们根据自己的经验和估计,预测成功的可能性。经过专家们的分析和判断,对成功概率的估计结果为:3人认为是0.7,4人认为是0.6,2人认为是0.8,1人认为是0.2。据此可求出成功概率为($4×0.6+3×0.7+2×0.8+1×0.2$)$÷10=0.63$,即专家们预测成功的可能性的平均概率是0.63,然后加上领导意见,决定是否开发。

2. 定量预测法

(1) 回归分析法　回归分析法是在掌握一定量可取的历史资料基础上,应用数理统计方法求出回归方程,并假设预测对象遵循这一方程所表示的规律向前发展,从而预测未来。

回归分析的种类很多，根据其预测对象和影响因素之间的关系可分为线性回归和非线性回归。线性回归根据其自变量的多少又可分为一元线性回归、二元线性回归和多元线性回归。

一元线性回归法是研究自变量 X 对因变量 Y 之间的线性相关关系的一种方法。其基本公式为

$$Y = a + bX \tag{5-1}$$

式中，Y 是因变量；X 是自变量；a、b 是回归系数。

一般 a 为 Y 的起点，即直线在 Y 轴上的截距；b 表示 X 与 Y 之间的比例关系，称为斜率。所以，X 与 Y 的变化关系将在回归系数 a 与 b 的制约下呈现有规律的变化。

在运用一元线性回归法进行预测时，首先要根据变量 X、Y 的统计数据求得回归系数 a 和 b。回归系数 a、b 可应用最小二乘法和微分学的极值原理求得。其公式为

$$a = \overline{Y} - b\overline{X} \tag{5-2}$$

$$b = \frac{\sum_{i=1}^{n} X_i Y_i - \overline{X} \sum_{i=1}^{n} Y_i}{\sum_{i=1}^{n} X_i^2 - \overline{X} \sum_{i=1}^{n} X_i} \tag{5-3}$$

式中，X_i 是自变量 X 在第 i 期的实际值；Y_i 是因变量 Y 在第 i 期的实际值；$\overline{X}$ 是所有 X_i 的算术平均数；$\overline{Y}$ 是所有 Y_i 的算术平均数；n 是数据点数。

然后，根据 a、b 确定回归方程（经验公式）。对所建立的线性回归方程的可信度要进行一些必要的统计检验，只有通过检验方程式才是成立的，才能用来进行预测。检验的方法有多种，常用的有 S 检验和相关性检验。

1) S 检验：S 是指回归标准差，即所有的观察值 Y_i 与相应的回归值 $\hat{Y}_i$ 的平均差。

$$S = \sqrt{\sum_{i=1}^{n}(Y_i - \hat{Y}_i)^2 / n - k} \tag{5-4}$$

式中，Y_i 是第 i 个观察值；$\hat{Y}_i$ 是第 i 个回归值；n 是统计数据的个数；k 是参数个数，在一元线性回归方程中，参数为 a、b，所以 $k=2$。

S 值越小越好，通常以 S 和 $\overline{Y}$ 的比值 $S/\overline{Y}$ 测定回归方程误差大小。如果 $S/\overline{Y} \leq 15\%$，就认为 S 检验通过。

2) 相关性检验：相关性检验就是用相关系数 r 来判断两个变量 X 与 Y 之间的线性关系的密切程度。计算公式为

$$r = \frac{\sum(X_i - \overline{X})(Y_i - \overline{Y})}{\sqrt{\sum(X_i - \overline{X})^2 \sum(Y_i - \overline{Y})^2}} \tag{5-5}$$

r 的绝对值在 0 和 1 之间。r 的绝对值越大，表明直线与数据点吻合程度越高，并说明两个变量之间的相关性越好。r 的绝对值越小，说明直线与数据点吻合程度越差。当相关系数 r 为正（+）值时，因变量随自变量的增大而增大；当 r 为负（−）值时，因变量随自变量的增大而减小。

总之，一元线性回归主要解决 3 个问题：①从一组历史数据出发，确定变量 Y 与 X 之间的定量关系式——回归方程；②对这个关系式的可信程度进行统计检验；③利用所求得的回归

方程进行预测。

例 5-1 某地区 2010—2014 年某服装商店的销售额和该地区服装社会零售额历史统计资料见表 5-1。已知该地区 2015 年服装的社会需求预测值为 4500 万元，试用回归分析法预测该服装店 2015 年的服装销售额。

表 5-1 某地区统计资料 （单位：百万元）

年份	2010	2011	2012	2013	2014
商店服装销售额 Y	2.4	2.7	3.0	3.4	3.8
服装社会零售额 X	26	29	32	37	41

解 ① 依据表 5-2 中数据建立回归方程。

表 5-2 计算数据

年份	Y_i	X_i	X_i^2	Y_i^2	$X_i Y_i$	$\hat{Y_i}$	$(Y_i - \hat{Y_i})$
2010	2.4	26	676	5.76	62.4	2.4178	-0.0178
2011	2.7	29	841	7.29	78.3	2.6932	0.0068
2012	3.0	32	1024	9.00	96.0	2.9686	0.0314
2013	3.4	37	1369	11.56	125.8	3.4276	-0.0276
2014	3.8	41	1681	14.44	155.8	3.7948	0.0052
合计	15.3	165	5591	48.05	518.3	15.3020	-0.002

$$\overline{Y} = \frac{\sum Y_i}{n} = \frac{15.3}{5} = 3.06$$

$$\overline{X} = \frac{\sum X_i}{n} = \frac{165}{5} = 33$$

将有关数据代入公式得

$$b = \frac{\sum X_i Y_i - \overline{X} \sum Y_i}{\sum X_i^2 - \overline{X} \sum X_i} = 0.0918$$

$$a = \overline{Y} - b\overline{X} = 0.031$$

故一元线性回归方程为

$$Y = 0.031 + 0.0918X$$

② 对所建立的线性回归方程进行检验。

$$S = \sqrt{\sum_{i=1}^{n}(Y_i - \hat{Y_i})^2 / n - k} = 0.027$$

$$\frac{S}{\overline{Y}} = \frac{0.027}{3.06} = 0.0088$$

因为 0.0088<15%，所以检验通过。

③ 相关性检验。

$$r = \frac{\sum(X_i - \overline{X})(Y_i - \overline{Y})}{\sqrt{\sum(X_i - \overline{X})^2 \sum(Y_i - \overline{Y})^2}} = 0.9991$$

说明 X 与 Y 之间密切相关，预测方程成立。

最后预测 2015 年该产品市场销售额，可用 $X = 45$（4500 万元）带入，得

$$\overline{Y}_{2015} = 0.031 + 0.0918 \times 45 = 4.162$$

即 2015 年市场销售额为 416.2 万元。

在实际问题中，两个变量之间除线性相关关系外更多的是非线性相关关系，这时应选择适当的曲线来描述两个变量之间的非线性相关关系。选择合适的函数类型是一件比较困难的事情，可用坐标纸把历史资料数据描出点来，看与哪一种函数曲线相接近，就选择哪种函数。

（2）时间序列分析法　时间序列分析法是研究事物随时间变化的规律，并根据这个规律来预测事物未来的发展水平或趋势的预测方法。时间序列分析法分为移动平均法、加权移动平均法和指数平滑法。

1）移动平均法。移动平均法是假定事物发展的未来状况只与最近 n 期的状况有关，而与较远期的状况无关的预测方法。移动平均法以每期权重相同为前提条件，并保持每段间距不变，逐次后移一期，求最近 n 期实际值的平均值，作为下期预测值。其数学模型为

$$M_t^{(1)} = \frac{Y_{t-1} + Y_{t-2} + \cdots + Y_{t-n}}{n} \quad (t \geq n) \tag{5-6}$$

式中，t 是时间序列下标；$M_t^{(1)}$ 是第 t 期的一次移动平均数；Y_{t-n} 是第 $t-n$ 期的数据；n 是每一分段的数据点（又称移动步长）。

例 5-2　某销售公司 1—6 月份的销售量统计见表 5-3，试预测 7 月份的销售量。

表 5-3　各月的销售量

月份	1	2	3	4	5	6
实际销售量/件	500	560	620	950	1100	1250

解　如果 $n = 3$，则 7 月份销售量的预测值由式（5-6）得

$$X_7 = \frac{X_6 + X_5 + X_4}{3} = \frac{1250 + 1100 + 950}{3} \text{件} = 1100 \text{ 件}$$

随着时间的推移，已知 7 月份实际的销售量为 1300 件，$n = 3$，则 8 月份的预测值为

$$X_8 = \frac{1300 + 1250 + 1100}{3} \text{件} = 1217 \text{ 件}$$

2）加权移动平均法。移动平均法的不足之处是：把近期数据和远期数据对预测值的影响程度不加区别地等同起来，而实际上往往近期数据对预测值的影响较大。为了区分近期数据和远期数据的影响程度，可采取加权移动平均法。它的做法是对不同时期的数据给予不同的权数，近期数据权数大，远期数据权数小，然后再加以平均。

3）指数平滑法。其原理与移动平均法相同，可消除随机因素的影响而起到平滑作用。其不同之处是指数平滑法把全部数据对预测值产生的影响都考虑在内，并把不同时期数据影响的权重按指数规律由近至远做递减处理。指数平滑法是为了克服移动平均法的不足，在移动平均法的基础上发展而成的，其预测模型为

$$X_{t+1} = X_t + a(X_{at} - X_t) = aX_{at} + (1-a)X_t \tag{5-7}$$

式中，X_{t+1} 是第 $t+1$ 期预测值；X_t 是第 t 期指数平滑值；X_{at} 是第 t 期实际值；a 是平滑系数（$0 \leq a \leq 1$）。

以上一题为例，试取 $a = 0.4$，用指数平滑法预测 7 月份的销售量。

解 初始值 $X_{a1} = X_1 = 500$，表 5-4 中最后一列为预测值。

表 5-4 指数平滑计算表

月份	销售量/件	aX_{at}	$(1-a)X_t$	X_{t+1}	X_t
1	500	—	—	500	—
2	560	224	300	524	—
3	620	248	314.4	562.4	524
4	950	380	337.4	717.4	562.4
5	1100	440	430.4	870.4	717.4
6	1250	500	522.2	1022.2	870.4
7	预测值	—	—	—	1022.2

应用指数平滑法时，平滑系数 a 的选择是十分重要的，其取值范围为 $0 \leqslant a \leqslant 1$。$a$ 值既反映预测值对过程变化的反应速度，又决定预测系统修正随机误差的能力。a 值主要根据实际时间序列数据的波动情况和经验来确定。

第四节 可行性研究报告的编制

一、可行性研究报告的编制依据

1) 国民经济发展的长远规划，国家经济建设的方针、任务和技术经济政策。按照国民经济发展的长远规划、经济建设的方针和政策以及地区和部门的发展规划，确定建设项目的投资方向和投资规模，提出需要进行可行性研究的项目建议书。

2) 项目建议书和委托单位的要求。项目建议书是做好各项准备工作和进行可行性研究的重要依据。只有经国家计划部门同意，并列入建设前期工作计划后的项目建议书，才可开展可行性研究的各项工作。建设单位在委托可行性研究任务时，应向承担可行性研究工作的单位，对建设项目提出具体的目标和要求，并说明有关市场、原料、资金来源以及工作范围等情况。

3) 有关的基础数据资料。有关的自然、地理、气象、天文、地质、社会、经济等基础数据资料以及交通运输与环境保护资料，是建设项目进行位置选择、工程设计、技术经济分析不可缺少的基本数据资料。

4) 有关工程技术经济方面的规范、标准、定额。

5) 国家或有关主管部门颁发的有关项目经济评价的基本参数和指标。国家或有关管理部门颁发的有关经济评价的基本参数，主要有基准收益率、社会折现率、固定资产折旧率、外汇汇率等，采用的指标有盈利能力指标、偿债能力指标等。

二、项目建议书的主要内容

项目建议书作为选择建设项目和进行可行性研究的依据，其主要任务是在针对建设项目投资建设的必要性进行论述的同时，初步分析投资建设的可行性。一般建设项目的项目建议书主要包括以下内容：

1. 建设项目提出的必要性和依据

1) 说明建设项目提出的背景、拟建地点，提出与建设项目相关的长远规划或行业地区规划资料，说明建设项目建设的必要性。

2）对改、扩建项目要说明现有企业概况。

3）对技术引进项目和进口设备项目，要说明国内外技术的差距、概况及进口的理由。

2. 建设项目拟建规模和建设地点的初步设想

1）建设项目建设规模的确定及对拟建规模经济合理性的评价。

2）建设地点论证，主要分析拟建地点的自然条件和社会条件，建设地点是否符合地区合理布局的要求。

3. 资源情况、建设条件、协作关系和有关引进情况的初步分析

1）拟采用资源供应的可能性和可靠性。

2）主要协作条件情况，如建设项目拟建地点的水、电以及其他公用设施的供应分析。

3）主要生产技术与工艺的初步分析。

4）主要专用设备来源情况说明。

4. 建设项目投资估算和资金筹措设想

对于建设项目投资，应根据掌握数据资料的情况进行详细估算，也可按照同类或类似建设项目的单位生产能力情况进行估算。投资估算中应包括建设期利息，并考虑一定时期的物价水平的影响，而流动资金则可参照同类建设项目的有关比例进行估算。

5. 建设项目建设进度的初步安排

1）建设项目前期的工作安排。

2）建设项目建设所需的时间安排。

6. 经济效益和社会效益的初步估计，包括初步的财务评价和国民经济评价

1）计算建设项目投资内部收益率、财务净现值、贷款偿还期等主要指标及其他必要指标，并进行盈利能力和清偿能力的初步分析。

2）建设项目社会效益和社会影响的初步分析。

三、可行性研究报告的主要内容

1. 总论

总论部分主要说明项目提出的背景，投资建设的必要性和经济意义，可行性研究的依据和范围，工程项目的历史发展情况，项目建议书及有关审批文件，综述可行性研究的主要结论、存在的问题与建议，列表说明建设项目的主要技术经济指标。

2. 市场需求预测与拟建规模

（1）项目产品在国内外市场的供需情况分析　通过市场调查与预测，摸清市场对项目产品目前和将来的需要品种、质量、数量以及当前的生产供应情况。

（2）项目产品竞争和价格变化趋势分析　摸清目前项目产品的竞争情况和发展趋势，各厂家在竞争中所采取的措施，同时应注意预测可能出现的产品最低销售额，由此确定产品的允许成本。

（3）影响市场渗透的因素分析　销售组织、销售策略、销售服务、广告宣传等，必须逐一摸清，方能选取相宜的销售渗透形式、政策和策略。

（4）估计项目产品的渗透程度和生命力　在综合研究分析以上情况的基础上，对拟建项目的产品可能达到的渗透程度及发展变化趋势、现在和将来的销售量以及产品的生命力做出估

计,并摸清进入国际市场的前景。

3. 资源、原材料、燃料、电力及公用设施条件

研究资源储量、品位、成分以及开采利用条件,原料、辅助材料、燃料、电力和其他输入品的种类、数量、质量、单价、来源和供应的可能性,所需公共设施的数量、供应方式和供应条件,所签署协议、合同或意向的情况。

4. 项目建设条件和项目位置选择

调查项目建设的地理位置、气象、水文、地质、地形条件和社会经济现状,分析交通、运输及水、电、气的现状和发展趋势。

5. 项目设计方案

项目的构成范围、技术来源和生产方法,主要技术工艺和设备选型的方案比较,引进技术、设备的来源、国别,与外商合作制造设备的设想;项目布置方案的初步选择和土建工程量的估算;公用辅助设施和项目内外交通运输方式的比较和初步选择;对于改、扩建项目,要说明对原有固定资产的利用情况。

6. 环境保护与劳动安全

调查建设地区的环境现状,预测项目对环境的影响,提出环境保护、"三废"治理和劳动保护的初步方案,估算相应投资所需费用。

7. 生产组织管理、机构设置、劳动定员、职工培训

可行性研究在确定企业的生产组织形式和管理系统时,应根据生产纲领、工艺流程来组织相应的生产车间和职能机构,保证合理地完成产品的加工制造、储存、运输、销售等各项工作,并根据对生产技术和管理水平的需要,确定所需的各类人员,做出人员培训计划和费用估算。

8. 项目的施工计划和进度要求

根据勘察设计、设备制造、工程施工、工程安装、试生产所需的时间与进度要求,确定项目实施方案和总进度,并用横道图和网络图来表述最佳实施方案。

9. 投资估算和资金筹措

投资估算包括项目总投资估算,主体工程及辅助、配套工程的估算,以及流动资金的估算。资金筹措应说明资金来源、筹措方式、各种资金来源所占比例、资金成本及贷款的偿付方式。

10. 效益分析

效益分析主要是通过对项目的收入、成本以及税金的估算,来对项目的财务收益、国民经济效益、社会效益、环境影响进行分析和评价,同时进行风险分析。

11. 综合评价与结论、建议

运用各项数据,从技术、经济、社会、财务等各方面综合论述项目的可行性,推荐一个或几个方案供决策者参考,指出项目存在的问题并给出结论性建议和改进意见。

思考与练习

1. 可行性研究的作用是什么?
2. 对工程项目为什么要进行可行性研究?可行性研究的内容主要有哪些?
3. 市场调查的方法有哪些?

4. 市场预测的方法有哪些，各有什么特点？
5. 市场预测一般要经过哪些程序？
6. 某企业 2012~2016 年的产品销量资料见表 5-5，预测 2017 年的销量是多少，并估计误差值。

表 5-5 产品销量

年	2012	2013	2014	2015	2016
销量/万件	320	480	530	640	760

7. 2008~2017 年某集团的年销售收入见表 5-6，分别用 $a=0.3$ 时的一次指数平滑法和一元线性回归法预测 2018 年的销售量。

表 5-6 产品销量

年	2008	2009	2010	2011	2012	2013	2014	2015	2016	2017
销量/万件	1770	1885	1750	2003	1999	2190	2465	2450	2380	2470

本 章 小 结

所谓可行性研究，是指运用多种科学手段综合论证一个工程项目在技术上是否先进、实用和可靠，在财务上是否盈利，做出环境影响、社会效益和经济效益的分析和评价，评估工程项目抗风险能力，为投资决策提供科学依据。可行性研究还能为银行贷款、合作者签约、工程设计等提供依据和基础资料。它是决策科学化的必要步骤和手段。

工程项目的可行性研究是工程经济学的一个主要应用方面。因此，通过本章的学习应当掌握规范的可行性研究报告应包括的基本内容。但是，不同行业项目的可行性研究报告的项目内容、特点不同，因此，应当在更高层面上去理解项目可行性研究报告的结构。由总论、参数预测、方案拟订和效益评价所构成的主体结构，适用于不同行业项目的可行性研究报告。

第六章 价值工程理论与方法

教学目的
- 了解价值工程的基本理论。
- 熟练掌握价值工程对象的选择方法。
- 掌握功能分析与评价的基本方法。
- 掌握价值工程方案制订方法。

学习方法
- 识记和理解基本概念和原理,进行案例分析。

本章内容要点
- 价值工程的定义、目的及意义,提高价值的途径。
- 价值工程对象的选择与常用方法:ABC分析法、价值系数法等。
- 功能分析与评价方法:强制确定法、平均先进分值法、基点法等。
- 价值工程方案的制订方法:评分法、加权评分法等。

第一节 价值工程的基本原理

一、价值工程的定义

价值工程(Value Engineering,VE)又称价值分析(Value Analysis,VA),可以定义为:通过集体智慧和有组织的活动对产品或服务进行功能分析,使目标以最低的总成本(寿命周期成本),可靠地实现产品或服务的必要功能,从而提高产品或服务的价值。价值工程的主要思想是通过对选定研究对象的功能及费用分析,提高研究对象的价值。

价值工程与价值分析两种活动都对商品的价值、功能与成本进一步做思考与探索,以小组活动方式,集思广益,朝各方向寻求最佳方案,再运用体系分工的方式达成价值提升或降低成本的目标。价值工程是在产品开发设计阶段即进行的价值与成本革新活动,因为仍在工程设计阶段,故称为价值工程。一旦开始量产,往往为了成本或利润压力,需进行详尽的价值分析,以发掘可以降低成本或提高价值的改善点。此阶段以后持续进行的分析是降低成本的主要手法,称为价值分析。有人把两者混为一谈是不严谨的。

价值工程起源于20世纪40年代的美国,麦尔斯(L. D. Miles)是价值工程的创始人。在第二次世界大战后,由于原材料供应短缺,采购工作常常碰到困难。通过在实际工作中孜孜不倦地探索,麦尔斯发现有一些相对不太短缺的材料可以很好地替代短缺材料的功能。后来麦尔斯逐渐总结出一套解决采购问题的行之有效的方法,并且把这种方法的思想及应用推广到其他领域,例如将技术与经济价值结合起来研究生产和管理的其他问题,这就是早期的价值工程。麦尔斯的专著《价值分析的方法》使价值工程很快在世界范围内产生巨大影响。1955年,这一方法传入日本后与全面质量管理相结合,得到进一步发扬光大,成为一套更加成熟的价值分析方法。

二、价值工程的目的和意义

价值工程的主要目的是在对选定研究对象的功能及费用进行分析的过程中,提高对象的价值,即用最低的寿命周期成本实现产品的必要功能,使用户和企业都得到最大的经济效益。这里的寿命周期费用是指产品从开发、设计、制造、使用、维修直至报废的整个经济寿命周期的总费用。图6-1为产品寿命周期的构成示意图。

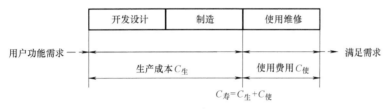

图6-1 产品寿命周期的构成

在图6-2中,寿命周期总费用有一个最低点 C_{min},对应一个最适宜功能水平 F^*。价值工程的目的正是要尽量使寿命周期费用与功能获得最佳匹配,尽量使产品向 F^* 靠拢。

三、提高价值的途径

价值工程中的价值含义接近人们通常口语中"价值"的概念,也就是说人们常说的价廉物美。价值工程就是为了使所要分析的对象真正"价廉物美"。这里的价值,指的是反映费用支出与获得之间的比例,可用数学比例式表达为

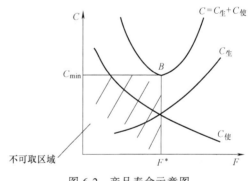

图6-2 产品寿命示意图

$$V=\frac{F}{C} \tag{6-1}$$

式中,V 是价值(Value);C 是寿命周期费用(Cost);F 是功能(Function)。

根据该比例式,可看出提高价值的基本途径有以下5种:

1. 改进设计,提高功能,降低成本

这是提高价值最理想的途径,在提高产品的性能、可靠性、维修性等功能的同时,降低产品的成本。

$$V\uparrow = \frac{F\uparrow}{C\downarrow} \tag{6-2}$$

2. 改进设计，保持功能不变，降低成本

这个途径着重于降低成本。用户购买的是产品的功能，在功能相当的情况下，当然会选择价格较低的产品。

$$V\uparrow = \frac{F\rightarrow}{C\downarrow} \tag{6-3}$$

3. 改进设计，使功能有所提高，保持成本不变

这个途径的重点是产品的功能。在保持成本不变的情况下，提高功能，当然会吸引消费者的目光。

$$V\uparrow = \frac{F\uparrow}{C\rightarrow} \tag{6-4}$$

4. 改进设计，使功能略有下降，使成本大幅度降低

有些用户讲求经济实惠，往往只要求产品具有一些基本功能。

$$V\uparrow = \frac{F\downarrow}{C\downarrow\downarrow} \tag{6-5}$$

5. 改进设计，适当提高成本，大幅度提高功能

有些用户喜欢多功能、新颖、时髦的产品，最好一个产品能够集成众多功能。例如，许多新产品，尤其是迎合年轻人的产品，往往设计得富有个性特色。

$$V\uparrow = \frac{F\uparrow\uparrow}{C\uparrow} \tag{6-6}$$

四、价值工程的工作原则和工作程序

价值工程实施的过程实际上是发现问题、分析问题、解决问题的过程。麦尔斯在长期实践中总结了一套开展价值工程工作的原则，如下：

1）要对问题进行具体分析，避免一般化、概念化。
2）收集一切可用的成本资料。
3）使用最好、最可靠的情报。
4）打破现有框架，进行创新和提高。
5）发挥真正的独创性。
6）找出障碍，克服障碍。
7）充分利用有关专家，扩大专业知识面。
8）对于重要的公差，要换算成加工费用来认真考虑。
9）尽量采用专业化工厂的现成产品。
10）利用和购买专业化工厂的生产技术。
11）采用专门生产工艺。
12）尽量采用标准。
13）以"我是否这样花自己的钱"作为判断标准。

这13条原则中，第1~5条是属于思想方法和精神状态的要求，提出要实事求是，要有创新精神；第6~12条是组织方法和技术方法的要求，提出要重视专家、重视专业化、重视标准化；第13条则提出了价值分析的判断标准。

具体工作程序大致可分为图6-3所示的7个基本步骤，这些步骤的具体实施过程将在以后几节中做具体介绍。

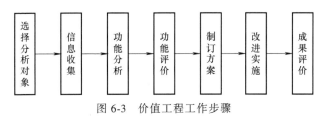

图6-3 价值工程工作步骤

第二节　价值工程对象的选择与信息收集

一、价值工程对象的选择及常用方法

价值工程的第一步就是选定研究对象。价值工程的研究对象就是生产中存在的问题，可以是物品、工作或者系统。选择研究对象时，应考虑社会生产经营的需要及对象本身价值提高的潜力。具体选择方法如下：

1. 经验分析法

经验分析法是价值工程人员根据经验确定价值工程对象，是一种定性分析的方法，常应用于时间急迫或资料不健全的情况。其优点是简便易行，考虑问题综合全面，是目前实践中较为普遍的方法。其缺点是缺乏定量分析，在分析人员经验不足的情况下准确程度会降低，但对于初选阶段可行。

2. ABC分析法

ABC分析法是通过主次因素分析来确定价值工程对象的方法。它根据"关键的少数，次要的多数"的思想，对复杂问题的分析提供了一种抓主要矛盾的简明而有效的定量方法。

ABC分析法的原理：按照零件成本在整个产品成本中的比例来选择价值工程研究对象。具体做法是：把产品零件按其成本由大到小的顺序排列，进行A、B、C分类，然后选取前面的10%~20%的A类零件（其成本占产品总成本的60%~80%）作为价值工程研究对象。如果能力和时间许可，可选取A类零件作为价值工程研究对象，B类零件作为一般对象，C类零件则不作为对象，否则可仅研究A类零件。成本在零件上的分配情况如图6-4所示。

ABC分析法研究对象类别划分的参考值见表6-1。

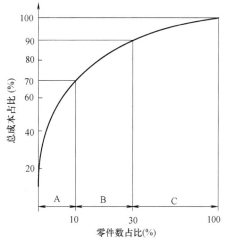

图6-4 ABC分析法

表6-1 A、B、C类划分参考值

类别	数量占比	成本占比
A	10%左右	70%左右
B	20%左右	20%左右
C	70%左右	10%左右

例6-1 某住宅楼工程基础部分包括17个分项工程，各分项工程的造价及基础部分的直接费用见表6-2。试采用ABC分析法确定该基础工程中可能作为价值工程研究对象的分项工程。

表6-2 某住宅基础工程分项工程ABC分类

分项目工程名称	成本/元	累计分项工程数	累计分项工程数百分比(%)	累计成本/元	累计成本百分比(%)	分类
C20带形钢筋混凝土基础	63436	1	5.88	63436	39.5	A
干铺土石屑垫层	29119	2	11.76	92555	57.64	A
回填土	14753	3	17.65	107308	66.83	A
商品混凝土运输	10991	4	23.53	118299	73.67	B
C10混凝土基础垫层	10952	5	29.41	129251	80.49	B
排水费	10487	6	35.29	139738	87.02	B
C20独立式钢筋混凝土基础	6181	7	41.18	145919	90.87	B
C10带形无钢筋混凝土基础	5638	8	47.06	151557	94.38	C
C20矩形钢筋混凝土柱	2791	9	52.94	154348	96.12	C
M5砂浆砌砖基础	2202	10	58.82	156550	97.49	C
挖土机挖土	2058	11	64.71	158608	98.77	C
推土机场外运输	693	12	70.59	159301	99.20	C
履带式挖土机场外运输	529	13	76.47	159830	99.53	C
满堂脚手架	241	14	82.35	160071	99.68	C
平整场地	223	15	82.24	160294	99.82	C
槽底钎探	197	16	94.12	160491	99.94	C
基础防潮底	89	17	100	160580	100	C
总成本	160580			—		

解 根据表6-1，基础分项工程的ABC分类见表6-2最后一列。其中，C20带形钢筋混凝土基础、干铺土石屑垫层、回填土三项工程为A类工程，应考虑作为价值工程分析的对象。

3. 价值系数法

价值系数法是根据价值系数大小判断各零件的价值，将价值系数低者选为价值工程研究对象。价值系数表达式为

$$V_i = F_i / C_i \tag{6-7}$$

式中，V_i为零件的价值系数；F_i为零件的功能评价系数；C_i为零件的成本系数。

（1）强制确定法（FD） 该方法是价值系数法中比较简单的一种应用。其基本思想是：

产品的每一个零件成本应与其功能重要性相符合,否则功能与成本的匹配就不合理。通过求功能评价系数、成本系数,得到价值系数,并把价值系数不为1的零件全部作为价值工程研究对象。其具体做法是:首先求零件的功能评价系数,即对每个零件的功能重要性进行评价打分,一般请5~15个对产品熟悉的人员各自评分,所有零件两两对比,分别评价功能的相对重要性,功能重要者打1分,相对不重要者打0分,然后求出每个零件的累计得分以及全部零件的总分。

$$功能评价系数\ F_i = 零件的累计得分/全部零件总分 \tag{6-8}$$

再计算零件的成本系数:

$$成本系数\ C_i = 各零件目前成本/产品成本 \tag{6-9}$$

最后通过价值系数计算公式 $V_i = F_i/C_i$,计算得到零件的价值系数,确定价值工程研究对象。

强制确定法通过分析零件价值系数的大小能够确定较为合理的价值工程研究对象,但根据强制确定法的原理,所有价值系数不为1的零件都是价值工程研究对象,应对其进行研究,而一般价值系数等于1的零件很少,导致价值工程研究对象过多,不能保证重点,浪费大量人力、物力和财力。

例 6-2 已知某产品由5个主要部件构成,现进行价值工程研究对象选择。

解 功能评价系数计算见表6-3,价值系数计算见表6-4。

表 6-3 功能评价系数计算

零件名称	A	B	C	D	E	得分	功能评价系数(F_i)
A		1	1	0	1	3	0.3
B	0		1	0	0	1	0.1
C	0	0		0	0	0	0
D	1	1	1		1	4	0.4
E	0	1	1	0		2	0.2
总计						10	1.0

表 6-4 价值系数计算

零件名称	F_i	目前成本/元	成本系数	价值系数
A	0.3	6.04	0.364	0.82
B	0.1	1.25	0.075	1.33
C	0	1.55	0.093	0.0
D	0.4	2.97	0.179	2.23
E	0.2	4.81	0.289	0.69
总计	1.0	16.62	1.000	—

由表6-4可知,零件C的价值系数最低,可以将其省略或与其他零件合并;零件D的价值系数最高,为2.23,说明成本偏低,可适当增加成本,使其功能更加完善;零件E的价值系数为0.69,而功能评价系数仅为0.2,成本系数为0.289,占第二位,说明它的功能重要性不大,但目前成本较高,其降低成本的潜力很大,选择价值工程研究对象的精力应集中在这里。

(2)最合适区域法　日本的田中教授提出的最合适区域法求算价值系数的步骤与强制确定法相同,但它避免了强制确定法将所有价值系数不为1的零件都作为价值工程研究对象而产生的大量浪费,从而保证研究重点。

其基本思想是:由于功能评价系数和成本系数不同,因此价值系数相同的零件对产品价值的实际影响是不同的,应优先选择对产品价值影响大的零件作为价值工程研究对象。即画出一个最合适区域,该区域内的零件都视为合理,不作为价值工程研究对象,而在区域外的零件则作为价值工程研究对象,尤其是偏离区域较大的应作为重点对象,如图6-5所示。

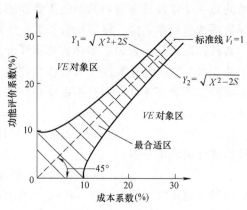

图6-5 最适合区域(1)

图6-5中,S是根据产品复杂程度、目标成本与现实成本的差异程度,以及价值工程人员的力量等具体情况而确定的常数。

由图6-5可知,S取值越大时,两条曲线离标准线的垂直距离就越远,阴影部分的面积也就越大,价值工程的研究对象就会少一点;反之,价值工程的研究对象就会显得多一点。

例6-3 把弯把机作为价值工程的研究对象,已用ABC分析法从150个零件中粗选出了16个零件(见表6-5),试用最合适区域法确定价值工程的研究对象。

表6-5 各零件相关参数

序号	代号	功能评价系数(%)	零件成本/元	成本系数(%)	价值系数
1	A	9.38	650	35.23	0.27
2	B	5.00	145	7.86	0.64
3	C	6.46	120	6.50	0.99
4	D	6.04	45	2.44	2.47
5	E	8.75	300	16.26	0.54
6	F	3.13	120	6.50	0.48
7	G	4.79	80	4.34	1.1
8	H	0.83	35	1.90	0.44
9	I	0.63	45	2.44	0.26
10	J	7.50	45	2.44	3.1
11	K	1.46	3.0	1.63	0.89
12	L	3.54	20	1.90	1.86
13	M	9.17	25	1.08	8.49
14	N	11.67	55	2.98	3.9
15	O	11.46	15	0.81	1.4
16	P	10.21	115	6.23	1.6

解 第一步,求功能评价系数,其结果填入表6-5中(以百分比表示)。

第二步,求成本系数,其结果填入表6-5中(以百分比表示)。

第三步,求最合适区域。根据方程 $Y_1 = \sqrt{X^2+2S}$ 和 $Y_2 = \sqrt{X^2-2S}$ 来确定。其中S假设为50(根据经验),任给一个X值(正实数)则有一个Y值,这样就得到由一组X值与其相对应的一组 Y 值所确定的点，连接各点后所构成的区域即为最合适区域，如图 6-6 所示。

第四步，选择价值工程研究对象。用 16 个零件的 Y 值（功能评价系数）与 X 值（成本系数），分别确定对象各点。如果零件对应的点在最合适区域内，就认为是基本合理的，不作为研究对象。如果零件对应的点在最合适区域之外，则应作为重点研究对象。

从图 6-6 可以看出，A、E、N、O 点在最合适区域以外，应作为价值工程的研究对象。

4. 费用比例分析法

费用比例分析法是根据各个对象所花费用占总费用的比例大小，选择价值工程研究对象。这种方法主要用于节约某种材料或能源的活动中。例如，某企业

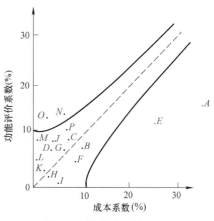

图 6-6 最适合区域（2）

要降低能源消耗费用，先列出各种产品所占该费用的比例，然后选择所占比例大的产品作为价值工程研究对象。

例 6-4 某金属结构制品公司有 6 种产品，它们各自的年成本和年利润分别占公司总成本和年利润总额的百分比见表 6-6。公司需提高利润水平，试确定可能的价值工程研究对象。

解 各产品成本和利润百分比计算结果，见表 6-6。

表 6-6 材料费用分布

产品种类	A	B	C	D	E	F	合计
产品年成本/万元	565	65	35	160	55	45	925
产品年成本占总成本百分比(%)	61.1	7.0	3.8	17.3	5.9	4.9	100
产品年利润/万元	185	25	15	20	35	25	305
产品年利润占年利润总额的百分比(%)	60.6	8.2	4.9	6.6	11.5	8.2	100
年利润百分比/年成本百分比	0.99	1.17	1.29	0.38	1.95	1.67	—
排序	5	4	3	6	1	2	—

由表 6-6 可见，产品 D 成本占总成本的 17.3%，而其利润又占年利润总额的 6.6%，显然产品 D 成本应该作为价值工程的重点分析对象。

费用比例分析法的优点是，当企业在一定时期内要提高某些经济指标且拟订对象数目不多时，具有较强的针对性和有效性。其缺点是不够系统全面。有时为了更安全、更综合地选择对象，可将费用比例分析法与经验分析法结合使用。

二、价值工程的信息收集

价值工程信息内容的几个方面：
1. 用户使用方面的信息
1）用户使用产品的目的、使用环境和使用条件。
2）用户对产品性能及外观等方面的要求。
3）用户对产品价格、交货期、配件供应及技术服务方面的要求。

2. 销售方面的信息

1）销售特点、销售量与需求预测。

2）竞争产品的规格、产量、质量、价格、成本和利润等情况。

3）市场划分和占有率情况。

3. 科学技术方面的信息

1）现产品的科研设计历史和演变。

2）国内外同类产品的有关技术资料。

3）有关新结构、新材料、新元器件、新工艺、三废处理方面的科技资料。

4. 供应和生产方面的信息

1）供应商情况，如原材料、元器件供应与外协情况，以及问题、运输方式等。

2）生产过程中的问题，如材料利用率，零件和产品的加工工艺、装配工艺、工装的要求及有关情况。

3）劳动定额及行业水平。

4）废次品及返修品情况。

5. 成本方面的信息

1）原材料、元器件与外购件的成本及各种消耗定额。

2）外协件的成本。

3）加工成本与装配成本。

4）包装、存贮、运输费用等。

6. 其他信息

其他信息有政府和社会部门的有关法规和条例等。

收集信息时要注意目的性、可靠性、实时性。收集信息要事先明确目的，避免无的放矢，力争无遗漏、无浪费地收集必要的信息。

第三节 功能分析与评价

一、功能分析

1. 进行功能定义

进行功能定义就是对产品或零件的功能下定义，即对该功能做确切而简要的说明，指出其效用。进行功能定义的目的是明确所要求的功能以便进行功能评价，并为制订高价值的改进方案创造条件。

2. 功能整理

功能整理是指按一定的逻辑关系，将价值工程研究对象各个组成部分的功能相互连接起来，形成一个有机整体，以便从局部功能与整体功能的相互关系中分析研究问题。功能整理包括：

1）明确功能范围，分清有几个基本功能，这些基本功能又是通过什么功能来实现的。

2）检查功能定义的正确性，发现不正确的、遗漏的、不必要的功能并将其修改、补充、取消。

3）确定功能之间的关系，即功能之间的目的与手段关系，绘制功能系统图。
4）审定功能系统图。

二、功能评价

1. 利用绝对值计量功能评价值的常用方法

（1）方案法　根据收集到的一般信息，构思出能实现各个功能区域功能的各种方案，预测成本，并从中选择最低成本作为功能评价值。

（2）理论价值标准法　某些功能的最低成本可根据物理学、材料力学或某些工程计算公式和费用标准直接计算出，即可求得该功能理论值。

（3）实际价值标准法　通过对收集到的能实现同样功能的已有方法进行分析，选择功能实现程度相同但成本最低的方案作为功能评价值。

2. 利用相对值计量功能评价值的常用方法

（1）强制确定法

例 6-5　设产品目标成本为 10 元，对 6 个功能单元分别进行计算。

解　① 计算功能评价系数。将两功能单元进行比较，重要的得 1 分，不重要的得 0 分。自身相比可根据情况斟酌，本例中定为 1 分。计算结果见表 6-7。

表 6-7　功能评价系数计算表

功能	A	B	C	D	E	F	得分/分	功能评价系数(F_i)
A	1	1	1	0	1	1	5	0.238
B	0	1	1	0	0	1	3	0.143
C	0	0	1	0	0	0	1	0.048
D	1	1	1	1	1	1	6	0.286
E	0	1	1	0	1	1	4	0.190
F	0	0	1	0	0	1	2	0.095
总分							21	1.000

② 根据功能评价系数计算。根据功能评价系数可分别计算功能单元目标成本和成本降低幅度。计算结果见表 6-8。

$$功能单元目标成本 = 产品目标成本 \times 功能评价系数$$

表 6-8　数据计算表

功能	F_i	目前成本/元	成本系数	价值系数	功能单元目标成本/元	成本降低幅度/元
A	0.238	6.04	0.345	0.690	2.38	3.66
B	0.143	1.25	0.071	2.014	1.43	-0.18
C	0.048	1.55	0.088	0.545	0.48	1.07
D	0.286	2.97	0.170	1.682	2.86	0.11
E	0.190	4.81	0.275	0.691	1.9	2.91
F	0.095	0.89	0.051	1.863	0.95	-0.06
合计	1.00	17.51	1.000	—	10	7.51

各功能单元成本确定后，可选择价值系数低或成本降低幅度大的作为对象，可按 A、E、C 的次序依次进行功能改善。

（2）平均先进分值法 此方法无须知道产品的目标成本，以先进功能单元的平均分值作为标准，而不像强制确定法以总平均分值作为标准。这里的先进功能单元指的是价值系数从高到低处于全部单元前 40%~50% 的功能单元。如果个别单元价值系数过高，应将其列为特殊情况，舍弃不用。平均先进分值法步骤如下：

1）确定各功能单元得分和功能评价系数。
2）列出各功能单元成本并求其成本系数。
3）求价值系数。
4）确定先进功能单元，获得平均先进分值。
5）求出平均先进目标成本。
6）定出具体改进对象和顺序。

例 6-6 根据表 6-8 计算所得数据确定 B、D、F 为先进单元，试确定改进单元。

解 计算平均先进分值：

$$平均先进分值 = \Sigma 先进单元成本 / \Sigma 先进单元得分$$

本例中先进分值为

$$(1.25+2.97+0.89)/(3+2+6) = 0.46 \text{ 元/分}$$

计算各功能单元的目标成本：

$$功能单元目标成本 = 平均先进分值 \times 功能单元得分$$

则各功能单元目标成本见表 6-9。

表 6-9 目标成本表

功能	功能单元得分/分	目前成本/元	功能单元目标成本/元	成本降低幅度/元
A	5	6.04	2.3	3.74
B	3	1.25	1.38	-0.13
C	1	1.55	0.46	1.09
D	6	2.97	2.76	0.21
E	4	4.81	1.84	2.97
F	2	0.89	0.92	-0.03
合计	21	17.51	9.66	7.85

功能单元的成本降低幅度越大，代表其潜力越大，应列为价值工程重点研究对象。由表 6-9 可得，A、E 单元应为改进单元。

（3）基点法 这是一种将成本与功能相匹配的、降低成本确实没有潜力的要素，或可靠性程度最大的某个要素作为基点（标准）进行评价的方法。该方法的目标成本不用预先估计，可直接求出，但对其功能评分很严格，只有在评分准确无误的情况下才有理想的效果。一般在对各要素进行全面分析之前，应尽量找出某个成本与功能相匹配的、降低成本确实没有潜力的要素，即可以选择价值系数较大而成本降低幅度较小的要素定为基点。如果实在找不到，应以可靠度程度最大的某个点作为基点。

接下来确定各功能单元得分，列出各功能单元的目前成本；将作为基点的功能单元目前成本与功能单元得分的比值作为基点系数，然后再分别使各功能单元得分与其目前成本的比值和基点系数相乘,依次所得出的乘积结果是各个单元无偏差影响的价值系数。各功能单元的目标成本是各功能单元得分与基点系数的乘积。

例 6-7 根据表 6-8 的数据,以功能单元 F 为基点,试求目标成本。

解 ① 求基点系数 C_{i0}/f_{i0}

$$C_{i0}/f_{i0} = 0.89 \text{ 元}/2 = 0.445 \text{ 元}$$

② 求无偏差影响的价值系数 V'_i

$$V'_i = (f_i/C_i) C_{i0} f_{i0}$$

如 A 的无偏差影响的价值系数为

$$V'_A = (5/6.04) \times 0.445 = 0.368$$

同理可得其他各功能单元的无偏差影响的价值系数,见表 6-10。

③ 求目标成本 C_i

$$C_i = f_i C_{i0}/f_{i0}$$

如 A 的目标成本为

$$C_A = 5 \times 0.445 \text{ 元} = 2.225 \text{ 元}$$

同理可得其他各功能单元的目标成本,见表 6-10。

表 6-10 基点法计算表

功能	功能单元得分/分	目前成本/元	无偏差影响的价值系数/元	目标成本/元
A	5	6.04	0.368	2.225
B	3	1.25	1.068	1.335
C	1	1.55	0.287	0.445
D	6	2.97	0.899	2.670
E	4	4.81	0.370	1.780
F	2	0.89	1.00	0.890
合计	21	17.51	—	9.345

(4) 成对比较法 此方法由马奇开发和首先使用,步骤与强制确定法相同,只是采用成对比较来获得功能评价系数。此方法由一组人员通过产品内部功能的两两比较,获得评分平均值后求出比率。遵循原则如下:

1)重要程度无差别的,打 0 分。
2)重要程度有少量差别的,打 1 分。
3)重要程度有中等差别的,打 2 分。
4)重要程度有很大差别的,打 3 分。

最后求出各功能的重要程度得分并与全部功能得分之和比较,求出功能重要程度系数。

例 6-8 已知 A~G 七种功能,用成对比较法求它们的功能评价系数 F_i。

解 具体求解数据见表 6-11。

表 6-11 成对比较法矩阵

功能	A	B	C	D	E	F	G	得分/分	F_i
A		A-2	A-3	A-1	0	F-1	G-3	6	0.187
B	A-2		B-2	B-1	B-1	0	G-2	4	0.125
C	A-3	B-2		C-1	E-3	C-1	G-2	2	0.063
D	A-1	B-1	C-1		E-1	F-2	G-1	0	0.000

(续)

功能	A	B	C	D	E	F	G	得分/分	F_i
E	O	B-1	E-3	E-1		E-1	G-1	5	0.156
F	F-1	O	C-2	F-2	E-1		G-3	3	0.094
G	G-3	G-2	G-2	G-1	G-1	G-3		12	0.375
总分								32	1.000

注：A-2 表示 A 得 2 分，B-1 表示 B 得 1 分，其余依此类推。

计算出功能评价系数后，就可根据前面提到的计算功能成本系数以及功能价值系数的方法求解，最后得出目标成本及成本降低幅度等数据，确定具体改进对象和改进顺序。

（5）功能重要性系数评价法 该方法是一种获得功能评价系数的方法，可比较直观地获得所需要的功能评价系数。

例 6-9 已知某产品有 A~E 五个功能区域，求功能评价系数。

解 求解步骤如下：
① 将上下两相邻功能从上到下依次两两对比得出比值。
② 把最下面的功能区域 E 的得分暂定为 1，然后向上求出各功能区域的得分。
③ 求功能评价系数。

具体数据见表 6-12。

表 6-12 功能评价系数计算表

功能	相互比值	功能区域得分	功能评价系数 F_i
A	0.5	6	0.214
B	2	12	0.429
C	2	6	0.214
D	3	3	0.107
E	—	1	0.036
合计	—	28	1.00

第四节 价值工程方案的制订

一、创新与改进方法

1. 头脑风暴法（BS 法）

头脑风暴法（Brain Storming, BS）是通过开会的方式来获得创新方案的一种创造技法。它于 1941 年由美国 BBDO 广告公司的奥斯本所创。这种方法是，邀请 5~10 位熟悉产品的人员参加，会议的主持人头脑清楚、思维敏捷、作风民主、态度和气，既善于活跃会议气氛，又善于启发引导，使到会者无拘无束、思路宽广、思想敞开，参加提方案的人员各自提案，互不批判评论，互相启发，产生联想，会议记录人在会后进行提案整理。

2. 哥顿法

该方法与头脑风暴法类似，先由会议主持人把决策问题向会议成员（即专家成员）做笼统的介绍，然后由会议成员海阔天空地讨论解决方案，当会议进行到适当时机时，决策者将决策的具体问题展示给会议成员，使会议成员的讨论进一步深化，最后由决策者吸收讨论结果，进行决策。其中的一个基本观点就是"变熟悉为陌生"，即抛开对事物性质原有的认识，在"零起点"上对事物进行重新认识，从而得出相应的结论。

3. 德尔菲法

德尔菲法又称专家规定程序调查法，是 20 世纪初期由专家调查法发展而形成的（参见第五章相关内容）。

4. 5W2H 法

发明者用 5 个以 W 开头的英语单词和 2 个以 H 开头的英文单词进行设问，发现解决问题的线索，寻找发明思路，进行设计构思，从而做出新的发明项目，这就叫作 5W2H 法。提出疑问对于发现问题和解决问题是极其重要的。创造力高的人，都具有善于提问的能力。众所周知，提出一个好问题就意味着问题解决了一半。提问题的技巧高，可以发挥人的想象力；相反，有些问题提出来，反而挫伤人的想象力。发明者在设计新产品时，常常提出：为什么（Why）、做什么（What）、何人做（Who）、何时（When）、何地（Where）、如何做（How）、花费多少（How much）。这就构成了 5W2H 法的总框架。如果提的问题中有"假如……""如果……""是否……"这样的虚构，就是一种设问，设问需要更高的想象力。

5. 类比法

类比法是把不同的、看起来毫无联系的因素进行联想，类比得出方案。类比法有三种：

1）直接类比。例如，有没有在水中和陆地都能走的动物？→龟→龟的机理→水陆两用汽车。

2）象征类比。例如，用神话进行类比，开发一种新型钥匙，念咒（故事）→声音→声波→电信号交换装置→根据电气原理制成的钥匙（产品）。

3）拟人类比。例如，对于传递力矩的轴，将自己设想为一根轴时所具有的心情：两边受力太大→试图改进安装材料；阻力太大→试图改进有阻碍的地方；空间狭窄，挤得难受→试图改进空间布置。

二、价值工程方案的制订与选择

在方案的创造阶段，提出了大量的设想和意见，经过适当的分析、归纳、整理，对内容类似的设想合并归类后可以获得一系列价值工程方案。必须对其进行选择，获得较优的一个或几个方案进行实施。方案评价主要分概略评价和详细评价两部分。概略评价是对所提出的方案或改进方案进行粗略筛选，以减少详细评价的工作量；详细评价是对经过筛选的少数方案再进一步具体化，通过进一步的调查、研究和分析，最后选出令人满意的方案。不论概略评价和详细评价，都包括技术性评价、经济性评价和社会评价三方面。技术性评价主要评价方案能否实现要求的功能，以及方案本身在技术上能否实现，一般包括功能实现程度（性能、质量、寿命等）、可靠性、安全性等。经济性评价包括费用的节约，对企业或公众产生的效益，同时还要考虑市场情况、销路以及同类产品竞争企业、竞争产品的情况。社会评价是指产品投产后对社会的影响，如污染、噪声、能源的消耗等。方案评价的方法有很多且还在不断创造之中，现列举一些比较典型的方法。

1. 评分法

这种方法是邀请专家，对方案技术性、经济性及社会性影响三方面进行综合评价。

（1）技术性系数　技术性系数用 X 表示，其计算公式为

$$X = \frac{\sum P}{nP_{\max}} \tag{6-10}$$

式中，P 是各方案满足功能的得分（由专家打分获得）；$P_{\max}$ 是满足功能的最高得分；n 是需满足的功能数。

评分标准为：很好（理想的）得 4 分；好得 3 分；过得去得 2 分；勉强过得去得 1 分；不能满足要求得 0 分。

（2）经济性系数　评价经济性是以最低总成本为依据的，在进行经济计算后进行打分，将经济最优的定为最高分，然后依次类推，获得经济性系数 Y。一般计算经济性系数的方法有：

1）总额法：比较不同的成本指标或者利润指标。

例 6-10　方案 A 的销售收入为 20000 元，总成本为 9000 元；方案 B 的销售收入为 19000 元，总成本为 7000 元，则

方案 A 的总利润 = 20000 元 - 9000 元 = 11000 元

方案 B 的总利润 = 19000 元 - 7000 元 = 12000 元

评价结果取方案 B 有利。

2）机会成本计算法：在进行经济评价时，如果决定采用某一方案，就必须舍弃其他方案，从而丧失采用其他方案所能获得收益的机会。采用此方法能够生动地表示出对比方案经济效益的差异，从而选出最优方案。

例 6-11　采用机会成本法计算 A、B 两种方案的机会收益，见表 6-13。

表 6-13　两种方案机会收益表　　　　　　　　　　　　　　　　（单位：元）

对比方案	销售收入①	总成本②	机会成本③	机会收益=①-②-③
A	20000	9000	12000（B：①-②）	-1000
B	19000	7000	11000（A：①-②）	1000

由表 6-13 可知，实行方案 B 可以获得机会收益 1000 元，而实行方案 A 将遭受机会损失 1000 元。采用机会成本时以不遭受机会损失或能获得最大机会收益的方案为优，因此选择方案 B。

（3）社会评价系数　社会评价系数采用 Z 表示。社会评价主要谋求企业利益、用户利益及社会利益的一致，如污染、噪声、能源消耗等。社会评价系数计算公式为

$$Z = \frac{\sum Q}{nQ_{\max}} \tag{6-11}$$

式中，Q 是各方案满足社会利益的得分；$Q_{\max}$ 是满足社会利益的最高得分；n 是需要满足的社会利益数。

评分标准为：充分满足社会利益得 4 分；较好地满足社会利益得 3 分；基本满足社会利益得 2 分；仅能满足最低社会利益得 1 分；不能满足社会利益得 0 分。

（4）综合评价系数　综合评价系数用 K 表示。综合评价是在技术性评价 X、经济性评价

Y、社会评价 Z 三方面评价的基础上对方案所做的整体评价。综合评价系数计算公式为

$$K = \sqrt[3]{XYZ} \tag{6-12}$$

K 值最高的方案为最优。

2. 加权评分法

加权评分法是同时考虑功能与成本两方面的各种因素,按重要性进行加权计算,并根据各方面对评价项目的满足程度进行评价。步骤如下:

1) 首先用 DARE 法(也可用强制确定法)定出评价因素重要性系数(W_i)和评定各方案对评价因素的满足程度系数(S_i)。

2) 以评价因素重要性系数(W_i)作为加权系数,然后依次求出各个方案的总评价值(A_i),将各方案对评价因素的满足程度系数(S_i)与其评价因素的重要性系数(W_i)的乘积相加,所求出的和为各方案的总评价值(A_i)。A_i 最大者为最佳方案。

三、价值工程方案的实施与效果评价

1. 试验验证

经上述步骤选出最佳方案后,为确保质量和为以后的审批提供依据需进行试验。产品方案试验包括结构、零部件、新工艺、新材料等。对实施价值工程的产品,部件质量还要接受用户的检验,以取得正确的功能评价和成本评价。

2. 提案

试验通过后才可正式提案。为使提案能被接受,减少实施阻力,要将原产品的工程经济指标、用户需求、存在的问题、提高价值的必要性、预计达到的目的等做出具体说明,并附上功能分析、改进依据、试验数据、图样、预计效果等资料,报主管部门审批。

3. 提案实施

在实施过程中,价值工程小组要跟踪校查,并对提案负责,还必须与提案接受者很好地合作,取得他们的信任和协助,保证提案的实施顺利进行。若发现提案内容有不合适的地方,价值工程小组应再次进行研究,并把修改结果交予提案接受者。

4. 成果评价与总结

提案实施后,要对价值工程活动的成果进行评价与总结。

(1) 经济效果评价

1) 成本降低率

$$成本降低率 = \frac{价值工程活动后单件成本降低额}{价值工程活动前单件成本} \times 100\% \tag{6-13}$$

2) 年节约总额与年净节约额

$$年节约总额 = 价值工程活动后单件成本降低额 \times 年预计销量 \tag{6-14}$$

$$年净节约额 = 年节约总额 - 实施附加费 \tag{6-15}$$

3) 价值工程投资倍数

$$价值工程投资倍数 = \frac{年净节约额}{价值工程活动费用} \tag{6-16}$$

式（6-16）中，价值工程活动费用是指价值工程人员的工资、试验费、调研费等。

（2）社会效果评价　包括：填补国内外科学技术或品种发展的空白；满足国家经济或国防建设的需要；节约贵重稀缺物资，节约能源消耗；降低用户购买成本或其他费用；防止或减少污染公害；增加就业效果和外汇效果等方面的效益。

（3）价值工程工作总结　总结内容：预订目标是否如期实现，与国内外同类产品相比还存在什么差距等，同时要对价值工程活动的计划安排、工作方法、人员组织等方面的优缺点、经验和教训进行总结，以便今后改进。

思考与练习

1. 价值工程中的价值、成本、功能的含义是什么？
2. 什么是价值工程？如何理解价值工程中的价值、功能和成本？
3. 简述价值工程的工作程序及其工作原则。
4. 某手表由6个主要部件构成，其相关数据见表6-14，试确定零件的功能评价系数、成本系数和价值系数，并确定价值工程研究对象。

表 6-14　相关数据

序号	部件名称	功能评分	现实成本/元
1	夹板	11.96	5.03
2	原动系	7.71	1.35
3	擒纵调速器	22.83	2.1
4	仿真器	9.41	2.97
5	表盘	8.75	0.7
6	表壳	39.34	4.85
总计		100	17

5. 已知某功率为10000kW的透平机的齿轮箱，其生产成本为：机座（1件）13420元；轴承（2件）2000元；轴（1件）6680元；齿轮轴（1件）10000元；人字齿轮（1对）12600元；轴承（2件）2400元；端盖（4件）800元；密封件（4件）200元；油管（1组）300元。试用ABC分类法选择价值工程研究对象。

6. 已知某产品由A、B、C、D四个部分组成，其成本分别为600元、1000元、120元和280元。部件A可实现F_2、F_4和F_6三个功能，其功能的重要性相同；部件B具有F_1、F_3、F_4三种功能，但F_3所起的作用是F_4的两倍，是F_1的六倍；部件C只实现一个功能F_5；部件D实现F_1、F_3、F_6三种功能，其重要性比例为3：1：3。试求$F_1 \sim F_6$的功能成本$C_1 \sim C_6$。

本 章 小 结

价值工程以提高产品或作业的价值为目的，通过有组织的创造性工作，寻求以最低的寿命周期成本，可靠地实现使用者所需功能的一种管理技术。价值工程涉及价值、功能和成本三个基本要素。价值工程的工作过程实质上就是针对产品的功能和成本提出问题、分析问题和解决问题的过程。

价值工程活动首先要正确选择价值工程分析对象。选择价值工程分析对象常用的方法有：经验分析法、ABC 分析法、强制确定法等。通常，在选择价值工程分析对象的同时，应进行情报资料的收集工作。

　　价值工程的核心是功能分析，价值工程区别于其他成本管理方法的一个突出特点就是进行功能分析。功能分析包括功能定义、功能分类、功能整理和功能评价四部分内容。

　　经过功能分析，就进入了价值工程方案的评价和选择阶段。价值工程方案创造常用的方法有：头脑风暴法、哥顿法和专家检查法。方案评价分为概略评价和详细评价两种。价值工程活动成果的评价分为经济效果评价和社会效果评价。

第七章 工程经济学在工程中的应用

教学目的
- 掌握设计方案的经济分析与选择方法。
- 掌握施工方案技术经济评价的主要内容。
- 掌握设备更新与选择的基础知识。

学习方法
- 识记和理解基本概念和原理，进行案例分析。

本章内容要点
- 设计方案的经济分析与选择方法：多指标综合评价法、单指标评价法、价值分析法。
- 施工方案技术经济评价的主要内容。
- 设备更新与选择的基础知识。
- 经济评价案例。

第一节 设计方案的经济分析与选择

投资决策中的各项技术经济决策对项目的工程造价都有重大影响，有些甚至影响到项目的整个寿命过程，而工艺流程的设计与确定、材料设备的选用、建设标准的确定，对工程造价的影响更大。工程设计人员应参与主要方案的讨论，与各部门人员共同办公，密切合作，做好多方案的技术经济分析比较，进行事前控制，选出技术先进、经济合理的最优方案。设计方案的经济分析与比较就是根据前面章节介绍的方法，解决工程设计中的多个优选问题。

一、多指标综合评价法

在评价重大技术方案时，判别好坏的客观标准不是单一的经济标准，应有多方面的标准，如政治、国防、社会、技术、经济、环境、生态和自然资源等。所以，必须对这些方面的指标进行综合评价。

综合评价的方法有两种：一是评分法，又分为调查咨询评分法（即通过调查咨询的方法对被评价的标准予以打分）和定量计算评分法（即按照评价标准要求规定的数值与实际达到的数值的相对关系予以打分）两种；二是指数法，即根据某项评价标准的实际数值与评价标准规定数值的比值进行评价。

在综合评价中，对每个标准的评价包含两方面内容：一是评价技术方案对每个标准的满足程度；二是评价每个标准的相对重要程度。满足系数是反映满足程度的一个数值，这个数值有两种表示方法：一种是用评分法和指数法所得数值表示；另一种是用它们的百分数表示。重要系数是反映每个标准相对重要程度的一个数值。有两种确定重要系数的方法：一是非强制打分法，打分者可以通过调查咨询，根据实际重要程度的相对大小任意打分；另一种是强制打分法，如五分制法、百分制法等。

技术综合评价实际上是一个多目标决策问题。多目标决策方法的实质是对不同评价标准的满足系数和重要系数进行相加、相乘、加乘混合、相除或用最小二乘法求得综合的单目标数值（即综合评价值），然后以此值选择最优方案。

二、单指标评价法

单指标可以是效益性指标也可以是费用性指标。效益性指标主要用于收益或者功能有差异的多方案的比较选择。对于专业工程设计方案和建筑结构方案的比选，尽管设计方案不同，但方案的收益或功能没有太大的差异，这种情况下可采用单一的费用指标，即采用最小费用法选择方案。

采用最小费用法比较设计方案时，根据工程项目的不同有两种方法：一种是只考查方案初期的一次费用，即造价或投资；另一种方法是考查设计方案全寿命周期的费用。设计方案全寿命周期费用包括：工程初期的造价（投资），工程交付使用后的经常性开支（包括经常费用、日常维护修理费用、使用过程中大修费用和局部更新费用等），以及工程使用期满后的报废拆除费用等。考虑全寿命周期费用是比较全面合理的分析方法，但对于一些设计方案，如果建成后的工程在日常使用中费用上没有明显的差异，或者以后的日常使用费难以估计，可直接用造价（投资）来比较优劣。

三、价值分析法

价值分析（即价值工程）法是一种相当成熟和行之有效的管理技术与经济分析法。这种方法力求以最低的寿命周期费用，可靠地实现产品或作业的必要功能，借以提高其价值，而着重于功能研究的有组织的活动。

下面通过一些例子说明设计方案的经济比较与选择。

例 7-1 某市住宅试点小区两栋科技楼及一栋综合楼，设计方案对比项目如下：

A 方案的结构方案为大柱网框架轻墙体系，采用预应力大跨度叠合楼板，墙体材料采用多孔砖及移动式可拆装式分室隔墙，窗户采用单框双玻璃钢塑窗，面积利用系数为 93%，单方造价为 1437.48 元/m^2。

B 方案的结构方案同 A 方案墙体，采用内浇外砌，窗户采用单框双玻璃空腹钢窗，面积利用系数为 87%，单方造价为 1108 元/m^2。

C 方案的结构方案采用砖混结构体系，采用多孔预应力板，墙体材料采用标准黏土砖，窗户采用单玻璃空腹钢窗，面积利用系数为 70.69%，单方造价为 1081.8 元/m^2。

经专家分析评价确定，方案功能得分及重要系数见表 7-1。

表 7-1 A、B、C 三方案功能得分及重要系数

功能方案	方案得分/分			方案功能重要系数
	A	B	C	
结构体系	10	10	8	0.25
模板类型	10	10	9	0.05
墙体材料	8	9	7	0.25
面积系数	9	8	7	0.35
窗户类型	9	7	8	0.10

1）试用价值工程方法选择最优设计方案。

2）为了控制工程造价及进一步降低费用，拟订最优方案的土建部分及工程材料费用为对象进行价值分析。现将土建工程划分为四个功能系数项目，各功能项目评分值及其目前成本见表 7-2，且已确定目标成本为 12170 万元。试分析各功能项目的目标成本及成本可降低的程度，并确定功能改进顺序。

表 7-2 最优方案工程材料表

序号	功能项目	功能评分/分	目前成本/万元
1	桩基围护工程	11	1520
2	地下室工程	10	1482
3	主体结构工程	35	4705
4	装饰工程	38	5105
	合计	94	12812

解 对于第一个问题，根据价值分析原理，首先计算各方案的成本系数，见表 7-3。

表 7-3 各方案的成本系数计算

方案	造价/(元/m²)	成本系数
A	1437.48	0.3963
B	1108.00	0.3055
C	1081.52	0.2982
合计	3627.28	1.0000

其次，进行功能因素评分与功能系数计算，见表 7-4。

表 7-4 功能因素评分与功能系数计算

功能因素	功能重要系数	方案功能得分加权值（方案功能得分×功能重要系数）		
		A	B	C
结构系数	0.25	0.25×10 = 2.50	0.25×10 = 2.50	0.25×8 = 2.00
模板类型	0.05	0.05×10 = 0.50	0.05×10 = 0.50	0.05×9 = 0.45
墙体材料	0.25	0.25×8 = 2.00	0.25×9 = 2.25	0.25×7 = 1.75
面积系数	0.35	0.35×9 = 3.15	0.35×8 = 2.80	0.35×7 = 2.45
窗户类型	0.10	0.10×9 = 0.90	0.10×7 = 0.70	0.10×8 = 0.80

(续)

功能因素	功能重要系数	方案功能得分加权值(方案功能得分×功能重要系数)		
		A	B	C
各方案加权平均总分		9.05	8.75	7.45
功能系数		$\frac{9.05}{9.05+8.75+7.45}=0.358$	$\frac{8.75}{9.05+8.75+7.45}=0.347$	$\frac{7.45}{9.05+8.75+7.45}=0.295$

最后,计算各方案价值系数,见表 7-5。

表 7-5 各方案价值系数计算

方案名称	功能系数	成本系数	价值系数	方案优选
A	0.358	0.3963	0.903	
B	0.347	0.3055	1.136	最优方案
C	0.295	0.2982	0.989	

通过对比,方案 B 价值系数为 1.136>1 且为最大,所以 B 方案为最优方案。

对于第二个问题,根据已知,可分别计算各功能项目的功能系数和成本系数,再求出其价值系数,然后根据功能系数和总目标成本计算各功能项目目标成本,通过目标成本和现有成本可计算其成本降低幅度,具体计算见表 7-6。

表 7-6 各方案目标成本及成本降低幅度计算

序号	功能项目	功能评分/分	功能系数	目前成本/万元	成本系数	价值系数	目标成本/万元	成本降低幅度/万元
1	桩基围护工程	11	0.1170	1520	0.1186	0.9865	1423.89	96.11
2	地下室工程	10	0.1064	1482	0.1157	0.9196	1294.89	187.11
3	主体结构工程	35	0.3723	4705	0.3672	1.0139	4530.89	174.11
4	装饰工程	38	0.4043	5105	0.3985	1.0146	4920.33	184.67
合计		94	1.0000	12812	1.0000	—	12170	642.00

第二节 工程施工中的经济分析

工程施工的技术经济分析,就是为了获得最优施工方案,从若干可行的施工工艺方案、施工组织方案中,分析、比较和评价诸方案的经济效益,从中选优。工程施工中的经济分析在很大程度上决定了施工组织的质量和施工任务完成质量,是施工任务顺利完成的前提条件。

在工程施工阶段进行技术经济评价时,主要有两项工作:即施工方案的评价和采用新结构、新材料的评价。施工方案是单位工程或建筑群体施工组织设计的核心,是编制施工进度计划,绘制施工平面图的重要依据。施工方案技术经济评价的主要内容如下:

一、施工工艺方案的经济评价指标体系

施工工艺方案是指分部(项)工程和工种工程的施工方案,如主体结构工程、基础工程、安装工程、装饰工程、水平运输、垂直运输、大体积混凝土浇筑、混凝土运送以及模板支撑方

案等。在施工中采用新工艺、新技术，实际上仍然属于施工工艺方案问题。

1. 技术性指标

技术性指标是指用以反映方案的技术特征或适用条件的指标，可用各种技术参数表示。例如，主体结构为现浇框架工程施工工艺方案的技术性指标，可用现浇混凝土总量、混凝土运输高度等参数表示；装配式结构工程施工工艺方案的技术性指标，可用安装构件总量、构件最大尺寸、构件最大重量、最大安装高度等参数表示；模板工程施工工艺方案的技术性指标，可用模板型号数、各型模板尺寸、模板单件重量等参数表示。

2. 经济性指标

经济性指标主要反映完成施工任务必要的劳动消耗，由一系列实物量指标、劳动量指标组成，主要有：

(1) 工程施工成本　主要用施工直接成本来表示，包括人工费、材料费、施工设施的成本或摊销费、防止施工公害的设施费等。

(2) 主要专用机械设备需要量　包括设备型号、台数、使用时间、总台班数等。

(3) 施工中的主要资源需要量　这里的资源不是指构成工程实体的材料、半成品或结构件，而是指顺利进行施工所必需的资源，主要包括施工所需的材料、不同施工工艺方案引起的材料消耗增加量和能源需要量等。

(4) 主要工种的工人需要量　可用主要工种的工人需用总数、需用期、月平均需用数、高峰期需用数来表示。

(5) 劳动消耗量　可以用总劳动消耗量、月平均劳动消耗量、高峰期劳动消耗量来表示。

3. 效果（效益）指标

效果指标主要反映采用该施工工艺方案后所能达到的效果，主要有：

1) 工程效果指标，如施工工期、工程效率等。

2) 经济效果指标，如成本降低率或降低额、材料（资源）节约额或节约率等指标。

4. 其他指标

其他指标是指未包括在上述三类中的指标，如施工临时占地，所采用施工方案对工程质量的保证程度，抗拒自然灾害的能力，以及采用该工艺方案后对企业技术装备、数值、信誉、市场竞争力和专有技术拥有程度等方面的影响。这些指标可以是定量的，也可以是定性的。

二、施工组织方案的评价

施工组织方案是指单位工程以及包括若干个工程的建筑群体的施工组织方案，如流水施工、平行流水立体交叉作业等组织方法。施工组织方案包括施工组织总设计、单位工程施工组织设计、分部工程施工组织设计和施工装备的选择等。施工组织方案的评价指标如下：

1. 技术性指标

1) 反应工程特征的指标，如建筑面积、主要分部（项）工程量等。

2) 反映施工方案特征的指标，如施工方案有关的指标说明等。

2. 经济性指标

1) 工程施工成本。

2) 主要专用机械设备需要量。

3) 主要材料资源消耗量。

4）劳动消耗量。

5）反映施工均衡性的指标。

3. 效果指标

1）工程总工期。

2）工程施工成本节约量。

3）施工机械效率，可用两个指标评价：一是主要大型机械单位工程（单位、面积、长度或体积等）耗用台班数；二是施工机械利用率，即主要机械在施工现场的工作总台数与在现场的日历天数的比值。

4）劳动效率（劳动生产率），可用三个指标评价：一是单位工程量（单位面积、长度或体积等）用工数（如总工日数建筑面积）；二是分工种的每工产量（m/工日，m²/工日，m³/工日或t/工日）；三是生产工人的日产值（元/工日）。

5）施工均衡性，可以用下列指标评价（系数越大越不均衡）：

$$主要工种工程施工不均衡系数 = \frac{高峰月工程量}{平均月工程量} \tag{7-1}$$

$$主要材料资源不均衡系数 = \frac{高峰月销用量}{平均月耗用量} \tag{7-2}$$

$$劳动量消耗不均衡系数 = \frac{高峰月劳动消耗量}{平均月劳动消耗量} \tag{7-3}$$

三、新结构、新材料的经济评价

1. 采用新结构、新材料的经济技术效果

1）改善建筑功能，如改善保温、隔热、隔声等功能，以及扩大房屋的有效使用面积等。

2）减轻建筑物自重，节约运输能力，降低工程造价。

3）有利于缩短施工工期，加快施工的机械化、装配化、工厂化，从而加快施工速度。

4）有利于利用废渣、废料，节约能源。

5）减轻施工劳动强度，改善施工作业条件，提高机械化程度，实现文明施工。

2. 新结构、新材料的技术经济评价指标

1）工程造价，是反应方案经济性的综合指标，一般用预算价格计算。

2）主要材料消耗量，指钢材、水泥、木材、黏土砖等的消耗量。

3）施工工期，指从开工到竣工的全部日历时间。

4）劳动消耗量，是反映活劳动消耗量的指标，现场用工与预制用工应分别计算。

5）一次性投资，指为了采用某种新结构、新材料而需建立的相应的材料加工厂、制品厂等的基建投资。

3. 辅助指标

1）建筑物自重，指采用新结构、新材料后，单位建筑面积建筑物的自重。

2）能源消耗量，指采用新结构、新材料后，在生产制造、运输、施工、安装使用过程中的年能源消耗量。

3）工业废料利用量，指采用新结构、新材料后，每平方米建筑面积可利用工业废料的数量。

4) 建筑物使用年限。

5) 经常使用费，指采用新结构、新材料后，每年的日常使用费及维护维修费等。

在进行方案评价时，应以主要指标作为基本依据。在主要指标间发生矛盾时，应着重考虑造价和主要材料消耗量指标。当主要指标相差不大时，则需分析辅助指标，作为方案评价的补充论证。

四、施工方案经济分析与评价的方法

施工方案最为常见的有施工机械的选择与调度、人员的安排、运输方案的选择、施工流程作业方案的设计、现场总平面的布置等。一般来说，小型工程的施工方案选择不需要花费大量人力、物力及时间，一般施工管理人员就可以完成，但对于大型工程项目或有各种特殊要求的施工方案，只有进行详细的分析、评价与比较，才能及时做出正确的选择。施工方案选择与评价的方法和本章第一节中介绍的施工设计的选择与评价方法类似，常见的有多指标综合评价法、单指标评价法及价值分析法3种。但由于设计与施工中的评价指标体系不同，因此分析时的着重点也就不同。下面将通过实例来对施工中的一些常见问题进行分析与选择。

例 7-2 某机械化施工企业承担了某项工程的基坑土方施工，土方量为 20000m³，平均运土距离为 8km，计划工期为 15 天，每天一班制施工。该企业现有 WY50、WY75、WY100 型挖掘机各 2 台以及 5t、8t、10t 自卸汽车各 20 台。自卸汽车和挖掘机主要参数分别见表 7-7 和表 7-8。

1) 若挖掘机和自卸汽车按表中型号各取一种，WY50+5t 自卸、WY75+8t 自卸、WY100+10t 自卸，哪种组合最经济？相应的每立方米土方的挖土、运输直接费用为多少？

2) 根据该公司现有的挖掘机和自卸车汽车数量，完成土方挖运任务每天应安排几台何种型号的挖掘机和几台何种型号的自卸汽车？

3) 根据所安排的挖掘机和自卸汽车数量，该土方工程可在几天内完成？相应的每立方米土方的挖土、运输直接费为多少？

表 7-7 自卸汽车主要参数

载重能力/t	5	8	10
运距 8km 台班产量/m³	32	51	81
台班单价/元	413	505	978

表 7-8 挖掘机主要参数

型号	WY50	WY75	WY100
容量/m³	0.50	0.75	1.00
台班产量/m³	480	558	690
台班单价/元	618	689	915

解 问题一

步骤一：分析各种机械的单位费用。

挖掘机 WY50：$\dfrac{618}{480}$ 元/m³ = 1.29 元/m³

WY75：$\dfrac{689}{558}$ 元/m³ = 1.23 元/m³

$$WY100: \frac{915}{690} 元/m^3 = 1.33 \ 元/m^3$$

$$自卸汽车5t: \frac{413}{32} 元/m^3 = 12.91 \ 元/m^3$$

$$8t: \frac{505}{51} 元/m^3 = 9.90 \ 元/m^3$$

$$10t: \frac{978}{81} 元/m^3 = 12.07 \ 元/m^3$$

步骤二：分别计算 3 种组合的每立方米土方挖土、运输直接费。
WY50+5t 自卸：1.29 元/m³+12.91 元/m³ = 14.20 元/m³。
WY75+8t 自卸：1.23 元/m³+9.90 元/m³ = 11.13 元/m³。
WY100+10t 自卸：1.33 元/m³+12.07 元/m³ = 13.40 元/m³。
所以"WY75+8t 自卸"是最佳经济组合。

问题二
步骤一：从费用最低的机械选起。
先选挖掘机，若选取 WY75 型，则每天需要的台数为

$$\frac{20000}{558 \times 15} 台 = 2.389 \ 台$$

企业拥有 2 台 WY75，每天完成

$$558m^3 \times 2 = 1116m^3$$

而要满足工期要求，则日产量必需 $\geq \frac{20000}{15}m^3 = 1333.3m^3$。另选 1 台 WY50 型挖掘机，日产量达到

$$558m^3 \times 2 + 480m^3 = 1596m^3$$

步骤二：选择自卸汽车与挖掘机配合。
自卸汽车从 8t 的选起，要达到日产 1596m³，与开挖量相配合，所需台数为

$$\frac{1596}{51} 台 = 31.3 \ 台$$

企业拥有 20 台 8t 自卸汽车，全部选用，每天还有不能完工的余土量为

$$1596m^3 - 20 \times 51m^3 = 576m^3$$

余土由 5t 和 10t 自卸汽车进行运输，选取 6 台 10t 自卸汽车和 3 台 5t 自卸汽车，则每天运输量为

$$81m^3 \times 6 + 32m^3 \times 3 = 582m^3$$

由于 582m³ > 576m³，所以可以满足要求。
因此，每天应安排 1 台 WY50、2 台 WY75 挖掘机，以及 3 台 5t、6 台 10t、20 台 8t 自卸汽车来完成挖掘运输任务。

问题三
步骤一：计算施工天数，即

$$\frac{20000}{1596} 天 \approx 13 \text{ 天}$$

步骤二：计算每立方米挖运成本，即

$$(618×1+689×2+413×3+505×20+978×6)×13/20000 \text{ 元}/m^3 = 12.48 \text{ 元}/m^3$$

第三节　设备方案的更新与选择

一、设备的更新

1. 设备更新的概念

设备更新是指用技术性能更完善、经济效益更显著的新型设备来替换原有技术上不能继续使用或经济上不宜继续使用的设备。

2. 机械设备使用中的技术规律

(1) 机械设备的损耗及其补偿形式　机械设备经过一段时间的使用，由于受到物理变化和化学反应等正常或不正常的因素影响，会有不同程度的损耗，使用期限和本身的价值都会发生变化。机械设备的损耗有以下形式：

1) 有形损耗（又称物质损耗），包括使用损耗和自然损耗。使用损耗是指机械设备在使用过程中的慢性损耗和损伤（包括机械损伤和化学损伤）引起的损耗。这是机械设备损耗中的主要部分。机械设备的使用和损耗主要与以下因素有关：负荷程度、机械设备的质量和耐磨程度、机械设备的装配和安装的准确性、机械设备的固定程度、机械设备使用过程中防避外界（如粉尘、水汽、高温等）影响的准确程度、机械设备的维修情况、工人操作熟练程度。

自然损耗是指由于自然力的作用，如大气中的水分、粉尘、污染物等产生的锈蚀、腐烂，造成的有形损耗。

机械设备的有形损耗可以通过维修得到部分修复和补偿。因此，机械设备的有形损耗又可分为可消除的有形损耗与不可消除的有形损耗两类。

2) 无形损耗（又称精神损耗）。产生无形损耗的原因有两种：一是机械设备的技术结构、性能没有变化，但生产费用下降，价格降低，使原有同种机械设备发生再贬值；二是发明了更完善的、高效率的机械设备，使原有同种机械设备的性能相对下降而发生贬值。这两种原因产生的无形损耗，都使正在使用的机械设备在经济上不合算而被提前淘汰。

针对机械设备损耗的不同形式，应采取不同的措施加以补偿，即进行维修、改造和更新。机械设备的损耗与补偿之间的关系如图 7-1 所示。

(2) 机械设备的磨损规律　该规律是指机械设备从投入使用以后，磨损量随时间变化的关系。这里的磨损是指有形损耗的使用损耗。机械零件的磨损过程通常经历不同的磨损阶段，直至失效。图 7-2 所示为典型的有形磨损特性曲线。

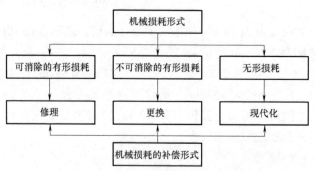

图 7-1　机械设备的损耗与补偿之间的关系

图 7-2 中的纵坐标表示磨损量。通常在磨合期内，单位时间的磨损量（又称磨损率，是曲线斜率）比较大，并且是递降的，然后进入一个较长时间的稳定期，单位时间的磨损量较小，直至某一点，曲线斜率陡升，这意味着磨损量急剧增大，失效即将发生。对于一些磨损过程，例如滚动轴承或齿轮中发生的表面疲劳磨损，开始时磨损率可能为零，当工作时间达到一定数值后，点蚀开始出现并迅速扩展，磨损率迅速上升，很快发展为大面积剥落和完全失效。

（3）机械设备故障率变化规律　所谓故障率，就是机械设备在工作的单位时间内发生故障的次数。了解机械设备的磨损规律后，也就好理解机械设备故障率变化规律了。机械设备故障率变化规律和设备磨损规律一样有三个阶段，示意图可参照浴盆曲线（见图 7-3）。

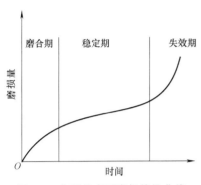

图 7-2　典型的有型磨损特性曲线

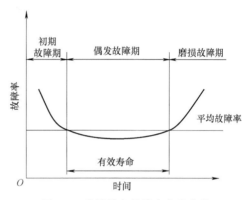

图 7-3　机械设备故障率变化曲线

1）初期故障期。此阶段内故障发生的原因多数是设计、制造上的缺陷，零部件磨合关系不好，搬运、拆卸、安装时的缺欠，以及操作人员不适应等。特别是进口机械设备，操作人员不熟练造成初期故障率较高。对于使用单位来说，要慎重地进行搬迁、拆卸，严格地进行验收、试运转，并培训好操作人员等。

2）偶发故障期。此阶段设备处于正常运转时期，故障率最低，故障的发生主要由操作人员的疏忽与错误造成。因此，此时期的工作重点应是落实正确操作规范，做好日常维护和保养工作。机械设备的寿命在很大程度上取决于正确操作和日常维护。

3）磨损故障期。由于磨损严重，此阶段机械设备性能劣化而造成故障。为了防止其故障发生，就要在零部件达到极限磨损前加以更换。

3. 设备寿命

机械设备的更新要求分析设备的寿命周期，以确定最佳的更新周期。对于设备的寿命周期，不仅要考虑设备的自然寿命，而且要考虑设备的技术寿命和经济寿命。

（1）设备的自然寿命（设备的物质寿命）　这是由物质磨损所决定的设备使用寿命，即设备从开始投入使用，到因物质磨损使而老化、坏损直至报废所经历的时间。一般来说，设备的物质寿命较长。

（2）设备的经济寿命　设备的经济寿命是根据设备的使用费用包括维持费用和折旧费来决定的设备寿命。超过了经济寿命后勉强继续使用，在经济上往往是不合理的。有人把这个阶段叫作"恶性使用阶段"。

（3）设备的技术寿命　由于科学技术的迅速发展，在设备使用过程中出现了技术上更先进、经济上更合理的新型设备，使现有设备在物质寿命结束前被逐渐淘汰。设备从开始使用，直至因技术落后而被淘汰所经历的时间,叫作设备的技术寿命,有时也叫作设备的技术老化周期。

更新机械设备时还有一个要求是,必须有利于提高安全性、环保性,以及减轻工人的劳动强度。另外,机械设备的更新必须同时与原有设备的维修和改造结合起来。这是因为在一定时期内,更新机械设备的数量总是有限的。因此,应根据需要和可能,除有计划、有重点地更新部分设备外,必须对其余机械设备加强维修和改造,以保证生产的不断发展。

最后,在更新机械设备时要注意克服薄弱环节,提高企业的综合生产能力。由于企业各施工生产环节的机械设备能力总会有富余环节和薄弱环节,只有先更新薄弱环节的陈旧设备,才能有利于提高企业的综合生产能力,否则就难以发挥设备更新带来的应有效果。

4. 设备折旧

(1) 折旧的概念 折旧指的是实物资产随着时间流逝和使用消耗在价值上的减少。折旧就是固定资产在使用过程中逐渐损耗而转移到产品成本和营业费用中的那一部分价值。

固定资产的实物形态是在项目的实现过程即工程项目建设过程中一次形成的,其价值也随之在建设期全部垫支出去。固定资产在使用的过程中会逐渐磨损和贬值。对这些磨损和贬值应做出相应的补偿,把这些磨损和贬值以折旧费的形式计算到产品的成本当中,通过产品销售转化为货币资金进行回收,作为对投资的回收。

折旧是一个会计上的概念,它确立了一项对税前收益的年度(季度、月份)抵减值。折旧是一项非现金流出,并不是真正的流出,但它可以影响所得税额,所以在进行税后工程经济研究时,必须要对其加以合理考虑。

从本质上讲,折旧也是一种费用,只不过这一费用没在计提期间付出实实在在的货币资金。这种费用是前期已经发生的支出,而这种支出的收益在资产投入使用后的有效使用期内实现,即它是当期的费用,但却不是当期的现金流出。

现行财务制度规定,应计提折旧的固定资产有:房屋及建筑物,在用的机器设备、仪器仪表、运输车辆及工具器具等,季节性停用及修理停用的设备,融资租入和以经营租赁方式租出的固定资产。

不计提折旧的固定资产有:未使用或不需要的机器设备,以经营租赁方式租入的固定资产,在建工程项目交付使用以前的固定资产,已提足折旧但仍继续使用的固定资产,按规定单独作价作为固定资产入账的土地等。

设备的折旧是指在设备的有效使用年限内,按一种合理的方式,将由磨损引起的设备损耗的价值逐年摊销到产品成本中去。每年摊销的费用称为折旧费。从价值观点上分析,折旧可以看作由磨损引起功能、经济性和技术性能的低劣化而造成设备损耗的价值。

与固定资产类似,无形资产通常也有一定的有效服务期,无形资产的价值也要在服务期内逐步转移到产品价值中去。其价值在一定会计期间的分摊类似于折旧,一般没有余值,习惯上称为摊销。无形资产的价值转移是以无形资产在其有效服务期内逐年摊销的形式体现的。递延资产也应在项目投入运营后的一定年限内平均摊销。

(2) 折旧的计算方法 企业常用的计算、提取折旧的方法有平均年限法、工作量(或产量)法和加速折旧法等。我国企业一般采用平均年限法或工作量法,在符合国家有关规定的情况下,经批准也可采用加速折旧法。

企业应根据固定资产的性质和使用方式,合理确定固定资产的使用寿命和预计净残值,并根据科技发展、环境及其他因素，选择合理的固定资产折旧方法作为计算折旧的依据。

在投资项目计算期的现金流量表中，折旧费并不构成现金流出，但是在估算利润总额和所得税时，它是总成本费用的组成部分。从企业角度看，折旧的多少与快慢并不代表企业的这项费用实际支出的多少与快慢。因为它本身就不是实际支出，而只是一种会计手段，把以前发生的一次性支出在年度（或季度、月份）中进行分摊，以核算年度（季度、月份）应缴付的所得税和可以分配的利润。因此，一般来说，企业总希望多提和快提折旧费以期少交和迟交所得税；另一方面，从政府角度看，要防止企业的这种倾向，以保证正常的税收来源。因此，对折旧的计算，国家作了明确的规定。

1）平均年限法。平均年限法也称直线折旧法，是将固定资产的折旧均衡地分摊到各期的一种方法。采用这种方法计算得的每期折旧额均是等额的，是使用最广泛的一种折旧计算方法。按照平均年限法，固定资产每年折旧额的计算公式为

$$年折旧额 = \frac{固定资产原值 - 固定资产净残值}{折旧年限} \tag{7-4}$$

固定资产净残值是预计的折旧年限终了时固定资产残值减去清理费用后的余额。固定资产净残值与固定资产原值之比称为净残值率，净残值率一般为3%~5%。各类固定资产的折旧年限由财政部统一规定。

实际工作中常用折旧率计算固定资产折旧额，折旧率计算公式为

$$年折旧率 = \frac{年折旧额}{固定资产原值} \times 100\% = \frac{1 - 预计净残值率}{折旧年限} \tag{7-5}$$

$$月折旧率 = 年折旧率 \div 12 \tag{7-6}$$

$$月折旧额 = 固定资产原价 \times 月折旧率 \tag{7-7}$$

2）工作量法。工作量法是根据实际工作量计提折旧额的一种方法。这种方法弥补了平均年限法只注重使用时间而不考虑使用强度的缺点。

工作量法一般用于计算某些专业设备和交通运输车辆的折旧，以固定资产完成的工作量（行驶里程、工作小时、工作台班、生产的产品数量）为单位计算折旧额，计算公式为

$$每一工作量折旧额 = \frac{固定资产原值 \times (1 - 残值率)}{预计总工作量} \tag{7-8}$$

$$某项固定资产年折旧额 = 该项固定资产当月工作量 \times 每一工作量折旧额 \tag{7-9}$$

3）加速折旧法。加速折旧法也称为快速折旧法或递减折旧法。其特点是在固定资产有效使用年限的前期多提折旧，后期少提折旧，从而相对加快折旧的速度，以使固定资产成本在有效使用年限中加快得到补偿。

加速折旧的计提方法有多种，常用的有双倍余额递减法和年数总和法。

① 双倍余额递减法。双倍余额递减法是在不考虑固定资产残值的情况下，根据每期期初固定资产账面余额（年初固定资产净值，即固定资产价值余额）和双倍的直线法折旧率计算固定资产折旧的一种方法。计算公式为

$$年折旧率 = \frac{2}{预定使用年限} \times 100\% \tag{7-10}$$

$$月折旧率 = 固定资产账面净值 \times 月折旧率 \tag{7-11}$$

由于双倍余额递减法不考虑固定资产的残值收入，因此，应用这种方法时必须注意，不能

使固定资产的账面折余价值降低到它的预计残值收入以下,即实行双倍余额递减法计提折旧的固定资产时,应当在其固定资产折旧年限到期以前两年内,将固定资产净值扣除预计净残值后的余额平均摊销。

② 年数总和法。年数总和法又称合计年限法,是将固定资产的原值减去净残值后的净额乘以一个逐年递减的分数计算每年的折旧额。这个分数的分子代表固定资产尚可使用的年数,分母代表使用年数的总和。计算公式为

$$年折旧率 = \frac{尚可使用年数}{预计折旧年限的年数总和} \quad (7-12)$$

$$年折旧率 = \frac{预计折旧年限 - 已使用年数}{预计折旧年限 \times (预计折旧年限 + 1)/2} \quad (7-13)$$

$$月折旧率 = (固定资产原值 - 预计净残值) \times 月折旧率 \quad (7-14)$$

采用加速折旧法,并不意味着固定资产提前报废或多计折旧。不论采用何种方法计提折旧,在整个固定资产折旧年限内,折旧总额都是一样的。采用加速折旧法只是在固定资产使用的早期多提折旧,后期少提折旧,其递减的速度逐年加快。加快折旧速度,目的是使固定资产成本在估计使用年限内加快得到补偿。一般来说,加速折旧有利于企业进一步发展。

从以上分析可以看出,加速折旧法提取的折旧总额和直线折旧法一样,即从总量来看,其折旧总额没有因加速折旧而改变,改变的只是折旧额计入成本费用的时间。加速折旧法前期折旧费大,使企业税前收益相应减少,早期所得税减少,而后期折旧费小又使所得税增加,改变了所得税计入现金流出的时间,其效果是推迟了所得税的缴纳,等于企业向政府取得了一笔无须支付利息的贷款。允许采用加速折旧法,实际上是国家给企业的一种特殊的缓税或延期纳税优惠。由此可见,加速折旧法对企业是十分有利的。该方法在发达国家普遍使用。

5. 设备更新方式

(1) 设备原型更新　设备原型更新是指用相同的设备去更换有形磨损严重而不能继续使用的旧设备。这种更新只在设备磨损且不能通过修理而改善并继续使用,或即使能通过维修而改善并能继续使用,但修理费用高于购置新设备时采用。这种方式不具有技术更新的性质,不能促进技术的进步。

(2) 重新购置　用技术更先进、结构更完善、效率更高、性能更好、耗费能源和原材料更少的新型设备,替换那些在物理上不能继续或在经济上不宜继续使用的旧设备。采用这种方式进行设备更新的经济分析就是确定一个最佳的设备更新时间,也就是确定在什么时间更新现在的设备在经济上最为有利。

设备更新同技术方案选择一样,应遵循有关的技术政策,进行技术论证和经济分析,做出最佳的选择。如果因设备暂时故障而草率做出报废的决定,或者片面追求现代化,盲目购买最新式设备,都会造成资本流失;而如果延缓设备更新,失去设备更新的最佳时机,同时竞争对手又积极利用现代化设备降低产品成本和提高产品质量,则企业必定会丧失竞争力。因此,识别设备在什么时间不能再有效地使用、应该怎样更新和何时更新等,是工程经济学要解决的重要问题。

二、设备原型更新的经济分析

对于设备原型更新,主要通过对设备经济寿命进行分析而做出更新决策,具体来说是分析

使一台设备的年平均使用成本最低的年数。设备的使用成本由两部分组成：一是设备购置费的年分摊额；二是设备的年运行费用（操作费、维修费、材料费及能源耗费等），依据前面设备的故障率与磨损规律分析可知，这部分费用是随着设备使用年限的延长而增加的。

例如一辆汽车，随着使用时间的延长，每年分摊的购置投资会减少，但每年支出的汽车修理保养费和燃料费用都会增加，因此投资分摊额的减少会被使用费用的增高抵消。这就是说，设备在整个使用过程中，其年平均使用总成本是随着使用时间变化的，在最适宜的使用年限内会出现年平均总成本的最低值，而能使用的平均总成本最低的年数，就是设备的经济寿命，如图 7-4 所示。适时地更换设备，既能促进技术进步，加速经济增长，又能节约资源，提高经济效益。

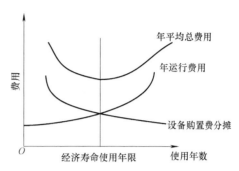

图 7-4 设备的经济寿命

机器设备在使用过程中发生的费用叫作运行成本。运行成本包括：能源费、保养费、修理费（包括大修理费）、停工损失、废次品损失等。一般情况下，随着设备使用期的增加，运行成本每年以某种速度递增。这种运行成本的逐年递增称为设备劣化。为简单起见，首先假定每年运行成本的劣化增量是均等的，即运行成本呈线性增长，设每年运行成本增加额为 λ，若设备使用 T 年，则第 T 年时的运行成本为

$$C_T = C_1 + (T-1)\lambda \tag{7-15}$$

式中，C_1 是第 1 年的运行成本。

T 年内运行成本的平均值为

$$C_{T1} = \sum \frac{C_t}{T} = C_1 + \frac{(T-1)}{2}\lambda \tag{7-16}$$

除运行成本外，在使用设备的年总费用中还有每年分摊的设备购置费用，其金额为

$$C_{T2} = \frac{P_0 - P_t}{T} \tag{7-17}$$

式中，P_0 是设备的原始价值；P_t 是设备处理时的残值。

随着设备使用时间的延长，每年分摊的设备费用是逐年下降的，而年均运行成本却逐年线性上升。综合考虑这两方面的因素，一般来说，随着使用时间的延长，设备使用的年平均总费用的变化规律是先降后升，呈"U"形曲线（见图 7-4）。年平均总费用的计算公式为

$$C = C_{T1} + C_{T2} = C_1 + \frac{(T-1)}{2}\lambda + \frac{P_0 - P_t}{T} \tag{7-18}$$

要使设备在最适当的时期更新，就要求出成本 C 最小时的使用年限 T（经济寿命）。可对上式用求极值的方法求出，即设 P_t 为一般常数，令 $\dfrac{\mathrm{d}C}{\mathrm{d}T}=0$，则经济寿命为

$$T_{\mathrm{opt}} = \sqrt{\frac{2(P_0 - P_t)}{\lambda}} \tag{7-19}$$

例 7-3 设某机械设备的原始价值 $P_0 = 8000$ 元，若 $\lambda = 300$ 元/年，残值 P_t 不随使用年限变化，均为 800 元，求该设备的最佳使用期。

解 把已知量代入式（7-19）有

$$T_{\text{opt}} = \sqrt{\frac{2(P_0-P_t)}{\lambda}} = \sqrt{\frac{2\times(8000-800)}{300}}\text{年} \approx 7\text{年}$$

即该设备的最优使用寿命为 7 年。

但如果该设备的残值不是常数，即 P_t 会随使用年限不同而无规律变动，运行成本不呈线性增长趋势，即不存在恒定的 λ，则可根据历史记录或预测用列表法来判断设备的经济寿命。

例 7-4 某机械设备原始价值为 10 万元，物理寿命为 8 年，设备的年运行费用及各使用年限的年末残值（及设备经济寿命）见表 7-9，求该设备何时更新为宜。

表 7-9 设备经济寿命计算 （单位：万元）

使用年限 ①	运行成本 ②	年末残值 ③	平均运行成本 ④=$\frac{\Sigma②}{①}$	平均设备费用 ⑤=$\frac{10-③}{①}$	年平均总成本 ⑥=④+⑤
1	1	6	1	4	5
2	1.2	5	1.1	2.5	3.6
3	1.4	4.5	1.2	1.83	3.03
4	1.5	4	1.28	1.5	2.78
5	1.7	3	1.36	1.4	2.76
6	1.9	2.5	1.45	1.25	2.7
7	2.0	2	1.53	1.14	2.67
8	2.0	1	1.6	1.13	2.73

解 从表 7-9 可知，设备的年平均成本在第 7 年最低，其值为 26700 元，即该设备应在使用 7 年后更新。

例 7-5 例 7-4 的经济寿命计算没有考虑资金的时间价值，如果考虑资金的时间价值，则设 $i_c=15\%$，试计算例 7-4 中设备的经济寿命。

解 列表计算，见表 7-10。

表 7-10 计算表

使用年限 ①	运行成本 ②	残值 ③	现值系数 $(P/F,15\%,n)$ ④	运行成本在第1年的现值 ⑤=$\Sigma(②\times④)$	残值在第1年的现值 ⑥=④×③	运行成本设备费用现值和 ⑦=10+⑤-⑥	年金系数 $(A/P,15\%,n)$ ⑧	年平均总成本 ⑨=⑦×⑧
1	1	6	0.8696	0.8696	5.2176	5.652	1.150	6.4998
2	1.2	5	0.7561	1.77692	3.7805	7.99642	0.6151	4.918598
3	1.4	4.5	0.6575	2.69742	2.95875	9.73867	0.4380	4.265537
4	1.5	4	0.5718	3.55512	2.2872	11.26792	0.3505	3.949406
5	1.7	3	0.4972	4.40036	1.4916	12.90876	0.2983	3.850683
6	1.9	2.5	0.4323	5.22173	1.08075	14.14098	0.2642	3.736047
7	2	2	0.3759	5.97353	0.7518	15.22173	0.2404	3.659304
8	2.1	1	0.3269	6.66002	0.3269	16.33312	0.2229	3.640652

因为年平均总成本最小值为第 8 年时的值，所以该设备应在第 8 年后更新，说明当考虑资

金的时间价值时，设备的经济寿命和物理寿命相同，即将该设备使用至其报废再进行更新。

第四节　项目经济评价案例

一、研究总论

1. 宗地基本情况

宗地位于某风景区，为住宅用地；土地面积为 93544m²，建筑容积率≤1.4；可建设总建筑面积为 131000m²，其中住宅 127650m²（高层住宅占 85%，低层住宅占 15%，但最终比例按报建实施方案确定），幼儿园 3000m²，垃圾站 50m²，社区管理中心 300m²；土地使用年期为 70 年，自 2015 年 8 月 25 日起到 2085 年 8 月 24 日止。

竞投中标方应在宗地使用权转让合同签订后 5 个工作日内一次付清地价款。

涉及交易标的物转让应交的税费中，依法属转让方应交纳的均由甲方承担，依法属受让方应交纳的由乙方承担。转让合同按规定需要公证的，公证费用由甲乙双方各承担 50%。

2. 地价范围

经测算，本地块的正常地价范围应在 74931 万～87416 万元人民币之间，其中市场正常价位点应在 80913 万元，扣除土地转让契税 3%，则得竞标报价范围应在 72749 万～84870 万元人民币之间，市场正常竞标价位点在 78556 万元人民币。

对应市场价位点 80913 万元，则得相应楼面地价为 6339 元/m²。

3. 地块投资价值

对应以上地价范围，测得相应的投资财务效果指标见表 7-11。

综上所述，当地价在 74931 万～80913 万元人民币之间时，属于投资安全区；当地价在 80913 万～87416 万元人民币之间时，即进入投资风险区；超过 87416 万元后，将进入高风险区，投资者需慎重考虑。

表 7-11　宗地投资财务效果指标

项目	地价为 74931 万元	地价为 80913 万元	地价为 87416 万元
投资利润率(%)	25	20	15
税后利润/万元	24050	20042	15684
内部收益率(%)	20.08	16.24	12.48
财务净现值/万元	20760	15221	9199.87
投资回收期(静态)/年	2.95	3.0	3.12
投资回收期(动态)/年	3.1	3.2	3.4

二、研究方法

1. 运用剩余法求地价

运用剩余法来确定宗地的最高限价，其基本思路为

地价 = 房地产建成价格 -（建筑费 + 专业费 + 租售费用 + 税费）- 利润

该方法的操作流程如图 7-5 所示。

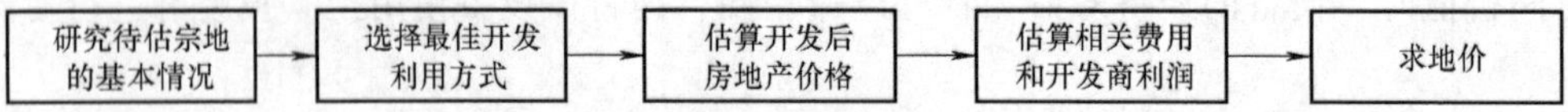

```
研究待估宗地  →  选择最佳开发  →  估算开发后  →  估算相关费用  →  求地价
的基本情况        利用方式       房地产价格      和开发商利润
```

图 7-5 操作流程

2. 运用建设项目经济评价方法与参数进行宗地的财务评价

建设项目的财务评价一般分两个层次，即全部投资的财务效果评价和自有（权益）资金的财务效果评价。

全部投资的财务效果评价，即排除财务条件的影响，将全部资金（包括全部借贷资金和权益资金）作为计算基础，考查项目的盈利能力。由于它不考虑投资资金的来源构成，以及借贷还本付息和所得税的问题，所以它实际上是一种简化了的、投资项目"息税前"的盈利能力分析，借此可以在各个投资项目或方案间建立相互比较的共同基础，以便考查项目是否有投资的价值，在分析是否可行的同时，进行方案的选优。

自有（权益）资金的财务效果评价，即从企业的角度出发，分析包括财务条件在内的两类因素对项目的影响，以企业投入的权益资金为计算基础，而所谓考查企业所投入的权益资金的盈利能力，实际上是对项目"息税后"的盈利能力的分析。同时，还考查企业的生存能力、偿债能力、利润及其分配，以及各方投资者的盈利能力等。

在本宗地评估报告中，选用全部投资的财务效果评价法，分析该地块的投资盈利能力，即通过全部投资的现金流量表，得出项目内部收益率、投资回收期、财务内部净现值以及投资利润率等指标，由此来判断该宗地投资在财务上的可行性。

3. 研究依据

1) 宗地规划指标。
2) 国务院发展研究中心数据库。
3) 《××省房地产统计年鉴》。
4) ××省房地产开发各类管理费用标准。
5) 中国人民银行存、贷款利率。
6) 《××省统计年鉴》。
7) 网站相关数据。
8) 中国人民银行《关于进一步加强房地产信贷业务管理的通知》。
9) ××市建安工程定预、决算定额。

三、宗地最佳利用方式构思

根据该宗地所在地段为风景区且建筑容积率≤1.4，可以确定，该地块要想获得最大收益，就必须按高档住宅区规划，定位于高端客户，确保以优美的景观环境和国际性的配套设施来赢得市场。

1. 宗地总体规划方案设计

总基底面积 $93544m^2 \times 22\% \approx 20580m^2$，用地平衡表及项目主要经济指标分别见表 7-12 和表 7-13。

（1）高层住宅 总建筑面积为 $127650m^2 \times 0.85 \approx 108502m^2$。住宅规划为 $120 \sim 180m^2$/户，平均每套面积为 $150m^2$ 左右，规划户数 720 户。计划规划为 12~14 栋 11 层住宅（其中首层架

空绿化），住宅总基底面积计为11050m²。

（2）别墅　总建筑面积为127650×0.15=19148m²。别墅规划为250~350m²/栋，平均每栋面积为300m²，占地面积计120m²，规划总栋数为64栋，总计占地面积为64×120=7680m²。

（3）公建配套　幼儿园3000m²，按两层考虑，其占地计1500m²；社区管理中心300m²，垃圾站50m²，均按一层考虑，占地计350m²。

（4）停车位　基于该地块未来将规划建设成豪宅区，故应至少考虑每户一个车位（不含别墅用户车位），建议车库集中设置，规划720个车位，每个车位按35m²考虑，车库规划面积位为720×35m²=25200m²。

为体现高档住宅区的品位感，建议该住宅区的绿地覆盖率不低于65%，可考虑将高层建筑的首层架空绿化。绿地面积为93544m²×0.65≈60803m²。道路规划占地面积为93544m²×0.15≈14032m²

表7-12　用地平衡表

项目	用地面积/m²	所占比重(%)	人均面积/(m²/人)	备注
规划总用地	93544		34.09	
高层住宅用地	11050	11.81		首层架空绿化
低层住宅用地	7680	8.21		
公建用地	1850	1.98		
道路用地	14032	15		
公共绿地	60803	65	22.15	
其他用地	9176			

表7-13　项目主要技术经济指标

项　　目	数　　量	单　　位
总户数	784	户
居住人口	2744	人
总建筑面积	156200	m²
高层住宅建筑面积	108502	m²
低层住宅建筑面积	19148	m²
公建配套建筑面积	3350	m²
地下车库建筑面积	25200	m²
车位数	720	个
人口密度	293	人/ha
绿化率	65	%
容积率	1.4	

注：ha为公顷。

2. 最佳开发建设方案设计

建议分期滚动开发，首期开发别墅及整个住宅区的配套规划建设，通过别墅的市场推广来打造项目的品牌，提升项目的品位，从而带动其后的高层销售。

计划整个地块的开发建设周期为30个月，销售周期为24个月。其中，可行性研究及规划报批等前期准备阶段为 6 个月，宗地竞买后 18 个月时推出首期别墅，高层住宅分两期推出，计划至 42 个月时完成全部销售。与此对应的项目投资与融资计划见表 7-14。

表 7-14 项目投资与融资计划表　　　　　　　　　　　（单位：万元）

序号	项目	建设经营期/月							
		合计	1~6	7~12	13~18	19~24	25~30	31~36	37~42
1	投资总额								
1.1	建设投资								
1.1.1	土地成本		80913.86						
1.1.2	前期工程费		755.00	393.00					
1.1.3	建安成本费	34000.70		2913.70	11113.00	11802.00	8172.00		
1.1.5	基础设施费	2292.56			1145.78	687.47	459.31		
1.1.6	公建配套费	1185.16		474.06	355.55	355.55			
1.1.7	不可预见费	3589.58	897.39	538.44	430.75	430.75	430.75	430.75	430.75
1.1.8	管理费	3590.00	512.80	512.80	512.80	512.80	512.80	512.80	512.80
1.1.9	销售费用	5384.36			807.65	1076.87	1615.31	1346.09	538.44
1.1.10	利息								
1.2	流动资金	0.00	0.00	0.00	0.00	0.00	0.00	0.00	0.00
2	资金筹措								
2.1	自有资金								
2.2	借款								
2.3	销售收入再投入								

说明：利息取决于投标公司的融资结构，而融资结构的优劣又取决于公司在资本市场的能力高低。该宗地地价需在成交后 5 日内一次缴清，故对竞投人的资金压力很大。可考虑竞得土地后全部建设缺口资金从银行借贷。因为项目的融资结构不明，且项目全部投资的财务评价与融资结构无关，故表 7-13 中的利息费用计算和资金筹措计划都暂没计算。

四、宗地地价测算

1. 地价之外的成本测算

参考目前建筑市场及房地产开发市场的基本行情，估算出该宗地开发项目的总成本费用为 68651.43 万元。具体测算详见表 7-15。

2. 销售收入测算

参考香蜜湖地段的住宅市场行情，高层为 11000 元/m^2，低层为 22000 元/m^2，停车位（全部按销售考虑）为 250000 元/个，则测算出总销售收入为 179477.80 万元。具体测算详见表 7-15。

3. 地价成本测算

根据目前国内房地产市场投资回报基本现状，并综合考虑深圳房地产市场的竞争程度，取定开发商投资该宗地的可承受回报率极限为 15%，正常期望投资回报率为 20%，市场投资回报率的上限为 25%。

则该宗地的地价范围为 74931 万~87416 万元，正常市场期望地价为 80913 万元。

扣除宗地转让契税 3%，则得该宗地的竞投报价范围为 72749 万~84870 万元，正常市场水平竞投报价为 78557 万元。具体测算详见表 7-15。

表 7-15 宗地地价测算表

基 本 情 况			
地块规划总用地面积/m²		93544.00	容积率	1.40
建筑物首层占地面积/m²		20580.00	户数	784.00
车库占地面积/m²		0.00		
道路面积/m²		14032.00		
绿化、园林面积/m²		60803.00		
总建筑面积/m²		156200.00		
地上建筑面积/m²		131000.00		
其中	幼儿园	3000.00		
	垃圾站	50.00		
	社区活动中心	300.00		
	住宅总面积	127650.00		
地下室面积/m²		25200.00		
其中	车库地下室	25200.00		
	设备房	0.00		

销售预测				
序号	项目名称	可销售面积/m²	销售均价/(元/m²)	合价/万元
1	高层住宅	108502.00	11000.00	119352.20
2	低层住宅	19148.00	22000.00	42125.60
3	车位销售	720 个	250000 元/个	18000.00
	合计			179477.80

成本预测				
序号	项目名称	单位成本/(元/m²)		金额/万元	备注
		按销售面积	按建筑面积		
1	前期费用		87.63	1148.00	
1.1	可行性研究费用		7.63	100.00	
1.2	设计费用		50.00	655.00	
1.2.1	主体设计费				
1.2.2	单体方案费				
1.2.3	规划设计费				
1.2.4	综合管线设计费				

(续)

序号	项目名称	单位成本/(元/m²)		金额/万元	备注
		按销售面积	按建筑面积		
1.2.5	园林环境设计费				
1.2.6	道路排水设计费				
1.2.7	消防、人防设计费				
1.2.8	环保设计费				
1.3	其他前期费用		30.00	393.00	
1.3.1	地质勘探				
1.3.2	地震安全性评价				
1.3.3	防雷检测费				
1.3.4	商住楼建设环境评价				
1.3.5	小区规划透视图				
1.3.6	模型制作费				
1.3.7	白蚁防治工程				
1.3.8	各类报建费				
1.3.9	建设工程审查咨询费				
1.3.10	建筑施工图审查费				
1.3.11	临水、临电				
1.3.12	招投标手续费				
2	建筑安装成本			33999.98	
2.1	高层住宅(含高级装修)		2400.00	26040.48	含全套厨具和煤气管道费等
2.2	低层住宅(含高级装修)		2500.00	4787.00	
2.3	幼儿园		1200.00	360.00	
2.4	社区活动中心		1200.00	36.00	
2.5	垃圾站		900.00	4.50	
2.6	地下车库		1100.00	2772.00	负一层按1000元/m²,负二层按1200元/m²
3	基础设施配套			2291.56	
3.1	永久用电		70.00	917.00	
3.2	永久用水		10.00	131.00	
3.3	小区排水及排污		8.50	112.11	
3.4	小区环境(含园林、绿化等)			912.05	
3.5	交通设施及指示牌		2.00	31.24	

(续)

序号	项目名称	单位成本/(元/m²) 按销售面积	单位成本/(元/m²) 按建筑面积	金额/万元	备注
3.6	通信			47.04	600元/户
3.7	可视对讲等弱电工程			141.12	1800元/户
4	公共配套	75.87		1185.16	
4.1	小区道路			210.47	
4.2	市政配套费	59.40		927.83	
4.3	消防配套费	3.00		46.86	
	开发成本合计	2472.77		38624.70	
5	销售费用(3%)			5384.35	
6	财务费用(4%)			7179.13	
7	管理费用(2%)			3589.57	
8	不可预见费(2%)			3589.57	
9	销售税金及附加(5.73%)			10284.11	
	费用合计			30026.73	
	成本及费用合计			68651.43	
地价预测					

序号	可承受投资回报率（税前）	单位楼面地价/(元/m²) 按销售面积	单位楼面地价/(元/m²) 按建筑面积	地块金额/万元（含契税在内）	竞投报价/万元
1	0.30		5437.43	69408.84	67387.22
2	0.25		5870.05	74931.25	72748.78
3	0.20		6338.73	80913.86	78557.14
4	0.15		6848.15	87416.70	84870.58
5	0.10		7403.89	94510.70	91757.96

五、项目财务评价

由于该宗地的最终中标地价尚处于预测阶段，因此选取该地块的市场期望价作为计算基础，来测算该宗地的投资价值。

项目盈利能力分析如下：

（1）税金计算（见表7-16） 因为首期发售计划在宗地接手后第18个月时，故前一年半内无销售收入。而土地增值税是按照纳税人转让房地产所取得的增值额和税法规定的4级超额累进税率来计算征收的，增值额是纳税人转让房地产所取得的收入减去税法规定扣除项目金额后的余额。根据房地产行业的一般收益水平，土地增值税应缴额基本在销售收入的1%左右。

表 7-16　销售税金及附加表　　　　　　　　　　　　　（单位：万元）

序号	项目	建设经营期/月						合计
		1~6	7~12	13~18	19~24	25~30	31~36	37~42	
1	销售收入				42125.60	41205.83	54941.10	41205.83	179478.36
2	销售税金及附加				2624.42	2567.12	3422.83	2567.12	11181.50
2.1	营业税				2106.28	2060.29	2747.06	2060.29	8973.92
2.2	城市维护建设税				147.44	144.22	192.29	144.22	628.17
2.3	教育费附加				63.19	61.81	82.41	61.81	269.22
2.4	防洪工程维护费				75.83	74.17	98.89	74.17	323.06
2.5	交易管理费				210.63	206.03	274.71	206.03	897.39
2.6	印花税				21.06	20.60	27.47	20.60	89.74
3	土地增值税				421.26	412.06	549.41	412.06	1794.78

（2）损益表（见表 7-17）　由损益表可以看出，公司在第一年内利润为负，这主要是因为支付巨额地价所致。第二、三年内尽管有利润，但不足以弥补第一年的亏损，直到最后一年才发生所得税的缴纳。

表 7-17　损益表　　　　　　　　　　　　　　　　　（单位：万元）

序号	项目	合计	1~12	13~24	25~36	36~42
1	销售收入	179478.36	0.00	42125.60	96146.93	41205.83
2	总成本费用	149565.29	89962.23	33906.57	21520.94	4175.55
3	利润总额	29913.07	-89962.23	8219.03	74625.99	37030.28
4	所得税	9871.31	0.00	0.00	0.00	9871.31
5	税后利润	20041.76	0.00	0.00	0.00	20041.76
6	盈余公积金	2004.18	0.00	0.00	0.00	2004.18
7	可分配利润	18037.58	0.00	0.00	0.00	18037.58

（3）宗地现金流量表与动态盈利分析（见表 7-18）　由现金流量表和动态盈利分析可以看出，项目的累计净现金流和累计折现现金流由负变正均要发生在最后一个年度。但项目的财务内部收益率为16.24%，账务净现值为15221.12万元，均处于较高水平。原因在于要在中标后一次将费用缴纳完毕，造成巨额现金流流出，而项目的开发建设、销售要滞后一段时间，不过该宗地规划建筑面积不大，建设周期相对较短，故投资回收期指标也较为理想。

表 7-18　宗地现金流量表与动态盈利分析　　　　　　（单位：万元）

序号	项目	建设经营期			
		1~12	13~24	25~36	37~42
1	现金流入	0.00	42125.60	96146.93	41205.83
1.1	销售收入	0.00	42125.60	96146.93	41205.83
1.2	其他现金流入	0.00	0.00	0.00	0.00
2	现金流出	87911.05	32276.65	20431.23	4461.17

(续)

序号	项目	建设经营期			
		1~12	13~24	25~36	37~42
2.1	建设投资	87911.05	29230.97	13479.81	1481.99
2.2	土地增值税	0.00	421.26	961.47	412.06
2.3	销售税金及附加	0.00	2624.42	5989.95	2567.12
3	净现金流	-87911.05	9848.95	75715.70	36744.66
4	累计净现金流	-87911.05	-78062.10	-2346.40	34398.27
5	折现现金流	-81399.12	8443.89	60105.56	28070.79
6	累计折现净现金流	-81399.12	-72955.23	-12849.67	15221.12
	评价指标				
	财务净现值($I_c=8\%$)	15221.12			
	财务内部收益率	16.24%			
	投资回收期(静态)	3.03			
	投资回收期(动态)	3.20			

相应的地价在 74931 万元和 87416 万元时的投资回报指标见表 7-19。

表 7-19 财务效果指标比较

项目	地价为 74931 万元时	地价为 87416 万元时
财务内部收益率(%)	20.08	12.48
财务净现值/万元	20760	9199.87
投资回收期(静态)/年	2.95	3.12
投资回收期(动态)/年	3.1	3.4

(4) 项目不确定性分析

1) 盈亏平衡分析。假定本宗地开发建设投资不变,且售价和回款速度如基准方案所设,则由计算可得,当销售率为 (80913.86+68651.43)/179478.35×100% = 83.33% 时,宗地全部投资利润率为零。一般认为,当盈亏平衡点的销售率≤70%时,项目风险较小。本宗地投资盈亏平衡点的销售率为 83.33%,可见其风险较高。

2) 敏感性分析。影响本宗地投资财务效益的主要不确定因素为宗地获取价格、售价水平、建设成本的高低、建设经营期的长短、销售税率等。根据宗地目前状况可知,以上诸因素中最有可能发生变化的是宗地获取价格的高低和未来销售价格的变化。因而,本宗地敏感性分析主要针对全部投资的评价指标(财务内部收益率、财务净现值和投资利润率),分别计算售价上下波动 5%、10%和宗地获取价格上下波动 5%、10%时,对经济指标的影响。计算结果见表 7-20。

表 7-20 项目敏感性分析

全部投资	基准方案	地价变动				售价变动			
		-10%	-5%	5%	10%	-10%	-5%	5%	10%
财务净现值	15221.12	22713.15	18967.13	11475.11	7729.09	829.2	8025.16	22417.1	26913.7

（续）

全部投资	基准方案	地价变动				售价变动			
		-10%	-5%	5%	10%	-10%	-5%	5%	10%
财务净现值升降幅度		49.22%	24.61%	-24.61%	-49.22%	-94.55%	-47.28%	47.28%	76.82%
财务内部收益率	16.24%	21.54%	18.79%	13.85%	11.63%	7.93%	12.13%	20.27%	24.24%
财务内部收益率升降幅度		32.64%	15.70%	-14.72%	-28.39%	-51.17%	-25.31%	24.82%	49.26%
投资利润率	20%	26.86%	23.34%	16.84%	13.84%	8.00%	14%	26%	32%
投资利润率升降幅度		34.30%	16.70%	-15.80%	-30.80%	-60.0%	-30.0%	30.0%	60.0%

由表 7-20 中数据可得：

① 地价、售价变动对财务净现值的影响。当宗地价格上升 20.3% 时，项目的财务净现值等于零，到达临界点。此时，如果地价继续上升，则财务净现值小于零，出现亏损。

售价分别下降 5%、10% 时，财务净现值分别下降 47.28%、94.55%。当售价下降 10.57% 时，该项目的财务净现值等于零，达到临界点。此时，若售价再下降，则财务净现值小于零，出现亏损。

② 地价、售价变动对财务内部收益率的影响。地价分别上升 5%、10% 时，将引起该宗地的财务内部收益率分别下降 14.72%、28.39%；当地价上升 13.67% 时，该项目的财务内部收益率等于基准收益率 ($I_c = 8\%$)，到达临界点，此时如果继续上升，则财务内部收益率将达不到预期的基准收益率。

当售价下降 10% 时，项目的财务内部收益率已下降到 7.93%，不能满足预期的基准收益率。

③ 地价、售价变动对投资利润率的影响。当地价上升 10% 时，项目的投资利润率将下降至 13.84%，已不能满足预期的投资利润率 15%。当售价下降 5% 时，项目的投资利润率也不能满足预期的投资利润率要求。

从以上分析可以看出，对财务净现值来说，地价获取价格和售价都是敏感因素，相比之下，售价更为敏感。原因在于该宗地地价要一次性缴清，宗地获取价格的变动数值等于全部投资的净现值变动值。

对于财务内部收益率来说，地价比售价更为敏感。对于静态的投资利润率来说，售价是更为敏感的因素。

除了地价和售价对本项目的影响较大外，开发周期和销售率对本项目的影响也值得注意。开发周期拖长，除了导致资金不能及时回收再投入，净现值和内部收益率也会下降，投资回收期将延长外，还会加重资金的使用成本。而销售率低下，意味着投资资金不能快速回收，这样将使整个项目陷入僵局。

（5）概率分析 经计算，E(财务净现值) = 20228.44 万元，风险标准偏差为 9949.10，净现值变异系数为 49.18% < 70%。

计算结果表明，本地块的期望折现净现金收入为 20228.44 万元，处于较高盈利水平，而净现值变异系数为 49.18%，远低于 70%，说明其风险程度在合理的范围之中。

六、项目综合经济评价与建议

1. 项目综合经济评价

上述财务效益评估的结果说明，本宗地作为面向高端客户的豪宅开发用地是有较好投资前景的。但由于地价较高，且要一次性缴纳完毕，故对开发商的融资、高端客户开发、市场运作、房地产大势把握、政策研判等能力要求很高。此外，该地块将以公开竞拍方式获取，市场的炒作、竞拍现场的紧张气氛、竞投者的不同战略导向等都会影响该地块的竞买价格。所以，是否投资该项目不能仅仅依靠对财务指标的分析，还要做充分的风险分析。

2. 有关说明及建议

该报告是在未有投资方具体融资方案的前提下进行测算的，仅反映地块本身的投资收益情况，待确定投资方具体的融资方案后，才能测算出投资方的实际投资收益情况。

为便于计算比较，该报告中的车库全部按销售处理，不考虑租赁经营。同时，财务年度以受让到该宗地的第一个月开始，每 12 个月为一个财务年度。

本报告是基于财务分析的角度来思考问题的，一个项目投资与否，财务指标是很重要的，但却不是唯一起决定作用的。如果公司基于战略方面的考虑，想通过对该地块的竞买与开发来树立公司品牌，那么财务指标在决策中所占权重将会下降，竞买的价格将会跃上一个新的台阶。

宗地价格的评估是建立在对市场的充分调查研究，包括竞争对手的可能竞投策略、目标客户的消费心理、宗地的优劣势分析等基础上来综合进行的。显然，该报告缺乏充分的市场调查支持。

该报告相关测算数据的选取是基于对市场的了解并考虑了房地产市场差异确定的，由于对市场没有深入了解，所以测算结果难免存在偏差。

该报告中的最佳土地开发利用方案设计是基于既往工作经验来考虑的，尚缺少专业上的深度思考，且未踏勘过宗地现场，因此方案设想不一定是最优的。原则上此步应进行多方案的比较、评估及选优。

为保证该地块投资决策的准确性，降低投资风险，建议开发商在开发前期的投资论证过程中，尽可能地让公司项目一线实施人员参与进来，充分听取各方面的意见，集思广益，精益求精。

利率调整对于资金密集的房地产企业来说，影响是巨大的。建议开发商要密切关注国家的信贷政策和利率政策，并做细、做好项目的融资计划。

思考与练习

1. 某工程项目进行施工方案设计时，为了选择、确定刷浆工程的质量、进度和成本，已初选出石灰浆、大白浆、水泥色浆和聚合物水泥浆 4 种浆液类型。根据调查资料和实践经验，已定出各评价要素的权重及方案的评分表（见表 7-21）。试对各方案进行比较。

2. 某厂因生产需要，3 年前花 1800 元买了一台抽水机，年度使用费为 1000 元，估计还能使用 5 年，不计残值。现在该厂又有机会花 2700 购买一台新的抽水机，估计寿命为 5 年，不计残值，年使用费用为 400 元。假如现在购买新抽水机，旧抽水机可以以 200 元售出，基准贴现率为 6%。问企业是否应该淘汰原有抽水机？

表 7-21 各用浆方案评分表

序号	评价要素	权重(%)	方案评分值/分			
			石灰浆	大白浆	水泥色浆	聚合物水泥浆
1	质量	30	75	80	90	100
2	成本	40	100	95	90	85
3	进度	10	100	100	85	90
4	操作进度	5	100	95	90	90
5	技术成熟度	15	100	100	95	95

3. 某种机器,原始费用为 2000 元,第一年的年度使用费用为 1000 元,以后每年增加 200 元,任何时候都不计残值,不计利息,求机器的经济寿命。

4. 有一台机器,原始费用为 2000 元。表 7-22 中列出了机器各年的使用费和各服务年年末的残值。假如 $i_c=10\%$,求这台机器的经济寿命。

表 7-22 机器年使用费和年末残值　　　　　　　　　　　(单位:元)

服务年数	年使用费	年末残值	服务年数	年使用费	年末残值
1	2200	10000	6	7700	5000
2	3300	9000	7	8800	4000
3	4400	8000	8	9900	3000
4	5500	7000	9	11000	2000
5	6600	6000	10	12100	1000

5. 某工程需制作一条 10m 长的钢筋混凝土梁,可采用 3 种设计方案,具体数据见表 7-23。经测算,A、B、C 三种标号混凝土的制作费分别为 220 元/m³、230 元/m³、225 元/m³,梁侧模的摊销费为 24.8 元/m²,钢筋制作、绑扎费用为 3390 元/t。问哪个方案最优?

表 7-23 钢筋混凝土 3 种方案

方案	梁断面尺寸	钢筋混凝土密度/(kg/m³)	混凝土标号
1	300mm×900mm	95	A
2	500mm×600mm	80	B
3	300mm×800mm	105	C

6. F 企业正在进行设备的更新。旧设备是 5 年前用 100000 元安装的,目前残值为 35000 元,以后每年贬值 4000 元。保留使用一年的年使用费用为 65000 元,以后每年增加 3000 元。新设备的安装成本为 130000 元,经济使用寿命为 8 年,8 年末的残值为 10000 元,年度使用费用固定为 49000 元。假如公司的基准贴现率为 15%,问:

1) 旧设备是否马上更换?
2) 如果要更换,何时更换最经济?

本 章 小 结

在工程产品全寿命周期中的不同阶段进行工程造价控制的重点和效果是完全不同的。据有关资料分析,投资决策和初步设计阶段对投资的影响程度为 90% 左右,技术设计阶段对投资的影响程度为75%左右，施工图设计阶段对投资的影响程度在35%左右，而过去人们所看重的施工阶段对投资的影响程度仅为10%左右。很显然，工程造价控制的关键在于施工前的投资决策和设计阶段。工程项目的工艺、流程、方案一经确定，则该项目的工程造价也就基本确定了。因此，在工程项目中，运用工程经济学的理论和方法进行经济分析，是一项很重要而且十分有意义的工作。

工业企业管理篇

第八章 工业企业管理概论

教学目的
- 了解企业的概念和类型，掌握工业企业的含义和特征。
- 掌握企业组织设计的原则和企业组织结构的几种形式。
- 理解企业文化的内涵和特征。
- 掌握战略管理的定义、战略管理层次与战略管理过程。
- 理解SWOT分析方法。
- 了解不同层次的企业战略的制定方法。
- 了解企业战略实施与控制的过程。

学习方法
- 识记和理解基本概念和原理，进行案例讨论。

本章内容要点
- 工业企业的概念和特征。
- 企业组织结构形式。
- 战略管理过程和方法。

第一节 工业企业概述

一、工业企业的概念和特征

1. 工业企业的定义

所谓企业，是指从事生产、流通、服务等经济活动，实行自主经营、自负盈亏、独立核算，依法成立的基本经济组织。工业企业是最早出现的企业，它是指为满足社会需要并获得盈利，从事工业性生产经营活动或工业性劳务活动，自主经营、自负盈亏、独立核算并且有法人资格的经济组织。

2. 工业企业应具有的主要特征和基本属性

（1）工业企业是一种经济组织　这一特征表现了它的经济性和组织性。经济性是指它是经济领域内的一种组织，是国民经济体系中的基层组织和经济细胞，从事的是生产经营性的经济活动，追求的是经济效益。组织性是指它是依法定程序组成的统一体，是经济上的统一体、技术上的统一体、对外关系上的统一体。

必须明确认识工业企业是一种经济组织，它不是政治组织、军事组织、文化组织，也不是什么行政组织。这一点是进行工业企业立法，确立工业企业地位和任务的基本点。但也正是在这一问题上，曾有过严重的偏差和失误。在过去，事实上是把工业企业当作行政组织对待的，而且是作为行政附庸组织对待的。当时工业企业只是行政的附属物，没有自己独立的地位和利益。

（2）工业企业是从事工业商品生产经营活动的经济组织　这一特征表现了它的产品的商品性和工业性。商品性是指现代工业企业都从事商品生产经营活动。它们生产的产品（或所提供的劳务）都是以商品形式出现的，都需要投入市场，将个别劳动转化为社会必要劳动，只有取得社会承认，才能实现自己的使用价值和价值。因此，现代工业企业都是一定的商品生产者、经营者。工业性是指它所生产经营的产品或劳务都具有工业性质，是工业品或工业劳务。工业企业的这些特征、属性也为工业企业设立宗旨和基本任务确立了基础。

（3）工业企业是实行独立核算、自负盈亏的经济组织　这一特征表明了它在经济上的自主性和盈利性。自主性是指工业企业在经济上是独立的，有自己可支配的财产，有自己独立的利益，实行独立核算、自负盈亏。它是经济体制改革的关键问题和基本目标，同时这一特性也使它与事业单位和内部组织等区别开来。

盈利性是指工业企业在自己的生产经营活动中，应不断地创造价值、获取利润、增加积累。从工业企业成立的宗旨和本质看，工业企业不仅要在使用价值上满足社会需要，而且要实现价值的增值，要创造利润。社会主义工业企业也是要讲究经济效益的。

（4）工业企业是能够享受经济权利、承担经济义务的法人　这一特征表明了它在法律上的独立性和法人性。法律上的独立性是指它是法律上的主体，能够独立地享受经济权利、承担经济义务。法人性是指它依法取得企业法人资格，受到国家的承认和保护。

二、工业企业的分类

作为基本经济单位的工业企业有着多种属性与复杂形态。按照不同的划分标准，可将工业企业划分为多种类型。

1. 按工业企业的经济性质分

其中又有多种分法，如按生产过程可分为原料工业企业、加工工业企业、装配工业企业，又如按行业和产品可分为重工企业、轻工企业等。

2. 按工业企业的组织结构形式及其复杂程度分

（1）单一企业（单厂企业）　即一个工厂就是一个企业。它由统一的管理机构和在生产技术工艺上有密切联系的若干车间、工段、班组所组成，全厂统一经营、统一核算、统一对外联系。

（2）联合企业　由两个或两个以上性质相同或生产、劳动、技术、工艺过程密切相关的工厂企业所组成的经济联合体。

因其组织结构的紧密程度和法律主体资格不同，联合企业情况也不尽相同，有的还可能不是法人。现行法律、法规有两种分法：

1）根据1986年颁布的《国务院关于进一步推动横向经济联合若干问题的规定》分为紧密型、半紧密型和松散型三种。

2）1987年施行的《中华人民共和国民法通则》"联营"一节中规定了三种形式：法人式联营、合伙式联营、合同式联营。

3. 按工业企业的生产规模分

按生产规模可将工业企业分为大型工业企业、中型工业企业、小型工业企业。

以什么标准区分大、中、小型工业企业，各国规定不一。我国主要采用生产规模（生产能力）标准，同时参考投资额标准。1988年4月2日，由多部委联合发布的《大中小型工业企业划分标准》，根据劳动力、劳动手段、劳动对象和产品在企业中的集中程度，将工业企业划分为：特大型、大型（大型一档、大型二档）、中型（中型一档、中型二档）、小型。

4. 按企业的生产资料所有制分

在我国按生产资料所有制可将工业企业分为：全民所有制工业企业、集体所有制工业企业（城镇集体所有制工业企业、乡村集体所有制工业企业）、私营企业、外商投资企业（中外合资经营企业、中外合作经营企业、外商独资企业）。

工业企业的类型举例见表8-1。

表8-1 工业企业的类型举例

划分标志	企业类型
行业领域	工业生产企业、商品经营企业、服务型企业
规模大小	大型企业、中型企业、小型企业
组织形式	单厂企业、多厂企业、企业集团
生产要素的结构	劳动密集型企业、技术密集型企业、知识密集型企业
资产所有制形式	全民所有制企业、集体所有制企业、私营企业、混合所有制企业
财产组织形式	个体企业、合伙制企业、公司制企业

第二节 组 织 管 理

一、组织管理的概念

组织是指为了实现既定的目标，按一定规则和程序设置的多层次岗位及其有相应人员隶属关系的权责角色结构。定义包含的特点：有明确的目标；是实现特定目标的工具；有不同层次的分工合作；是一个有机的系统整体。

一般说来，组织通常有静态和动态两个方面的含义。

1. 静态上组织是一个实体

组织是按照管理目标和任务的要求，对管理要素和管理环节进行配置和协调的有机载体。也就是说组织是一个由两个或更多的人在相互影响和相互作用的情况下，为达成共同目标而组合起来的人群结合体。组织就是一个实体，如企业、学校、医院等都是一个组织。静态的组织具有三种共同的特征：具有明确的目的；由两个及以上的人员组成；具有精细的结构。

2. 动态上组织是一系列工作

组织是按照管理目标和任务的要求，对管理要素和管理环节进行配置和协调的活动。也就是说组织是按共同目标的要求，建立组织机构，确定职位，明确职责，交流信息，协调关系，在实现既定目标过程中获得最大效率的组合工作，即组织是一系列工作。

本书中介绍的组织主要是静态组织，动态组织用组织工作或者组织设计来表述。

关于管理的组织职能，如果从比较抽象的概念看，就是把总任务分解成一个个具体任务，然后再把它们合并成单位和部门，同时把权力分别授予每个单位或部门的管理人员，或者说，可以从划分任务、使任务部门化和授权三方面来论述。企业组织管理的具体内容包括以下三个方面：

第一，确定领导体制，设立管理组织机构。什么是体制呢？体制是一种机构设置、职责权限、领导关系、管理方式的结构体系。确定领导体制，设立管理组织机构，其实就是要解决领导权的权力结构问题，它包括权力划分、职责分工以及领导之间的相互关系。当然，在确定领导体制时，形式可以多种多样。

第二，对组织中的全体人员指定职位，明确职责及职责划分，使组织中的每一个人明白自己在组织中处于什么样的位置，需要干什么工作。

第三，设计有效的工作程序，包括工作流程及要求。因为，一个企业的任何事情都应该按照某种程序来进行。这就要求有明确的责任制和良好的操作规程。一个混乱无序的企业组织是无法保证完成企业总目标、总任务的。

二、组织设计的原则

设计、建立合理的组织结构，根据组织外部要素的变化适时地调整组织结构，其目的都是更有效地实现组织目标。进行有效的组织工作应当遵循以下基本原则：

1. 任务、目标一致性原则

任务、目标一致性原则是指组织结构的设计和组织形式的选择必须有利于组织目标的实现。

这一原则还要求在组织设计中要以事为中心，因事设机构、设职等，做到人与事高度配合，避免出现因人设事、因人设职的现象。

2. 分工与协作相结合原则

分工就是按照提高管理专业化程度和工作效率的要求，把组织的目标分成各级、各部门甚至各个人的目标和任务，使组织的各个层次、各个部门以及每个人都了解自己在实现组织目标中应承担的工作职责和职权。有分工就必须有协作，协作包括部门之间的协调和部门内部的协调。

3. 有效管理幅度原则

各级管理人员的精力、知识、经验、能力等都有一定的局限，一个管理者能够有效实行领导的直属下级人数在客观上有一定限度。因此，在进行职权划分时，必须根据不同岗位工作的性质、干部素质、管理层次等合理确定管理幅度，以保证管理工作的有效性。

4. 权责一致原则

权责一致原则是指职权和职责必须相等。在进行组织结构的设计时，既要明确规定每一管理层次和各个部门的职责范围，又要赋予完成其职责所必需的管理权限，这就是权责一致原理的要求。只有职责，没有职权或权限太小，则其职责承担者的积极性、主动性必然会受到束缚，实际上也不可能承担起应有的责任；相反，只有职权而无任何责任，或责任程度小于职权，将会导致滥用权力和"瞎指挥"，产生官僚主义，等等。

5. 统一指挥的原则

统一指挥原则是指组织的各级机构以及个人必须服从一个上级的命令和指挥,只有这样,才能保证命令和指挥的统一,避免多头领导和多头指挥,使组织最高管理部门的决策得以贯彻执行。根据这一原则,上级指示从上到下逐级下达,不许发生越级指挥的现象,下级只接受一个上级的领导,只向一个上级汇报并向其负责。这样,上下级之间就形成了一个"指挥链"。在这个指挥链上,上级既能了解下属情况,下属也容易领会上级意图。因此,按照统一指挥原则去办,指挥和命令如果能组织、安排得当,就可做到政令畅通,提高管理工作的有效性,而那些由"多头领导"和"政出多门"造成的混乱就可避免。

6. 集权与分权相结合原则

为了保证有效的管理,必须实行集权与分权相结合的领导体制。该集中的权力就集中起来,该下放的权力就分给下级,这样才能够加强组织的灵活性和适应性。如果事无巨细,把所有的权力都集中在最高管理层,不仅会使最高管理层淹没于烦琐的事务当中,顾此失彼,而且还会助长官僚主义作风,忽视了组织有关战略性、方向性的大问题。因此,最高管理层必须将与下属所承担的职责相应的职权授予他们,使下属有职、有责、有权,这样就可以使下属充分发挥他们的聪明才干,调动他们的积极性,以保证管理效率的提高,也可以减轻最高管理层的负担,以集中精力抓大事。

7. 执行和监督机构分设原则

监督是管理的重要职能,是实现企业目标的保证条件。企业的监督机构,如质量、安全、环保、财务等机构必须单独设置,以保证监督功能的发挥。

8. 精干高效原则

只有机构精简、队伍精干,工作效率才能提高。精干高效原则是指在服从组织目标所决定的业务活动需要的前提下,力求减少管理层次,精简管理机构和人员,充分发挥组织成员的积极性,提高管理效率。如果组织层次繁多,机构臃肿,人浮于事,则势必导致浪费人力,滋长官僚主义,办事拖拉,效率低下。因此,一个组织是否具备精干高效的特点,是衡量其组织结构是否合理的主要标准之一。

9. 稳定性与适应性相结合的原则

稳定性与适应性相结合的原则是指组织结构及其形式既要有相对的稳定性,不要总是轻易变动,但又必须随组织内、外部条件的变化,根据长远目标做出相应的调整。

10. 均衡性原则

均衡性是指同一级机构、人员之间在工作量、职责、职权等方面应大致平衡,不宜偏多或偏少。苦乐不均、忙闲不均等都会影响工作效率和人员的积极性。

除上述管理原则以外,还有协调管理原则、例外管理原则、有效性原则等。

三、组织结构的形式

1. 直线制组织结构

直线制组织结构是一种最早也是最简单的组织结构形式。直线制组织结构的特点是管理的一切职能基本上完全由行政领导人自己执行,各种职位均按直线排列,一个下属只接受一个上级领导者的指令,如图8-1所示。

直线制组织结构的优点是:结构简单,权力集中,指挥统一,决策迅速,工作效率高,责任明确。

直线制组织结构的缺点是：要求主管负责人通晓多种专业知识及技能，能够亲自处理各种事物。在组织规模扩大、业务复杂、技术要求高的情况下，这种组织结构就不适应了。

因此，直线制组织结构只适用于规模较小、生产技术比较简单的企业。

2. 职能制组织结构

职能制组织结构在组织内除了直线主管外还相应地设立一些职能机构，这些职能机构有权在自己的业务范围内向下级单位下达命令和指示，如图8-2所示。

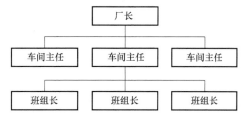

图8-1 直线制组织结构

因此，下级直线主管除了接受上级直线主管的领导外，还要接受上级各级职能机构的领导和指令。

职能制组织结构的优点是：能够适应现代组织结构比较复杂和管理分工精细的特点，能发挥职能机构的专业管理作用，减轻上层主管人员的负担。

职能制组织结构的缺点是：妨碍了组织必要的集中领导和统一指挥，造成多头领导，不利于明确划分直线人员和职能科室的职责权限，容易造成管理混乱。

由于职能制组织结构的明显缺陷，现代企业一般都不采用职能制组织结构。

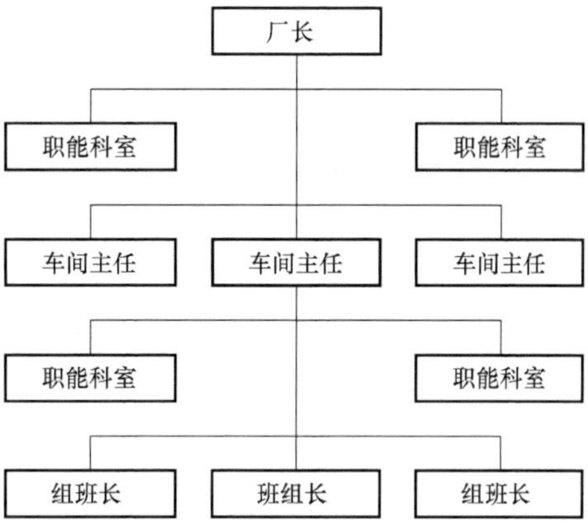

3. 直线—职能制组织结构

直线—职能制组织结构是在"直线制"和"职能制"的基础上，取长补短而建立起来的一种组织结构形式，是目前广泛采用的组织形式。这种组织结构把企业管理机构和人员分成两套系统：一套是按命令统一原则组织的指挥系统，在职权范围内行使决定权和所属下级的指挥权，并对自己部门的工作负全部责任；另一套是按专业化原则组织的智能系统，是直接人员的参谋，只能对下级进行专业指导，不能进行直线指挥和命令。直线—职能制组织结构（见图8-3）在我国企业中采用较多。

图8-2 职能制组织结构

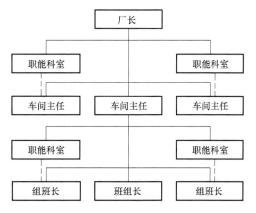

图8-3 直线—职能制组织结构

直线—职能制组织结构的优点是：既保证了企业管理体系的集中统一，又可以在各级行政领导者的领导下，充分发挥各专业管理机构的作用，职责分明，工作效率高，工作秩序井井有条，整个企业有较高的稳定性。

直线—职能制组织结构的缺点是：各职能参谋部门和直线指挥部门之间易产生矛盾，职能部门的许多工作要直接向上层领导报告请示才能处理，导致其主动性和积极性不易发挥，各职能部门之间互通情报少，因此协作和配合性较差，难以从企业内部培养全面型管理人员。

4. 事业部制组织结构

事业部制最早是由美国通用汽车公司总裁斯隆于1924年提出的。它是一种"集中政策、分散经营"的形式，是一种高度集权下的分权管理体制。企业组织按照产品类别、地区或经营部门分别成立若干事业部。事业部门必须具备三个要素：①具有独立的产品和市场，是产品责任或市场责任单位；②只有独立的利益，实行独立核算，是一个利益责任单位；③是一个分权单位，具有足够的权利，能自主经营。也就是说，事业部的经营活动在不违背公司总目标、总方针的前提下独立经营、独立核算、自负盈亏。企业的最高管理层是企业的最高决策管理机构，集中力量来研究和制订公司的总目标、总方针、总计划以及各项政策。事业部制组织结构如图8-4所示。

事业部制组织结构的优点是：有利于总公司最高领导层集中精力搞好经营决策和长远规划，并使各个事业部发挥经营管理的主动性，增强各事业部领导人的责任心；使各事业部组成一个相对独立的经营管理系统，能增强企业的经营灵活性和市场适应性，是培养全面管理型人才特别是高层管理人才的最好组织方式之一。

事业部制组织结构的缺点是：对事业部一级的管理人员水平要求高，每个事业部相当于一个单独的企业，事业部经理要熟悉全面业务和管理知识才能胜任；横向联系差，事业部实行独立核算，各事业部只考虑自身的利益，会影响事业部之间的协作；职能机构重复设置，管理人员相应增加，导致企业各类人员的比例不合理；事业部领导权力下放过大，容易产生本位主义。

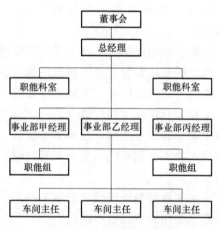

图 8-4 事业部制组织结构

事业部制组织结构一般适用于规模庞大、品种繁多、技术复杂和市场广阔多变的大型企业，较大的联合公司或大型企业集团通常采用这种组织结构。

5. 模拟分权制组织结构

模拟分权制组织结构是一种介于直线—职能制和事业部制之间的组织结构。有许多大企业，比如连续生产的化工企业由于产品品种或生产过程根本无法分解成几个独立的事业部门，然而企业的规模又是如此大，以至于高层管理人员感到采用其他组织形式都无法管理，这时就出现了模拟分权的组织。模拟分权制组织结构如图8-5所示。

所谓模拟，就是模拟事业部制的独立经营、单独核算，而不是真正的事业部，实际分工是一个个"生产单位"。这些生产单位有自己的管理层，享有尽可能大的自主权；有自己的利润指标，这种指标是按整个企业的内部价格确定的，而不是来源于市

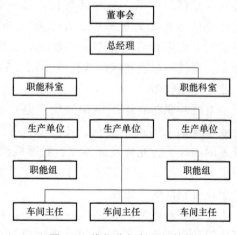

图 8-5 模拟分权制组织结构

场，各个生产单位在生产上具有连续性，一个生产单位出现问题，可能导致其他生产单位的生产中断，很难将它们截然分开。以连续生产的石油化工企业为例，甲生产单位生产出来的"产品"直接就成为乙生产单位的原料，这当中不能停顿。因此，它们都没有自己独立的外部市场，它们之间的经济核算，依据的是企业内部的价值，而不是市场价格。这也是与事业部的差别所在。

模拟分权制组织结构的优点是：调动了生产单位的积极性；解决了企业规模过大不易管理的问题，因为高层管理人员将部分权力分给生产单位，减少了自己的行政事务，从而把精力集中到战略问题上来，使管理更加有效。

模拟分权制组织结构的缺点是：不易为模拟的生产单位明确任务，造成考核上的困难，各生产单位领导人不易了解企业的全貌，在信息沟通和决策方面也存在缺陷。

尽管模拟分权制结构有一定缺陷，但对于大型材料企业（如玻璃、造纸、钢铁、化工等企业）解决组织结构问题是最有效的形式。

6. 矩阵制组织结构

矩阵制又叫目标规划管理，是一种新型的企业管理组织结构。该组织结构是为了完成某一特别任务，由有关职能部门派人参加，力图做到条块结合，协调各部门活动，以保证任务完成。对于参加项目的有关人员，一般要接受两方面的领导，即在执行日常工作任务时，接受本部门的垂直领导；在执行具体规划任务时，接受项目负责人的领导。所以，该组织结构是由纵横两套管理系统组成的：一套是纵向的智能系统，是在职能部门经理领导下的各职能部门或技术科室；另一套是为完成各项任务而组成的横向项目系统，一般是产品、工程项目或服务项目组成的专门项目小组或委员会，并设立项目小组经理，全面负责项目方案的综合工作。矩阵制组织结构如图8-6所示。

矩阵制组织结构的优点是：①加强了管理部门之间的纵向和横向联系，有利于各职能部门之间的配合（即沟通信息、共同决策），提高了工作效率；②把不同部门的专业管理人员组织在一起，有助于激发人们的积极性和创造性，培养和发挥专业人员的工作能力，提高技术水平和管理水平；③把完成某项任务所需的各种专业知识和经验集中起来，加速完成某一特定项目，从而提高管理组织的机动性和灵活性。

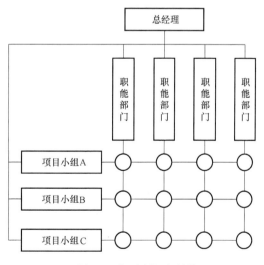

图 8-6 矩阵制组织结构

矩阵制组织结构的缺点是：①由于这种组织结构实行纵向、横向双重领导，如果处理不当，就会由于意见分歧而造成工作中的扯皮现象和矛盾；②组织关系比较复杂，对项目负责人的要求较高；③由于项目完成后，项目小组即告解散，人员仍回到原单位，易产生临时观念，会导致人心不稳。

这种组织结构非常适用于横向协作和攻关项目，企业可用来完成涉及面广、临时性、复杂的重大工程项目或管理改革任务。

第三节　企业文化管理

一、企业文化的概念和内涵

企业文化就是企业在长期的生存和发展过程中形成的，为企业多数成员所共同遵循的经营观念或价值观体系。企业文化的内容包括价值观、企业哲学、管理制度、行为准则、道德规范、文化传统、风俗习惯、典礼仪式以及组织形象等。其中，共同的价值观是形成企业文化的核心。因此，企业文化也可以认为是以企业哲学为主导，以企业价值观为核心，以企业精神为灵魂，以企业道德为准则，以企业形象为形式的系统理论。

企业文化的内涵可以从以下几个方面进一步理解：

1. 企业文化的核心是企业价值观

企业总是要把自己认为最有价值的对象作为本企业追求的最高目标、最高理想或最高宗旨，一旦这种最高目标和基本信念成为统一本企业成员的共同价值观，就会构成企业内部强烈的凝聚力和整合力，成为统领组织成员共同遵守的行动指南。因此，企业价值观制约和支配着企业的宗旨、信念、行为规范和追求的目标，企业价值观是企业文化的核心。

2. 企业文化的中心是以人为主体的人本文化

人是整个企业中最宝贵的资源和财富，也是企业活动的中心和主旋律。因此，企业只有充分重视人的价值，充分调动人的积极性，发挥人的主观能动性，努力提高企业全体成员的社会责任感和使命感，使企业和成员成为真正的命运共同体和利益共同体，才能不断增强企业的内在活力和实现企业的既定目标。

3. 企业文化的管理方式以软性管理为主

企业文化是以一种文化的形式出现的现代管理方式。也就是说，它通过柔性的而非刚性的文化引导，建立起企业内部合作、友爱、奋进的文化心理环境，自动地协调企业成员的心态和行为，并通过对这种文化氛围的心理认同，逐渐地内化企业成员的主体文化，使企业的共同目标转化为成员的自觉行动，使群体产生的协同力比企业的刚性管理制度有着更为强烈的控制力和持久力。

4. 企业文化的重要任务是增强群体凝聚力

企业的成员来自五湖四海，不同的风俗习惯、文化传统、工作态度、行为方式、目的愿望等都会导致成员之间产生摩擦、排斥、对立、冲突乃至对抗，不利于企业目标的顺利实现。企业文化可通过建立共同的价值观和寻找观念共同点，不断强化企业成员之间的合作、信任和团结，使之产生亲近感、信任感和归属感，实现文化的认同和融合，在达成共识的基础上，使企业具有一种巨大的向心力和凝聚力，这样才有利于企业共同行为的齐心协力和整齐划一。

二、企业文化的特征和结构

1. 企业文化的特征

企业文化是在企业长期发展过程中逐步形成和完善的。因为各个企业的历史传统和社会背景不同、所处行业不同、技术设备和生产经营状况不同以及员工素质不同，所以各个企业所形成的企业文化模式也各不相同。企业文化的本质特征可以归纳为以下几点：

（1）时代性　任何企业的运作都是在一定的时空条件下进行的，它脱离不了特定时代、特定地域空间的政治、经济和社会环境的制约。企业文化必须随时代变化而变化，反应所处时代的精神。例如，20世纪50年代我国企业倡导"鞍钢文化"，60年代反映"大庆文化"的风貌，而随着现代市场经济的发展，开放、改革、开拓、进取、竞争等精神逐渐成为现代企业文化的主旋律。

（2）系统性　企业文化是一个由企业内互相联系、互相依赖、互相作用的不同层次、不同部分内容结合而成的有机整体，是由诸多要素构成的系统。每个要素又是一个子系统，如企业精神就是包括企业理想、信念、传统、习惯的系统。企业文化的各种构成要素，以一定的结构形式进行排列组合，各有其相对的独立性，同时又以一个严密有序的结合体出现。

（3）稳定性　企业文化具有相对稳定性的特点。企业文化的形成总与企业的发展相联系，是一个长期渐进的过程。企业一旦形成具有自身特点的企业文化，就会在职工中产生"心理定式"，成为企业所有成员共同遵循的准则，长期对企业的运转和员工行为产生影响，不会因企业领导人的更换或组织制度、经营策略和产品的改变而发生大的变化。

（4）独特性　由于企业性质、条件以及所处环境的不同，因此在企业经营管理发展过程中，必然会形成具有本企业特色的价值观、经营准则、经营作风、道德规范等。每个企业都会具有鲜明的个体性和独特性，即使有些企业对其文化的描述相似或相同，这些企业进行自己的活动时，往往也呈现出极大的差别。

（5）民族性　民族文化是企业文化的根基，企业文化的形成离不开民族文化，任何企业文化都是某一民族文化的微观形式或亚文化形式。企业文化是企业全体员工经过长期的劳动交往而逐渐形成的被全体成员认可的文化，这些成员的心理、感情、行为不可避免地受到民族文化的熏陶，因而在他们身上必然表现出共同的民族心理和精神气质。企业文化虽然有其民族性的一面，但它不应当是一种封闭的文化体系，仅仅成为民族文化的缩影。

2. 企业文化的结构

显性企业文化是指那些以精神的物化产品和精神行为为表现形式的，人通过直观的视听器官能感受到的又符合企业文化实质的内容。隐性内容是企业文化的根本，是最重要的部分，具有文化的特质，直接表现为精神活动，在企业文化中起根本性的决定作用。隐性内容是在企业发展过程逐渐形成的，存在于人们的观念中，通过一定的形式表现出来。

根据企业文化的内涵及特点，可以看出企业文化的大致结构，再综合各种观点，可认为企业文化的结构应包括物质层、行为层、制度层和观念层四个层次，如图8-7所示。其中，物质层、行为层和制度层属于一种显性企业文化，属于人们直接感觉到的内容，包括企业制度、企业行为、企业设施、企业形象和标志等几部分；观念层属于一种隐性文化，它是企业文化的根本，主要包括企业精神、企业哲学、企业价值观、道德规范等，这些内容是企业在长期的生产经营活动中形成的，存在于企业员工的观念中，对企业的生产经营活动产生直接的影响。

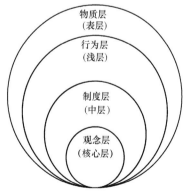

图8-7　企业文化结构示意图

（1）物质层　物质层包含的是企业员工创造的产品和各种物质设施等所构成的器物文化。

它主要包括企业产品结构和外表、款式，企业劳动环境和员工休息娱乐环境，员工的文化设施，以及厂容厂貌等。物质层文化是企业员工的理想、价值观、精神面貌的具体反映。它尽管是企业文化的最外层，但它却集中表现了一个现代企业在社会上的外在形象。因此，它是社会对一个企业总体评价的起点。物质层的载体是指物质文化赖以存在和发挥作用的物化形态。

（2）行为层　企业文化的行为层是指企业员工在生产经营、学习娱乐过程中产生的活动文化，包括企业经营、教育宣传、人际关系的活动、文娱体育活动过程中产生的文化现象。它是企业经营作风、精神面貌、人际关系的动态体现，也折射出企业精神和企业的价值观。根据不同的行为主体，可将企业行为划分为企业家行为和企业员工行为。

（3）制度层　制度层也叫企业制度文化，它在企业文化中居中层，是具有本企业文化特色的各种规章制度、道德规范和职工行为准则的总称。它包括厂规、厂纪以及生产经营中的交往方式、行为准则等，也包括企业内部长期形成的企业风俗，是一种强制性文化。企业制度文化是企业为实现自身目标对员工的行为给予一定限制的文化，具有共性和强有力的行为规范的要求。企业制度文化的规范性是一种来自员工自身以外的带有强制性的约束，它规范着企业的每一个员工。

在企业文化中，企业制度文化是人与物、人与企业运营制度的结合部分，它既是人的意识与观念形成的反映，又由一定的物质形式所构成。同时，企业制度文化的中介性还表现在它是精神与物质的中介。企业制度文化既是适应物质文化的固定形式，又是塑造精神文化的主要机制和载体。正是企业制度文化这种中介的固定、传递功能，使它对企业文化的建设具有重要的作用。

（4）观念层　企业文化的观念层是现代企业文化的核心层，指企业在生产经营中形成的独具本企业特征的意识形态和文化观念。它包括企业精神、企业伦理、企业价值观念、企业目标等。由于精神文化具有企业的本质特点，因此它是在企业多年运营过程中逐步形成的。

企业文化的物质层、制度层、行为层和观念层是密不可分的，它们相互影响、相互作用，共同构成企业文化的完整体系。其中，企业的观念层是最根本的，它决定着企业文化的其他三个方面。因此，研究企业文化的时候，要紧紧抓住观念层的内容，只要抓住了观念层，企业文化的其他内容就顺理成章地揭示出来了。

三、企业形象与企业文化的关系

1. 企业形象的概念

企业形象是社会公众及企业员工对企业的一切活动及其表现的总体印象和整体评价。它包含两方面内容：首先，企业形象的主体是企业，是企业有意或无意地展现在社会公众面前的，包括内部生产经营管理、外部营销服务及社会活动在内的所有活动及其表现；其次，企业形象的接受者是社会公众，它是社会公众对企业的总体印象和评价。社会公众是指影响着企业经营目标实现能力的一般公众和机构公众。其中，一般公众包括企业内部员工、企业所在地居民、企业产品（服务）消费者及潜在消费者、企业相关媒体接受者等；机构公众包括与企业活动相关的政府机构、融资机构、媒体机构、社会团体，以及与企业营销活动紧密联系的其他的企业组织如销售商、供应商等。

2. 企业形象的构成

企业形象由有形要素和无形要素构成。

（1）企业形象的无形要素　企业形象的无形要素包括企业理念、企业制度、企业信誉以及员工素质等方面，是企业文化的重要组成部分，更多地表现为企业内部的、深层的形象。它构成企业形象的灵魂和支柱，对企业的影响是长期的、深刻的。

（2）企业形象的有形要素　企业形象的有形要素包括产品及其包装、生产经营环境、生产经营业绩、社会贡献、员工形象等。

企业形象是企业有形形象和企业无形形象的综合，它们从不同侧面来塑造一个具体、生动、综合的形象。其中，企业无形形象是企业形象内在的、深层次的表现，是企业形象的灵魂和支柱；企业有形形象是企业形象外在的、表层的表现，是企业形象的重要组成部分。

3. 企业文化与企业形象的层次一一对应

从企业形象的构成来看，它的三个层次——理念形象、行为形象、视觉形象，与企业文化的观念层、制度层和行为层、物质层之间存在着一一对应关系。

4. 企业形象不等于企业文化

企业文化的观念层对应企业理念形象，制度层和行为层对应行为形象，物质层对应视觉形象。它们相互之间看起来差不多，那么企业形象是不是企业文化呢？实际上，企业形象绝不等于企业文化。

首先，企业文化是一种客观存在，是人类认识的对象本身，而企业形象则是企业文化在人们头脑中的反映，属于人类的主观意识。如果企业没有已存在的企业文化，就不会有公众心目中的企业形象。因此，企业文化是企业形象的根本前提，企业文化决定企业形象。

其次，由于人类认识过程受到客观条件（如信息传播渠道）和自身认识水平（如知识、经验）的限制，因此公众心目中形成的企业形象并不是企业文化客观、真实、全面的反映，有时甚至还有扭曲的成分。这决定了企业形象与企业文化之间必然存在某些由人类认识造成的差距。当然，随着认识过程的不断深入，两者之间的差距会逐渐缩小。

最后，由于企业出于自身需要，企业文化的有些内容是不会通过传播媒介向外传播的，或者向外传播的仅是一些经过特别加工的信息，这使得企业形象与企业文化在内涵上有差别。例如，可乐的配方是可口可乐公司文化的重要特色，但这显然是不能向外公开的商业秘密。

5. 企业形象是企业文化在传播媒介上的映象

从认识过程来看，客观对象只有转化为可以传播的信息，才能通过媒介被人类认识，这种在媒介上反映出的关于企业文化的全部信息就构成了企业形象。由此可以得到几个重要的判断：

1）如果人的认识水平、所接触的传播媒介完全相同，同一个企业的企业形象在不同的人心目中就应该是完全相同的。

2）企业文化在不同传播媒介上的映象是不同的，即同一个人通过不同传播媒介会得到同一个企业的不同形象。

3）完全相同的企业文化在相同传播媒介上形成的映象——企业形象是完全相同的。当然，现实中不可能有两个企业文化完全相同的企业，但如果它们的企业文化差不多，传播媒介也差不多，则它们的企业形象也就没有什么区别了。

4）有显著差异的企业文化，在相同传播媒介上的映象——企业形象之间也存在显著差异。

第四节 战 略 管 理

一、战略管理的含义

弗雷德·戴维认为战略管理是指通过战略制定、实施和评价使组织能够达到其目标的、跨功能决策的艺术和科学。战略管理应被视为一种管理思想：从战略意义上去管理企业。它强调的是一种战略意识，或者说是战略性思维的运用，是一种分析问题和解决问题的思路。战略管理的思路是一种系统思路，应站在长远和全局的角度去认识企业管理问题，而不是"头痛医头，脚痛医脚"、就事论事的片段式思路。

要正确理解战略管理的概念，就要注意两点：一是战略管理不仅涉及战略的制定和规划，而且也包含着将战略付诸实施的管理，因此战略管理是一个全过程的管理；二是战略管理不是静态的、一次性的管理，而是一种循环的、往复性的动态管理过程，需要根据外部环境的变化和企业内部条件的改变，以及战略执行的反馈信息，不断进行调整。企业战略管理的特征如下：

1) 管理的全局性。
2) 以企业的高层管理人员为主体。
3) 时间的长远性。
4) 企业外部环境影响因素众多。

二、战略的构成要素和层次

1. 战略的构成要素

（1）经营范围　经营范围是指企业从事生产经营活动的领域。它反映了企业与其外部环境相互作用的程度，也反映了企业计划与外部环境发生作用的要求。企业应该根据自己所处的行业、自己的产品和市场来确定自己的经营范围。

（2）资源配置　资源配置是指企业过去和目前对资源和技能进行配置、整合的能力与方式。资源配置能力极大地影响企业战略的实施能力。企业只有注重对异质战略资源的积累，形成不可模仿的自身特殊能力，才能很好地开展生产经营活动。如果企业的资源匮乏或缺乏有效配置，企业对外部机会的反应能力会大大削弱，企业的经营范围也会受到限制。

（3）竞争优势　竞争优势是指企业通过其资源配置模式与经营范围的决策，在市场上所形成的优于其竞争对手的竞争地位。竞争优势既可以来自企业在产品和市场上的地位，也可以来自企业对特殊资源的正确运用。

（4）协同作用　协同作用是指企业从资源配置和经营范围的决策中所能寻求到的各种共同努力的效果。就是说，分力之和大于各分力简单相加的结果。协同作用作为战略要素极具抽象性，在广义的角度上，它可被看作资源配置与整合的规模优势。在企业管理中，协同作用主要表现为四个方面：投资协同作用、作业协同作用、销售协同作用和管理协同作用。

2. 战略的层次

企业的目标是多层次的，它包括企业的总体目标、企业内各个层次的目标以及各经营项目的目标。各层次目标形成一个完整的目标体系。企业的战略不仅要说明企业的整体目标以及实现这些目标的方法，而且要说明企业内每一层次、每一类业务以及每个部门的目标及其实现方法。因此，企业的总部制定总体战略，事业部或经营单位制定经营单位战略，职能部门制定职能战略。一般来说，拥有多个战略业务单位（Strategic Business Unit，SBU）的企业战略至少可以分为三个层次：公司层战略（Corporate-level Strategy）、业务层战略（Business-level Strategy）和职能层战略（Functional-level Strategy）。对于只拥有单个战略业务单位的中小企业，其公司战略和竞争战略是合二为一的。

公司层战略、业务层战略和职能层战略共同构成了企业完整的战略体系，上一层次的战略构成下一层次的战略环境，下一层次的战略又为上一级的战略目标实现提供保障和支持。只有不同层次的战略彼此联系、相互配合，企业的经营目标才能实现。它们之间的相互关系如图8-8所示。值得注意的是，上述三个层次的战略中，只有公司层战略和业务层战略才真正属于战略范畴，而职能层战略是根据上一层战略制订的短期的、执行性的方案或步骤，因此属于战术范畴。

对于跨行业多元化经营的大型企业来说，三个战略层次十分清晰，共同构成了企业的战略体系。三个层次战略的制定与实施过程实际上是各管理层充分协商、密切配合的结果。对于中小型企业而言，它们的战略层次往往不明显。中小型企业往往相当于大型企业的一个战略经营单位，所以竞争战略对它们来说十分重要。如果它们成功了，就面临着一个发展的关口。对于单一经营的大型企业而言，前两个层次的战略往往是合在一起的。

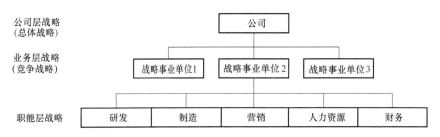

图8-8 战略管理层次的相互关系

三、战略管理的过程

战略管理是一个系统的决策和实施过程，这一过程一般可以分为以下几个步骤：

1. 企业使命和战略目标的确定

企业使命是企业组织存在的目的和理由。确定企业使命是企业开展生产经营活动的前提。创建一个新的企业或对企业的经营业务方向进行重大调整时，都要确定或重新界定企业的使命。它也是制定和实施企业战略的一项基础性工作。

2. 企业战略环境分析

企业战略环境分析主要分析企业的外部环境和内部环境。对于企业来说，企业的外部环境因素属于不可控因素，但可以通过各种方法和途径认识它们，从而获得制定企业战略切实可靠的信息。外部环境分析包括所有可能影响企业行为的现实与潜在的因素，如政治、经济、文化和社会环境等。外部环境分析的目的是在企业外部环境中寻找可能会影响企业使命实现的战略机会和威胁，包括对宏观环境和产业与竞争环境的分析。宏观环境是指那些在广阔的社会环境中影响一个产业或企业的各种因素，如经济、社会、法律等因素。产业与竞争环境则是指企业所处的产业竞争结构，包括企业的竞争地位和主要竞争对手。通过外部环境分析可以帮助企业解答以下一系列问题：如环境正在发生哪些变化？在这些变化中企业的资源优势是什么？这些变化会怎样影响企业目前的地位？尽管外部环境中的变量很多，对企业的影响较为复杂，而且其中的很多因素是企业无法掌控的，但通过环境分析可以帮助企业发现某些机会或威胁。

与外部环境不同，企业内部环境的因素是企业的可控因素，也被称为企业的内部条件。内部环境分析就是认识和评价企业各方面的资源条件及潜力，如企业的人力资源、物力资源、财力资源等。对企业内部资源与能力进行分析是为了帮助企业确定自己在行业中的地位，找到优势和劣势，以便在制定战略时能扬长避短。它包括确定企业资源和能力的数量及质量，利用企业的独特技能和资源，建立或保持竞争优势。与外部环境分析相比，对内部资源和能力的分析更有利于促进企业内部沟通和了解，使管理者和员工能更好地工作。

企业战略环境分析需要运用各种模型对内、外部环境关键因素对企业的影响及其相互关系进行综合分析。这种分析的目的是了解这些关键因素对企业影响的性质以及它们的相对重要性。

常用的战略环境分析工具有：战略环境要素评价模型、行业关键战略要素评价矩阵、SWOT 分析等。这里简单介绍一下 SWOT 分析法。

SWOT 分析法就是对企业外部环境中存在的机会与威胁，以及企业内部的优、劣势进行综合分析，据此对备选的战略方案做出系统的评价，最终选出最佳的竞争战略。具体做法是：根据企业的总体目标和总体战略要求，找出对企业发展有重大影响的内部及外部环境因素，确定标准，进行评价，判断这些环境因素对企业的发展和战略制定分别是优势还是劣势，是机会还是威胁，然后将以上四个方面的要义按其重要程度分别列在一个表格中，处于不同位置的采取不同的策略。

3. 战略方案的制定与选择

在企业战略环境分析的基础上，确定企业长远的发展方向和战略重点，并制定出战略方案，然后对制定的战略方案进行具体的论证，对各个方案在技术上的可行性、经济上的合理性进行综合评价，比较各个方案的优劣，确定出最终的战略方案，付诸实施。

战略制定，就是企业在正确认识外部环境的基础上，正确估计自身的资源转换能力，明确适合本企业实际情况的战略过程。其主要内容包括：确定帮助企业在某一业务领域赢得竞争优势的竞争战略，确定将企业各项业务优化统筹的公司总体战略，以及确定面对全球经济一体化大趋势的全球战略等。

一个企业可供选择的战略方案有很多种，那么在众多的战略方案中企业究竟该选择哪一种战略或战略组合呢？企业的理想战略应当能利用外部市场的机会，并加强企业内部的优势以及对自身弱点加以改进。在战略选择的过程中，企业应借助科学的战略评价方法或工具来达到选择理想战略的目的。战略评价方法很多，这里只介绍常用的增长率—市场占有率矩阵法。

该方法首先由波士顿咨询公司（BCG）提出，也称为 BCG 增长率—市场占有率矩阵法。该方法主张，一个经营单位的相对竞争地位和市场增长率是决定整个经营中每一经营单位应当奉行什么战略的两个基本参数。相对竞争地位以经营单位相对于其主要竞争对手的相对市场占有率来表示，决定了该经营单位获取现金的速度。市场增长率代表着对经营单位市场吸引力的大小，它决定着投资机会的大小。以这两个参数为坐标，可以形成一个具有四象限的网格图（见图 8-9）。

相对竞争地位和市场增长率这两个参数高低的划分界限并不是绝对的，可根据不同的行业需要，采取不同的划分界限。波士顿咨询公司认为，一个企业的所有经营单位都可以列入任一象限中，并依据它所处的地位采取不同的战略。

对金牛类的经营单位，应采取维护现有市场占有率，保持经营单位地位的维护战略，或采取收获战略，获得更多的现金收入。对瘦狗类经营单位，一般采用清算或放弃战略。对幼童类经营单位，一是对其进行

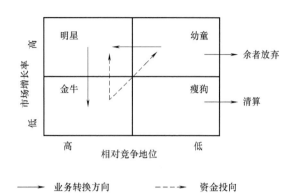

图 8-9 增长率—市场占有率矩阵

必要投资，以扩大市场占有率使其转变为明星类经营单位，当市场增长率降低后，其就转变为金牛类经营单位；如果认为某些幼童类经营单位不可能转变成明星类经营单位，应采取放弃战略。对明星类经营单位，需要对其进行必要投资，维护或改进其有利的竞争地位。

4. 战略的实施和控制

一个企业的战略方案确定后，只有通过具体化的实际行动，才能实现战略及战略目标。为此，要将企业战略规定的目标分解为企业各层次和各方面的战略目标，运用科学的方法和手段，利用合理的资源配置，建立有效的组织结构，分阶段、按步骤地贯彻落实。战略实施就是将战略方案转化为实际行动并取得成果的过程，其主要应考虑三个关键问题：公司治理结构、组织结构、资源配置。

成功的战略实施离不开企业最高领导层的支持和理解。由于战略实施的主体是人，因此对人的管理就格外重要。协调不同部门和人员的活动需要领导者具备良好的激励和领导才能，战略实施的成功与否取决于管理者激励雇员能力的大小。企业的管理者除了需要在物质方面激励员工，还需要建立一种与战略相匹配的组织文化，在组织内部形成一种良好的工作氛围。

为了使实施中的战略达到预期目的，实现既定的战略目标，还必须对战略的实施进行控制，战略控制伴随着战略管理的整个过程。所谓战略控制，就是将战略实施的结果与预期的目标进行比较，发现差异，查明原因，采取措施，予以纠正。同时，由于战略管理过程是一个动态发展的过程，在外部环境与企业内部资源与能力的动态平衡正在发生或将要发生变化时，需要对企业经营范围、核心资源与经营网络等战略内涵重新定义，进行战略变革。通过战略变革，企业可以灵活地适应不断变化的环境，从而保持或提高其在市场竞争中的地位。

思考与练习

1. 商店、饭店、学校、医院中哪些是企业？为什么？
2. 请问组织结构的形式有哪些，分别有哪些优缺点，适用的条件是什么？
3. 如何理解企业文化的内涵？结合日、美企业文化的特点，请你谈谈应如何建设有中国特色的企业文化。
4. 如何理解企业战略？
5. 企业战略具有哪些特征，包括哪几个层次？
6. 战略管理的过程包括哪些主要环节？

7. 讨论某行业五种基本竞争力量。
8. 企业在战略实施的过程中可能会出现一些什么问题？你能想到可能的对策吗？
9. 找出几家国内外著名的公司，从公司层和经营层两个方面分析它们主要采用何种战略。

本 章 小 结

根据工业企业的不同特点，可把企业划分为许多类型。工业企业组织结构有单体型的模式和相应的结构，也有联合体型的模式和结构，各种模式和结构又有不同的特点和要求。通过对工业企业组织模式和结构的研究，有助于建立符合企业管理要求的工业企业。不同组织类型的工业企业，它们的组织关系是有差异的。研究工业企业组织关系，有助于进行工业企业组织的创新，进而获得、创造和积蓄高质量的新知识，不断开发新产品，为企业可持续发展创造条件。

在企业经营管理中，企业文化越来越受到人们重视。企业文化的主要内容包括价值观、企业哲学、管理制度、行为准则、道德规范、文化传统、风俗习惯、典礼仪式以及组织形象等。建设优秀的企业文化是我国企业管理的一项重要任务。

企业战略管理对企业经营活动和各项工作起先导作用，制定和实施战略管理是企业长期生存和发展的基本手段。制定战略管理必须从环境分析开始，通过对战略信息的收集和分析，写出战略环境评价报告，其结论和意见将作为决策的依据。企业战略分为三个层次，即公司层战略、业务层战略和职能层战略。公司层战略是对企业未来发展方向所做的长期性和总体性战略，对企业影响深远；业务层战略则只涉及内部某个方面，范围较小。

第九章 工业企业营销管理

教学目的
- 了解市场营销的作用。
- 掌握市场营销的概念及演变过程。
- 熟悉市场、市场细分与目标市场选择。
- 掌握市场营销策略。

学习方法
- 识记和理解基本概念和原理，进行案例研究。

本章内容要点
- 市场营销的概念。
- 市场的概念。
- 市场细分。
- 市场营销策略。

第一节 市场营销概述

一、市场营销在现代企业中的作用

进入21世纪，企业所处的环境发生了巨大变化，使得市场营销在现代企业中的作用日益重要。这种变化表现在以下五个方面：

1) 经济全球化进程加快，全球市场逐渐形成，竞争加剧。
2) 全球范围内收入水平提高，收入分配不平衡，收入差距扩大。
3) 信息技术飞速发展，知识经济已见端倪，人类正由工业社会向信息社会、服务社会转变。
4) 买方市场逐渐形成，消费者的选择在交易中作用提高。
5) 顾客需要多样化、个性化，需求水平提升，需求层次丰富。

以上这些变化，都对现代企业的生存和发展提出了新的要求。企业需要加强市场营销的职能，改变传统观念，重新组织和调配企业的各种资源，只有这样才能适应环境的变化，实现企业的目标。

二、市场营销的概念及其观念的演变

1. 市场营销的概念

市场营销是指个人或群体通过创造产品和价值并同他人交换产品和价值,以满足其需求和欲望的一种社会管理过程。这一概念可从以下几点来理解:

1)市场营销的主体是人和群体。

2)市场营销的目标是满足个人或群体的需求和欲望。

3)市场营销活动的方式是创造和交换。这反映了市场营销活动是营销者面对竞争把握市场机会、创造市场机会、主动适应市场、顺利实现交换的过程。

4)市场营销的本质是社会管理过程。这个过程从生产之前的市场调研开始到分析市场机会,进行市场细分,选择目标市场,规划实施产品策略、价格策略、分销渠道策略、促销策略,再到销售后开展售后服务。

2. 市场营销观念的演变

市场营销观念是企业在开展市场营销活动的过程中,处理企业、顾客和社会三者利益时所持的态度和指导思想。任何市场营销活动,都是在一定的营销观念指导下进行的。随着社会经济的发展和市场形势的不断变化,支配企业市场营销活动的观念也经历了不断的演变过程,主要有:生产观念、产品观念、推销观念、市场营销观念和社会营销观念等。

(1)生产观念 生产观念是一种最古老的营销管理观念。这种观念认为,消费者喜欢那些可以随处买得到而且价格低廉的产品,企业应致力于提高生产效率和扩大销售范围,增加产量,降低成本以实现销售和盈利目标。以生产观念指导营销管理活动的企业称为生产导向型企业。其典型表现是:"我们生产什么,就销售什么。"生产观念适用于产品供不应求或产品成本太高而必须靠提高生产率来降低成本这两种状况。

(2)产品观念 产品观念认为,消费者喜欢高质量、多功能和有特色的产品,因此企业要致力于生产高价值产品,并不断改进产品,使之日臻完善。企业奉行产品观念,容易导致"市场营销近视症",即看不到消费者需求的变化,以产品之不变应市场之万变,不能顺应消费者需求的变化,最终会导致企业经营挫折和失败。产品观念与生产观念有所不同,前者注意产品的品质与性能,后者注重产品的产量与成本。但这两种观念都属于以生产为中心的经营思想,都没有把市场需求放在首位。

(3)推销观念 推销观念认为,消费者通常表现出一种购买惰性或抗衡心理,因此企业必须大力推销和积极促销,以刺激消费者大量购买本企业的产品。推销观念的典型表现是:"我们卖什么,就让消费者买什么。"在这种观念下,企业十分重视采用广告术与推销术去推销产品。推销观念仍是一种以企业为中心的旧式观念,它并没有从消费者的需要出发来提供商品和服务,因此,企业被动地应对市场。

(4)市场营销观念 市场营销观念认为,企业目标的实现有赖于对目标市场的需要和欲望的正确判断,并能以比竞争对手更有效的方式去满足消费者的需求。因此,企业的一切经营活动都以消费者为中心,具体表现为"消费者需要什么,企业就生产或经营什么","哪里有消费者需求,哪里就有市场营销"。市场营销观念的诞生是企业经营观念上的一个巨大进步。

(5)社会营销观念 20世纪70年代以来,随着环境恶化、资源紧缺、人口爆炸、收入不均等一系列环境和社会问题的出现,产生了社会营销观念。社会营销观念认为,企业应该确定目标市场的需要、欲望和利益，然后再以一种能够维持消费者长远和根本利益以及改善社会福利的方式向顾客提供更多的价值，因此企业在生产经营时，不仅要考虑消费者的短期需要，还要考虑消费者和社会的长远利益。社会营销观念是对市场营销观念的补充与延伸，是符合社会和企业的可持续发展需要的。

三、市场营销管理

市场营销管理是指为了实现企业目标，创造、建立和保持与目标市场之间的互利交换的关系，而对设计方案进行的分析、计划、执行和控制。市场营销管理的实质是需求管理。

1. 市场营销管理的任务

企业通常都有一个预期的目标市场交易水平，即预期的需求水平，而实际需求水平可能低于、等于或高于预期的需求水平。这样就会导致多种不同的需求情况，而企业的市场营销管理必须善于应付这些不同的需求情况。因此，在不同的需求情况下，市场营销管理就有不同的任务。

2. 市场营销管理过程

所谓市场营销管理过程，就是企业识别、分析、选择和发掘市场营销机会，以实现企业的战略任务和目标的管理过程。它包括发现和评价市场营销机会，研究和选择目标市场，设计市场营销组合，管理市场营销活动四个步骤。

（1）发现和评价市场营销机会　市场营销机会就是未满足的需要。在任何经济制度下，在任何市场上，都存在着一些未满足的需要，因而也就存在着市场营销机会。企业可以运用询问调查法、德尔菲法、课题招标法、头脑风暴法，以及通过阅读报刊、参加展销会、召开座谈会、研究竞争者的产品、市场细分化等方法来寻找与识别市场营销机会。但这样客观存在着的市场营销机会还只是"环境机会"，并不等于某一企业的"企业营销机会"。"环境机会"成为"企业营销机会"是有条件的，那就是：它必须与企业的任务与目标相吻合；企业具有利用该机会的资源、经济实力和能力；利用该机会能较好地发挥企业的竞争优势，且使企业获得较大的差别利益。因此，企业的营销人员必须对已发现的环境机会进行分析评估，从中选出最适合本企业的营销机会。

（2）研究和选择目标市场　市场是由多种类型的顾客构成的，这些顾客在需要和欲望、购买动机与购买行为、地理位置及经济收入等方面显然存在着差异。任何企业不管规模多大，技术有多先进，实力有多雄厚，营销管理能力有多强，都不可能满足整个市场所有购买者的所有需求，以及为所有购买者提供服务。因此，企业在寻找、识别和选择了恰当的市场机会之后，还要进一步选择目标市场，包括市场细分、确定目标市场和市场定位。

（3）制定市场营销组合策略　在选择了目标市场和确立市场定位以后，企业需要制定市场营销组合策略。所谓市场营销组合，是企业对自己可控制的各种市场手段优化组合的综合运用，以便更好地实现营销目标。关于市场营销组合理论，最有代表性的是 4P 理论，近年来又出现了 4C 和 4R 理论。

1）4P 理论。4P 即产品（Product）、价格（Price）、分销（Place）、促销（Promotion）。市场营销组合就是这 4 个"P"的适当组合与搭配，它体现着现代市场营销观念中的整体营销思想。

2）4C 理论。随着市场竞争日趋激烈，媒介传播速度越来越快，4P 理论越来越受到挑战。

到 20 世纪 80 年代，美国营销专家针对 4P 理论存在的问题提出了 4C 理论。4C 即消费者的需求（Consumer）、消费者要满足需求所需付出的成本（Cost）、如何使消费者更方便地购得产品（Convenience）、正确有效地与消费者沟通（Communication）。4C 理论是一种彻底的以顾客为导向的营销理论。

（4）管理市场营销活动　管理市场营销活动包括市场营销计划的制订、实施和控制。

市场营销计划是企业整体战略规划在营销领域的具体化，是企业的一种职能计划。切实可行的市场营销计划是在企业的营销部门深入调研的基础上，根据企业的营销目标和营销战略的要求，结合企业本身的有关情况，运用适当的方法而制订的。市场营销计划的制订只是营销工作的开始，更重要的在于市场营销的实施与控制。

市场营销的实施包括五个方面：一是要建立合理的营销组织，使营销组织系统中的各个子系统协调运转；二是企业营销部门与其他部门密切配合，协调一致；三是企业营销部门应该制订更为详细的行动方案，明确应完成的任务、由谁来完成及何时完成；四是要合理地调配人才资源，提高营销工作效率；五是要建立行之有效的管理制度及科学的管理程序，充分调动营销人员的积极性，以有利于圆满地完成企业的市场营销计划。

由于企业内外因素变化的影响，在企业市场营销计划的实施过程中，可能会出现许多预料不到的情况，因此，企业需要运用营销控制系统来保证市场营销目标的实现。营销控制主要包括年度计划控制、赢利率控制和战略控制三种。通过这些控制系统可及时发现计划实施过程中存在的问题或计划本身的问题，诊断产生问题的原因并及时反馈给有关的决策者和管理者，以便采取适当的纠正措施。

第二节　市场细分与市场定位

对大多数消费品而言，企业面对的是一个由人数众多的消费者组成的大市场，这是复杂多变、购买者众多、分布广泛、需求多样的市场。对任何企业而言，它们都受到自身实力和资源的限制，很难去满足所有的市场需求。因此，企业必须对市场进行细分，选择目标市场，制订合适的市场定位以获取最大的利润。市场细分、目标市场选择和市场定位是现代市场营销的重要内容，也是实施各项具体营销策略的基本前提。

一、市场细分

1. 市场细分的概念和作用

市场细分是依据消费者需求和购买行为等方面的明显差异，把某种产品的整体市场划分为不同类型顾客群，即若干同质细分市场或子市场的过程。一个企业不可能在所有的市场上都取得成功，只有识别一部分顾客的详细需求，并集中为这一部分顾客提供优质产品和服务，才能获得顾客满意，保持企业的竞争优势。

市场细分有利于企业分析、发掘新的市场机会，形成新的富有吸引力的目标市场；有利于企业集中使用资源，增强企业市场竞争能力；有利于企业制定和调整市场营销组合策略，实现企业市场营销战略目标；有利于企业集中资源进行针对性营销，提高经济效益。

2. 市场细分的标准

市场细分是建立在市场需求差异性基础上的，因而形成需求差异性的因素就可以作为市场细分的标准或依据。由于市场类型不同，市场细分的标准也有所不同。

（1）消费者市场的细分标准

1）地理细分。这是依据消费者居住的地理位置与自然环境来进行市场细分的，具体变量包括国别、城市、乡村、气候、地形地貌等。之所以将地理因素作为市场细分的标准，是因为处于不同地区的消费者的消费需要和消费行为特征有明显差别。

2）人口细分。这是依据人口统计变量所反映的内容，如年龄、性别、家庭人数、家庭生命周期、收入、职业、文化水平、宗教信仰等因素来细分市场的。人口因素对消费者需求的影响是直接的、明显的。

3）心理细分。这是依据消费者心理因素来细分市场的，即根据消费者的个性、生活方式、购买动机、消费习惯等进行市场细分。

4）行为细分。这是依据消费者购买行为来细分市场的。例如，按照消费者购买或使用某种产品的时机、消费者所追求的利益、使用者情况、使用频率、对品牌的忠实程度等进行市场细分。

（2）组织市场的细分标准　由于组织市场的购买者及其购买目的与消费者市场不同，所以组织市场细分的依据有所区别。

1）用户的行业类别。用户的行业类别包括农业、轻工、食品、纺织、机械、电子、冶金、汽车、建筑等。不同行业的用户，其需求有很大差异，企业应在市场细分的基础上采取不同的营销策略。

2）用户规模。用户规模包括大型、中型、小型企业，或者大用户、小用户等。不同规模的用户，其购买力、购买批量、购买频率、购买行为和方式各不相同。一般来说，大用户的数量小，但购买量大，对企业的销售有着举足轻重的作用，应予以特殊重视，可保持直接的、经常的业务联系；对小用户则相反，数量大但单位购买量较小，企业可以更多地利用中间商进行产品推销工作。

3）用户所处的地理位置。用户所处的地理位置对企业的营销工作，特别是产品的上门推销、运输、仓储等活动有很大的影响。按用户的地理位置细分市场，有助于企业将目标市场选择在用户集中的地区，有利于提高销售量，节省推销费用，节约运输成本。

二、目标市场选择

目标市场的选择就是根据细分市场来确定企业的服务对象。

1. 评价细分市场

企业对细分市场进行评价时，要考虑的因素有：

（1）存在尚未满足的需求　这是选择目标市场时首先要考虑的因素。需求是企业生产经营之本，只有企业选择的目标市场存在着尚未得到满足的需求，才有进入的价值。

（2）有足够的销售量　企业选择的目标市场不仅要有需求，而且要有足够的销售量，也就是说，要有足够的消费者愿意并能够通过交换来满足这种需求。

（3）未被竞争者完全控制，有进入的余地　企业选择的目标市场，应该是没有完全被竞争者控制的市场。一般来说有两种可能性：一是竞争尚不激烈，有进入的余地；二是表面上完全控制，但实际上仍有缝隙可钻。

（4）企业具备进入目标市场的能力　企业选择目标市场时既要考虑外部条件，即目标市场情况，又要考虑企业自身的主观条件，即是否具备足以满足目标市场需求的企业经营资源和市场营销能力等。

2. 选择目标市场

在对细分市场评价的基础上，企业可以有不同的选择目标市场的模式，以决定进入哪些目标市场以及如何进入等。一般有五种基本模式可以选择：

(1) 单一市场集中化　这是最简单的模式，即企业选择一个细分市场。企业对目标市场采用集中化营销策略，可以更清楚地了解目标市场的需求，树立良好的声誉，巩固在目标市场的地位，可以充分利用生产、销售的专业化优势，取得较好的投资收益。但是，高度集中化又会带来较高的市场风险。

(2) 选择性专业化　企业有选择地进入几个细分市场。这些细分市场都能符合企业的目标和资源条件，都具有吸引力，可以为企业带来盈利，且市场之间相互影响较少。这种选择多个分散目标市场、分别专业化的策略可以减少企业的市场和经营风险。

(3) 产品专业化　企业同时向几个细分市场提供一种产品。这种模式可以充分发挥产品生产的专业化优势，可以提高质量、降低成本，从而提高企业的盈利能力。但是，这种策略会受到竞争者对目标市场的挑战，影响企业市场的稳固性。

(4) 市场专业化　企业针对目标市场，提供多种产品，满足顾客的各种需求。其优点是能满足顾客不同层次的需要，提高顾客的满意水平。但是，由于市场比较集中，企业的经营和盈利受市场规模的限制较多。

(5) 全面进入　企业为所有顾客群提供他们所需要的所有产品。只有实力雄厚的大企业才能做到这一点，才适合采取这种策略。

3. 目标市场营销策略

目标市场一旦确定，就需要根据目标市场的需求特点制定相应的市场营销策略。概括起来，目标市场营销策略可分为三个类型。

(1) 无差异市场营销策略　无差异市场营销策略就是企业不考虑细分市场的差异性，把整体市场作为目标市场，对所有的消费者只提供一种产品，采用单一市场营销组合的目标市场营销策略。这种策略的优点是产品的品种、规格、款式简单，有利于标准化与大规模生产，有利于降低生产、存货、运输、研究、促销等成本费用。其主要缺点是单一产品要以同样的方式广泛销售并受到所有购买者的欢迎几乎是不可能的，企业一般不宜长期采用该策略。

(2) 差异性市场营销策略　差异性市场营销策略是在市场细分的基础上，企业以两个以上乃至全部细分市场为目标市场，分别为之设计不同的产品，采取不同的市场营销组合，满足不同消费者需求的目标市场营销策略。这种市场营销策略的优点在于：第一，针对不同的目标市场，制订不同的市场营销方案，这种针对性较强的市场营销活动，能够分别满足不同顾客群的需求，市场营销活动易于收到较好的效果；第二，选择两个以上目标市场，还可以使企业取得连带优势，提高企业的知名度。当然，实行差异性市场营销策略，会使企业的生产成本、管理费用、销售费用等大幅度增加。因此，实施差异性市场营销策略要求所带来的收益超过所增加的成本、费用，并且要求企业具有较为雄厚的财力、物力和人力条件。

(3) 集中性市场营销策略　集中性市场营销策略是指在市场细分的基础上，选择其中一个细分市场作为企业的目标市场，集中力量为该市场开发一种理想的产品，实行高度专业化的生产和销售。这种市场营销策略主要适用于资源力量有限的中小企业。中小企业无力与大企业抗衡，在一些大企业尚未或不愿顾及的小细分市场上全力以赴，往往易于取得成功。这一策略的不足之处是风险较大，一旦目标市场发生变化，会对企业产生很大的甚至是致命的打击。因此，采用这一策略的企业，要密切注意目标市场的动向，提高应变能力。

三、市场定位

1. 市场定位的概念

市场定位是指企业根据消费者对产品或品牌的心理知觉来确定产品或品牌在其心目中的地位并塑造良好形象的活动。市场定位的目的是使目标市场能够识别出企业独特的产品和形象。具体来说，就是企业根据竞争者现在的产品在市场上所处的位置，针对消费者对该种产品某一属性或特征的重视程度，为产品创造、培养一定的特色，并通过一系列营销努力把这种个性或形象强有力地传递给购买者，从而使该产品在消费者心目中确定适当的位置。

2. 市场定位策略

市场定位策略实际是一种竞争策略，即根据产品的特点及消费者对产品的知觉，确定本企业产品与竞争者之间的竞争关系。企业常用的市场定位策略主要有以下三种：

（1）对抗定位　是指与在市场上居支配地位的，即最强的竞争对手对着干的定位方式。这种方式风险较大，但一旦成功就会取得巨大的市场优势，因此对某些实力较强的企业有较大的吸引力。实行对抗定位，一方面要知己知彼，尤其要清醒地估计自己的实力，另一方面还要求市场有较大的容量。例如，百事可乐与可口可乐持续百年的针锋相对的可乐大战。

（2）避强定位　是指避开强有力的竞争对手的市场定位方式。其优点是：能避开与强大竞争对手的直接冲突，并在消费者心目中迅速树立起自己的形象。这种定位方式风险相对较小，成功率较高，常常为很多企业所采用。例如，七喜采用推出非可乐的汽水的市场定位。

（3）重新定位　是指企业变动产品特色，改变目标顾客对其原有的印象，使目标顾客对其产品的新形象有一个重新认识的过程。市场重新定位对于企业适应市场环境、调整市场营销战略是必不可少的。企业产品在市场上的定位即使很恰当，但在出现下列情况时也需考虑重新定位：一是竞争者推出的产品市场定位于本企业产品的附近，侵占了本企业品牌的部分市场，使本企业品牌的市场占有率有所下降；二是消费者的偏好发生了变化，从喜爱本企业某品牌转移到喜爱竞争对手的某品牌。

第三节　市场营销组合策略

市场营销组合策略是指企业通过市场细分，在选定目标市场以后，将可控的产品、价格、分销渠道、促销等因素进行最佳组合，使它们互相协调综合地发挥作用，从而达到企业市场营销的目标。

一、产品策略

产品是企业最重要的市场营销要素，是市场营销组合因素中的核心因素。产品的好坏决定着市场营销活动的内容，也决定着企业的销售额、利益和市场占有率等。

1. 产品的整体概念

现代市场营销学认为，产品是指提供给市场的、用于满足人们欲望和需要的一切物品和劳务。所以，产品是一个整体概念，主要包括五个层次，这五个层次清晰地体现了以顾客为中心的现代营销观念，没有产品整体概念，就不可能真正贯彻现代营销观念。下面介绍这五个层次的内容：

（1）核心产品　核心产品是指向顾客提供的基本效用或利益。例如，人们购买电视机并不是为了得到装有某些电子零部件的物体，而是为了丰富文化生活；人们购买牙膏，并不是为了获得它的某些化学成分，而是为了通过使用牙膏起到洁齿、防蛀的效用。因此，营销人员向顾客销售任何产品，都必须反映顾客核心需求的基本效用或利益。核心产品是产品整体概念中最基本、最主要的部分。

（2）形式产品　形式产品是指产品的基本形式，或核心产品借以实现的形式，或目标市场对某一需求的特定满足形式。形式产品由五个特征构成，即品牌、品质、包装、式样、特征等。营销人员应努力寻求更加完善的外在形式以满足顾客的需要。例如，奔驰轿车就由其著名的品牌、精美造型、高质量、合理结构、乘坐舒适感及其他属性巧妙地构成，从而给予消费者一种作为核心利益的满足感受和高地位象征。

（3）期望产品　期望产品是指购买者在购买该产品时，期望得到的与产品密切相关的一整套属性和条件。比如，旅馆的客人期望得到清洁的床位、洗浴香波、浴巾等服务。

（4）延伸产品　延伸产品是指顾客购买形式产品和期望产品时，附带获得的各种利益的总和，包括产品说明书、保证、安装服务、维修服务、送货服务、技术培训等。国内外许多企业的成功，在一定程度上应归功于它们更好地认识了服务在产品整体概念中所占的重要地位。

（5）潜在产品　潜在产品是指现有产品包括所有附加产品在内的，可能发展成为未来最终产品的潜在状态的产品，指出了现有产品的可能演变趋势和前景，如彩色电视机可发展为电脑终端机等。

2．产品组合的概念及策略

（1）产品组合的相关概念　产品组合是指一个企业生产或经营的全部产品线和产品项目的结合方式，即全部产品的结构。在这里，产品线是指同一产品种类中密切相关的一组产品，又称产品系列或产品类别。所谓密切相关，是指这些产品或者能满足同类需求，或者售于相同的顾客群，或者通过统一的销售渠道出售，或者属于同一价格范畴等。产品项目是指在同一产品线或产品系列下不同型号、规格、款式、质地、颜色的产品。例如，海尔集团生产冰箱、彩电、空调、洗衣机等，这就是产品组合，而其中冰箱或彩电等大类就是产品线，每一大类里包括的具体的型号、规格、颜色的产品，就是产品项目。

产品组合包括四个变数：产品组合的宽度、长度、深度和关联度。产品组合的宽度又称产品组合的广度，是指产品组合中所拥有的产品线的数量。产品组合的长度是指一个企业的产品组合中，产品项目的总数。产品组合的深度是指每一产品线中包括的不同品种、规格的产品项目数量。产品组合的关联度是指各条产品线在最终用途、生产条件、分销渠道或其他方面关联的程度。

产品组合的宽度越大，说明企业的产品线越多；反之，宽度越窄，则产品线越少。同样，产品组合的深度越深，企业产品的规格、品种就越多；反之，深度越浅，则产品的规格、品种就越少。产品组合的深度越浅、宽度越窄，则产品组合的关联度越大；反之，则关联度越小。

（2）产品组合策略　产品组合策略是指企业根据市场状况、自身资源条件和竞争态势对产品组合的宽度、广度、深度和关联度进行不同的组合，主要包括产品项目的增加、调整或剔除，产品线的增加、伸展和淘汰，以及产品线之间关联度的加强和简化等。企业可供选择的产品组合策略有：

1) 扩大产品组合策略。扩大产品组合策略是指扩大产品组合的宽度或深度，增加产品系列或项目，扩大经营范围，生产经营更多的产品以满足市场需要。对生产企业而言，扩大产品组合策略的方式主要有平行式扩展、系列式扩展和综合利用式扩展三种。

2) 缩减产品组合策略。缩减产品组合策略是指降低产品组合的宽度或深度，删除一些产品系列或产品项目，集中力量生产经营一个系列的产品或少数产品项目，提高专业化水平，力图从生产经营较少的产品中获得较多的利润。

3) 产品线延伸策略。产品线延伸策略是指全部或部分地改变原有产品的市场定位，具体有向下延伸、向上延伸和双向延伸3种实现方式。

3. 产品生命周期策略

产品生命周期是指一种产品从进入市场开始，直到最终退出市场为止所经历的全部时间。产品的生命周期是产品的经济寿命，即在市场上销售的时间，而不是使用寿命。产品的使用寿命是指产品的自然寿命，即具体产品实体从开始使用到消耗磨损废弃为止所经历的时间。

产品生命周期一般分为四个阶段：引入期、成长期、成熟期、衰退期。因为产品生命周期各个阶段具有不同的市场特征，所以应当采取不同的营销策略。

(1) 引入期 又称介绍期、试销期，一般指产品从发明、投产到投入市场试销的阶段。这一阶段的主要特征是：生产批量小，试制费用大，制造成本高；由于消费者对产品不熟悉，因此广告促销费较高；产品售价常常偏高；销售量增长缓慢，利润少，甚至发生亏损。对进入引入期的产品，企业总的策略思想是迅速扩大销售量，提高盈利，缩短引入期，尽快进入成长期。主要策略有以下几种：

1) 大量做广告，扩大宣传，重点向消费者宣传介绍产品的性能、用途、质量，使消费者尝试使用新产品。

2) 根据市场具体情况，把促销与定价组合，运用和选择相应的策略：迅速掠取策略，即以高价格和高促销水平推出新产品的策略；缓慢掠取策略，即以高价格和低促销水平推出新产品的策略；迅速渗透策略，即以低价格和高促销水平推出新产品的策略；缓慢渗透策略，即以低价格和低促销水平推出新产品的策略。

(2) 成长期 又称畅销期，指产品通过试销阶段以后，转入成批量生产和扩大市场销售的阶段。其主要特征是：销售量迅速增长；由于大批量生产经营，因此生产成本大幅度下降，利润迅速增长；同类产品、仿制品和代用品开始出现，市场竞争日趋激烈。产品进入该阶段，其销售额和利润都呈现出迅速增长的势头，故企业的策略思想是尽可能延长成长期，并保持旺销的活力。其主要策略有以下几种：

1) 集中企业必要的人财物资源，改进和完善生产工艺，改进产品质量，增加花色品种，扩大产品批量。

2) 进一步细分市场，扩大目标市场。

3) 改变广告宣传目标，由投入期提高知名度为中心转为树立企业和产品形象，为产品争创名牌。

4) 增加新的分销渠道或加强分销渠道。

(3) 成熟期 又称饱和期，指产品在市场上销售已经达到饱和状态的阶段。其主要特征有：销售额虽然仍在增长，但速度趋于缓慢；市场需求趋向饱和，销售量和利润达到最高点，后期两者增长缓慢，甚至趋于零增长或负增长；竞争最为激烈。产品进入该阶段，销售额和利润出现最高点。由于生产能力过剩，市场竞争加剧，因此销售增长速度缓慢甚至出现下降趋势。此时，企业的策略思想应是尽量延长生命周期，使已处于停滞状态的销售增长率和利润率重新得以回升。其主要策略有以下几种。

1）市场改革策略，即开发新的目标市场，寻求新顾客。

2）产品改革策略，即通过对产品自身做某种改进，来满足消费者的不同需要，从而为消费者寻求新用途，使销量得以回升。

3）市场营销组合改革策略，即对产品、定价、分销渠道和促销这四个因素加以改革，以刺激销售额的回升。

（4）衰退期　又称滞销期，指产品不能适应市场需求，逐步被市场淘汰或更新换代的阶段。其主要特点是：产品需求量、销售量和利润迅速下降；新产品进入市场，竞争突出表现为价格竞争，且价格压到极低的水平。在产品进入这一阶段后，企业可采取的营销策略有以下几种：

1）维持策略，即仍用过去的策略，争取后期消费者购买，维持市场销售，直到这种产品完全退出市场为止。

2）集中策略，即把企业能力和资源集中在最有利的细分市场和分销渠道上，从而为企业创造更多的利润，同时也有利于缩短产品退出市场的时间。

3）收缩策略，即大幅度降低促销水平，尽量降低促销费用，以维持目前的利润。虽然这样可能会加速产品在市场上的衰退，但还可从忠实顾客中得到一定的利润。

4）放弃策略，即对于衰退较快的产品，当机立断，放弃经营。

4. 品牌策略

品牌是用以识别某个销售者或某群销售者的产品或服务，并使之与竞争对手的产品或服务区别开来的商业名称及其标志，通常由文字、标记、符号、图案和颜色等要素或这些要素的组合构成。它包括品牌名称和品牌标志两部分。品牌名称是指品牌中可以用语言称呼的部分；品牌标志是指品牌中可以被认出、易于记忆但不能用语言称呼的部分。做活、做大、做强品牌是一系列品牌策略组成的品牌运营过程，包括品牌定位、品牌设计、品牌传播、品牌组合、品牌更新、品牌扩展、品牌保护、品牌管理等方面。

（1）品牌设计　商品为了吸引顾客去认知，需要取个动听、别致的名字。在品牌设计过程中，需要注意几个基本原则：简洁醒目，易读易记；构思巧妙，暗示属性；富蕴内含，情意浓重；避免雷同，超越时空。

（2）品牌组合　品牌组合是品牌运营中的重要策略，包括：

1）品牌归属策略。确定产品应该有品牌以后，就会涉及如何抉择品牌归属的问题。企业可以选择三种策略：一是使用属于自己的品牌；二是使用他人品牌；三是对部分产品使用自己的品牌，而对另一部分产品使用中间商品牌或其他生产者品牌。

2）品牌统分策略。品牌无论归属于生产者还是中间商，都必须考虑对所有的产品如何进行命名。企业通常有3种可供选择的策略：一是统一品牌，就是企业所有的产品都统一使用一个品牌；二是个别品牌与多品牌，个别品牌是企业对各种不同的产品分别使用不同的品牌，多品牌是企业同时为一种产品设计两种或两种以上相互竞争的品牌；三是分类品牌，是指企业在分类的基础上对各类产品使用不同的品牌。

3）复合品牌策略。复合品牌策略是指对同一种产品赋予两个或两个以上品牌的做法，一般可以分为主副品牌策略和品牌联合策略两种。

（3）品牌更新　品牌更新作为全部或部分调整，或改变品牌原有品牌形象使品牌具有新形象的过程，实际上是对品牌重新定位、重新设计、塑造品牌新形象的过程。一个品牌能否久远，不仅取决于最初的品牌定位和品牌设计，而且取决于品牌的阶段性调整。品牌重新定位的目的是使现有产品具有与竞争者产品不同的特点，诱发消费需求，以增强品牌竞争力。企业在进行品牌重新定位时，要综合考虑再定位成本和再定位收入两方面的影响。

（4）品牌扩展　品牌扩展是指企业利用其成功品牌的声誉来推出改良产品或新产品的过程。自20世纪80年代以来，品牌扩展受到西方企业的特别厚爱，许多企业都把品牌扩展看作是一种有效的营销手段。品牌扩展有利于降低新产品的市场导入费用，可以使新产品借助成功品牌的市场信誉在节省促销费用的情况下顺利进占市场。原品牌的良好声誉和影响可以对扩展产品产生波及效应，从而有助于消费者对扩展产品产生好感。值得注意的是，品牌扩展是一把双刃剑，若利用已成功的品牌开发并投放市场的新产品不尽如人意，消费者不认可，则会影响该品牌的市场信誉，甚至会降低原有品牌的市场竞争力。

（5）品牌保护　品牌是一种无形资产，如果不能很好地保护，就会使其资产流失，降低品牌资产的增值能力，严重者还会使品牌资产荡然无存。因此，有效地对品牌进行保护是品牌运营的重要保障。品牌保护方式主要有：注册商标、申请认定驰名商标、注册互联网域名和打假等。

（6）品牌管理　品牌管理的实质就是品牌资产管理。品牌管理水平的高低直接关系到品牌资产投资和利用效果的好坏。一般而言，企业品牌管理的主要任务包括监控品牌运营状况，设计或参与设计品牌，申请注册商标，管理品牌或商标档案，管理商标标签的印制、领用与销毁，处理品牌纠纷，维护商标权，协助打假，品牌全员管理教育等。从现阶段看，全球企业品牌管理的组织形式主要有职能管理制和品牌经理制两种。

5. 包装策略

包装是指对某一品牌商品设计并制作容器或包扎物的一系列活动。包装是产品生产过程在流通领域的延续，产品通过包装可以实现其价值和使用价值。产品包装按其在流通过程中作用的不同，可以分为运输包装和销售包装两种。包装作为商品的重要组成部分，其营销作用主要表现为：保护商品、便于储运、促进销售、增加盈利。可供企业选择的包装策略主要有类似包装策略、等级包装策略、分类包装策略、配套包装策略、再使用包装策略、附赠品包装策略和更新包装策略。

二、定价策略

价格是企业促进销售、获取效益的关键因素之一。定价会直接影响产品或劳务的销售，是竞争的主要手段，关系到企业营销目标的实现。

1. 影响定价的因素

企业进行价格决策时，首先要对影响定价的因素进行分析。影响定价的因素是多方面的，包括产品成本、市场需求、竞争状况、消费心理、政策法规等。

（1）产品成本　产品的最低价格取决于该产品的成本费用，企业定价时必须估算成本。

（2）市场需求　产品成本是影响企业定价的最重要的内部因素，它决定着产品价格的最低临界点；市场需求是影响企业定价的最重要的外部因素，它决定着产品价格的最高临界点。市场需求主要包括供求关系和需求弹性。

（3）竞争状况　竞争对手的数量和竞争的强度对企业确定合适的价格有着重要的影响。竞争越激烈，对价格的影响就越大，企业必须采取适当方式，了解竞争对手的价格和产品质量。

（4）顾客心理　企业定价必须考虑顾客的心理因素，定出顾客愿意接受的价格。

（5）政策法规　由于价格是关系到国家、企业和个人三者之间物质利益的大事，牵涉到各行各业和千家万户，与人们的物质生活息息相关，因此国家在遵循价值规律的基础上，往往还通过制定物价工作方针和各项政策、法规，对价格进行管理，或利用税收、金融、海关等手段间接控制价格。因此，国家有关的政策、法规对产品价格的形成也有着重要的影响。

2. 定价方法

企业的定价方法很多，这里从定价的依据出发，把定价方法分为成本导向定价法、需求导向定价法、竞争导向定价法三种基本类型。

（1）成本导向定价法　成本导向定价法是以产品成本为主要定价依据的方法。这种方法比较简单，应用范围比较广。在具体运用中，成本导向定价法包括成本加成定价法、目标利润定价法和盈亏平衡定价法三种。

1）成本加成定价法。成本加成定价法又称完全成本定价法，即在单位产品成本上附加一定比例的利润作为单位产品价格。其计算公式为

$$单位产品价格 = 单位产品成本 \times (1 + 成本加成率) \tag{9-1}$$

这种定价方法计算简单，简便易行，缺点是没有考虑到不同价格与需求量的变动情况，忽略了市场需求及竞争等因素，缺乏灵活性，对市场竞争的适应能力较差。

2）目标利润定价法。目标利润定价法也称投资收益定价法，即根据企业的总成本和预计销售量，将按照投资收益率确定的目标利润额作为定价基础的一种方法。其计算公式为

$$单位产品价格 = (总成本 + 投资额 \times 投资收益率)/预计销售量$$

$$= 单位产品成本 + 投资额 \times 投资收益率/预计销售量 \tag{9-2}$$

这种定价方法只有在总成本和预计销售量都比较准确的情况下，所定的价格才能保证企业达到预期的投资收益率。

3）盈亏平衡定价法。盈亏平衡定价法即以企业总成本与总收入保持平衡为依据进行定价的一种方法。其计算公式为

$$价格 = 总成本/盈亏平衡点产量 \tag{9-3}$$

这种定价方法比较简单，单位产品的平均成本就是其价格。在市场不景气的情况下，这种方法比较适用，因为保本经营比停业的损失要小，而且企业有较灵活的回旋余地。

（2）需求导向定价法　这种方法是以顾客需求和可能接受的价格为定价依据的定价方法。主要有以下两种：

1）认知价值定价法，又称理解价值定价法，即企业根据顾客对产品的认知价值来定价。企业必须进行市场调查和研究，准确地把握市场的认知价值，并以此为依据确定产品的价格。

2）差别定价法，指企业根据顾客的购买能力、对产品的需求状况、产品的型号及式样、购买时间和地点的不同，对同一产品定出不同的价格，包括地点差价、时间有效期价、款式差

价、顾客差价等。

（3）竞争导向定价法　竞争导向定价法就是以市场上主要对手的同类产品的价格为定价依据的一种定价方法，包括随行就市定价法、投标定价法等。

3. 定价策略

前述定价方法是依据成本、需求和竞争等因素决定产品价格的方法。根据这些方法确定的产品价格是产品的基本价格，企业还需要根据不同市场情况、产品条件和自身状况对基本价格进行适当调整或修正，形成产品最佳价格。这就需要运用适当的定价策略。

（1）新产品定价策略

1）撇脂定价。撇脂定价是指在新产品投放市场之际即产品生命周期的最初阶段，针对一些消费者追求时髦、猎奇的求新心理，把价格定得很高，以尽快取得最大利润，犹如从鲜奶中撇取奶油。

2）渗透定价。渗透定价是指企业对其新产品定出相对较低的价格，以吸引大量顾客，提高市场占有率。

3）合理定价。合理定价是指介于撇脂定价和渗透定价之间的新产品定价，是一种居中价格策略。具体来讲，就是当企业新产品刚投放市场时，企业所定价格使企业利润很少，或者有少量的亏本，待市场销路打开后，很快就能转亏为盈。

（2）心理定价策略　心理定价策略是指根据顾客的心理需求特征，定出适合顾客心理需求的价格，以激发顾客的购买动机，引发顾客的购买行为。常见的有以下几种形式：

1）尾数价格。尾数价格又称零头价格，是指企业在定价时以零头结尾，而不以整数结尾，这样给人以优惠便宜的感觉。

2）整数价格。整数价格是指企业定价时只取整数，而不要零头，这样有利于提高产品的身价，树立高档名牌形象。

3）声望价格。声望价格又称声誉价格或威望价格，是指企业对有较高声誉的名牌高档商品及在名店销售的产品，定出较高的价格，以满足顾客崇尚名牌的心理。

4）招徕价格。招徕价格是指对少数几种商品定出特别低的价格，或采取由顾客自定价格等其他特殊的定价方法，以招徕顾客。

（3）折扣定价　折扣定价是指企业以折扣折让形式，降低产品价格，以刺激顾客大量购买、长期购买、及时付款。该策略主要有以下几种形式：

1）现金折扣。现金折扣是企业对及时付清货款的顾客的一种价格折扣。其目的是鼓励顾客提前付款，以加快企业资金周转，减少坏账损失，减少资金占用量。在实际工作中，现金折扣往往表达为"$2/10, N/30$"，意思是：10天内付款给予2%的折扣，10~30天内付款，折扣率为零，即全额付款。

2）数量折扣。数量折扣是指企业按顾客购买的数量，分别给予不同的折扣，其目的是鼓励顾客大量购买。在实际运用中，数量折扣可分为累计折扣与非累计折扣两种。

3）交易折扣。交易折扣又称功能折扣或业务折扣，是指根据中间商在市场营销中的不同功能及努力，给予不同的折扣。例如，给予批发商的折扣要大于零售商的折扣，以鼓励和刺激批发商大量进货，积极开展转售业务。

4）季节折扣。季节折扣是指对购买淡季商品的顾客给予折扣，以鼓励顾客提前购买，使企业的生产和销售在一年四季保持相对稳定，同时减少仓储费用，加速资金周转。

5）价格折让。价格折让是减价的另一种形式，主要有促销折让和抵换折让。前者是给各类中间商减价，补偿他们的促销宣传费用，以鼓励他们积极开展销售推广活动。后者是在顾客购买一件新商品时，允许交换同类商品的旧货，在新货价格上给予折让。

（4）地理定价　地理定价也称为地区定价，是指企业根据产销地的远近、交货时间的长短和运杂费用的分担进行定价的策略。这一定价策略主要有以下几种形式：

1）产地交货价格。产地交货价格是指卖方按照厂价交货或按产地某种运输工具交货的价格。

2）买主所在地价格。买主所在地价格则指企业负责将产品运到买主所在地，并承担运输费和保险费等费用。

3）统一交货价格。统一交货价格是指企业对于卖给不同地区的顾客的某种产品都按照相同厂价（产地价格）加相同的运费（按平均运费）进行定价。

4）区域定价。区域定价是指把产品的销售市场分成几个价格区域，对于不同价格区域的顾客定出不同的价格，实行地区价格。

5）基点定价。基点定价是指企业选定某些城市作为基点，然后按一定的厂价加基点（最靠近顾客所在地的基点）至顾客所在地的运费来定价，而不管货物是从哪个城市起运的。

6）运费免收定价。运费免收定价是指企业替买主负责全部或部分运费，企业采用运费免收价，一般是为了与购买者加强联系或开拓市场，通过扩大销量来抵补运费开支。

三、分销渠道策略

大部分制造商不是将自己的产品直接销售给顾客，而是由众多的、执行不同职能的、具有不同名称的营销中介将产品转移到消费者手中，这些营销中介就形成了一条条分销渠道。建立一个有效的分销渠道网络，是企业在激烈的市场竞争中脱颖而出，并持续、稳定发展的关键因素之一。

1. 分销渠道的类型

分销渠道是指在某种货物和劳务从生产者向消费者转移时，取得这种货物和劳务的所有权或帮助转移其所有权的所有企业和个人。它由位于起点的制造商和位于终点的用户（包括产业市场的用户），以及位于两者之间的中间商组成。根据中间商数量的多少，可以将渠道分为不同的层次：零层渠道是没有中间商的渠道；一层渠道是有一个中间商的渠道；两层渠道包括两个中介机构，如一个批发商和一个零售商。

2. 分销渠道的选择与管理

（1）影响分销渠道选择的因素　分销渠道的选择是一项繁杂的工作，制造商在选择时，通常要考虑以下因素：

1）目标市场因素。目标市场是企业设计分销渠道时首先应考虑的因素，也是影响分销渠道选择的最重要的因素之一。目标市场规模大且分布分散，宜采用长渠道；市场规模大且分布集中，宜使用直接分销的短渠道；目标市场用户购买量大，购买频率低，可采取直接销售渠道；目标市场用户每次购买量小，购买频率高，宜采用长渠道。此外，目标市场类型不同，所选择的分销渠道类型也随之不同。

2）产品因素。不同产品特性影响分销渠道的选择。易腐、易损性产品，为了避免长渠道的流通时间过长和多次反复搬运装卸所造成的损失，宜选择直接分销；产品体积大，搬运不便，应尽量减少搬运的次数，宜选择短渠道；产品标准化程度低，常选择直接分销；标准化程度高，宜采用中间商；产品技术含量高，产品单位价值高，宜选择短渠道。另外，产品所处的生命周期不同，选择的销售渠道也不同。

3）企业因素。企业因素是选择分销渠道的立足点。企业规模大、实力雄厚、管理能力强，宜选择较短渠道，甚至直销；企业产品组合宽度、深度较大，宜采用短渠道。

4）中间商因素。不同类型的中间商在执行分销任务时各自有其优势和劣势，因此选择分销渠道时须充分考虑不同中间商的特征。例如，选择经销商，回收货款快；选择代销商，产品可以以较低价格出售。

5）环境因素。经济、技术、法律环境等营销环境的变化，都会影响对分销渠道的选择。当经济萧条时，制造商为了尽量减少流通环节、降低售价，会采取较短渠道；技术的革新，如信息技术的发展产生了网上超市，保鲜技术的发展延长了易腐产品的销售渠道。此外，渠道的选择还会受到若干法律规范的限制，如专卖制度、反垄断法、税法等。因此，制造商在选择渠道时应注意相关的法律规定，避免与之冲突。

（2）分销渠道的选择方案　分销渠道的选择包括三个方面的决策：确定渠道的长度、确定渠道的宽度、确定渠道成员的权利和责任。

1）确定渠道的长度。制造商根据影响渠道选择的因素、渠道目标，决定采取哪种类型的分销渠道，以及是长渠道还是短渠道。现实中，很多企业并不乐于采用自己的销售分支结构，而宁愿选择中间商来分销。这是因为较长的分销渠道或不同类型的中间商，可以优势互补，更好地满足目标市场消费者的需求，有效地提高营销绩效。

2）确定渠道的宽度。确定渠道的宽度即确定每个渠道层次使用多少中间商，有密集性分销、独家分销和选择性分销三种策略。

3）渠道成员的权利和责任。制造商在决定使用间接渠道时，必须同渠道成员在价格政策、销售条件、区域权利以及双方履行义务等方面达成共识。

（3）分销渠道的管理　渠道方案一旦确定，企业还必须要对渠道进行有效的管理，这样才能更好地发挥渠道的效用。

1）渠道成员的选择。渠道成员的选择影响到企业分销效率与分销成本，也影响到企业在消费者和用户心目中的品牌形象与产品定位。渠道成员的选择一般要体现实力优先、业务对路、形象吻合和文化认同的原则。

2）渠道成员的激励。渠道成员一经选定，为了使他们有良好的表现，应建立一套相对完善的激励机制以求得整体利益最大化。

3）对渠道成员的绩效评估。对渠道成员进行绩效评估是为了及时了解中间商的履约情况，肯定并鼓励先进、努力的中间商，鞭策落后的中间商。通过检查，发现问题，分析原因并采取相应的改进措施。对渠道成员的绩效评估标准有：销售额和销售增长率、平均存货水平、交货速度、对损坏与遗失货品的处理、对顾客服务的表现、对厂商促销和训练方案的合作程度等。

四、促销策略

现代市场营销不仅要求企业开发适销对路的产品，定出有吸引力的价格，通过合适的渠道使目标顾客易于得到他们所需要的产品，而且还要求企业树立其在市场上的形象，加强企业与社会公众的信息交流和沟通工作,即进行促销活动。现代企业促销的手段与方式日新月异,由于各种手段和方式各有不同特点,因此需要在实际促销活动中组合运用,各种不同的促销方式编配组合即形成了不同的促销策略。

1. 促销的概念

促销是促进产品销售的简称,是指企业以各种有效的方式向目标市场传递有关信息,以启发、推动或创造消费者对企业产品和劳务的需求,并引起消费者的购买欲望和购买行为的一系列综合性活动。促销的本质是企业同目标市场之间的信息沟通。

2. 促销的基本方式及其组合

促销的基本方式有人员推销、广告、公共关系及销售促进四种。企业根据促销的需要,对各种促销方式进行适当的选择和综合编配,称为促销组合。

(1) 人员推销 人员推销是企业通过推销人员直接向顾客推销商品和劳务的一种促销活动。在人员推销活动中,推销人员、推销对象和推销品是三个基本要素。通过推销人员与推销对象之间的接触、洽谈,让推销对象购买推销品,达成交易,实现既销售产品,又满足顾客需求的目的。

人员推销与非人员推销相比,既有优点又有缺点。优点是:信息传递双向性;推销目的的双重性;推销过程灵活性;友谊协作长期性。缺点是:支出较大,成本较高;对推销人员的要求较高。

一般来说,人员推销有三种基本形式:

1) 上门推销:由推销人员携带产品的样品、说明书和订单等走访顾客,推销产品。

2) 柜台推销:企业在适当地点设置固定的门市,由营业员接待进入门市的顾客,推销产品。

3) 会议推销:利用各种会议向与会人员宣传和介绍产品,开展推销活动。

(2) 广告 广告是广告主以促进销售为目的,付出一定的费用,通过特定的媒体传播商品或劳务等有关经济信息的大众传播活动。广告是一门带有浓郁商业性的综合艺术。广告是一种十分有效的信息传递方式。进行广告投放决策主要涉及五个方面:广告的目标、广告的费用、广告的信息决策、广告的媒体决策以及广告的效果评价。

1) 广告的目标。广告的目标有提供信息、说服购买和提醒使用三种。信息性广告主要用于产品的市场开拓阶段,目标是建立初步的需求。说服性广告主要用来强化与竞争对手产品的差别,培养顾客对品牌的偏好。提醒性广告主要应用于成熟产品,目的是提醒消费者购买自己的产品。

2) 广告的费用。广告可以提高市场对产品的需求,增加销售,但同时广告也带来了销售费用的增加。广告费用多大效果最好,需要做出决策。确定广告费用时应该考虑以下几个方面:产品的寿命周期阶段、市场份额、消费者基础、竞争和干扰情况、广告的频率、产品替代性和市场特征。新产品的广告费用较大,已经有一定知名度的品牌的广告费用相对要少。市场份额较高的产品,单位广告费用较低。广告费用还取决于竞争对手的情况,竞争者投入的广告费用多、干扰大,则企业的广告费用也要增加,否则难以达到效果。广告频率越大费用越高。产品的替代性越大,为了和其他产品区分,所需的费用也就越大。

3) 广告的信息决策。广告要传递信息,只有引起目标受众的注意,才能达到沟通目标。广告信息决策涉及信息制作、信息评估与选择和信息表达。

4）广告的媒体决策。广告的媒体决策包括广告所期望的送达率、频率和效果，选择主要的媒体种类，选择特定的媒体载体，决定媒体的使用及地域分配。主要的媒体种类有报纸、电视、广播、邮件、杂志和户外广告。媒体载体是媒体种类里面具体的媒体。不同的媒体种类和载体在效率和效果方面都有差异。企业应该根据广告的目标、预算、信息等因素来选择合适的媒体。

5）广告的效果评价。广告效果是广告的最终目的，也是评价广告成功与失败的最终标准。广告的效果评价主要有两个方面：一是广告的沟通效果，二是广告的销售效果。可以通过市场调查技术来评价广告的沟通效果；广告的销售效果较难评价，可以通过分析历史资料和实验数据来做出大致的估计。

（3）公共关系　企业在生产经营过程中，会与各个方面发生一定的联系，如消费者、供应商、政府、中间商、股东、金融机构、其他组织等。这些组织构成了企业的社会公众，它们对企业实现自己的目标有现实或潜在的影响，这些影响可能是积极的，也可能是消极的。因此，企业需要处理好与社会公众的关系，树立企业在社会公众中的良好形象。现代企业一般都设有专门的公共关系部门，负责处理公关事务。公共关系已经成为市场营销促销中的一种重要工具，发挥着重要作用。

公共关系决策过程包括确定公共关系的目标、选择公关信息和工具、实施公关计划、对公关活动的结果进行评价等环节。

（4）销售促进　销售促进也叫营业推广，是运用多种激励工具，刺激消费者更多、更快地购买某种产品或服务，如有奖销售、赠优惠券、减价、免费试用等。近十几年，销售促进得到了较快发展，用于销售促进经费的增长快于广告预算的增长。销售促进的主要决策如下：

1）确定促销目标。针对消费者的促销目标有：鼓励大量购买，争取未使用者使用，从竞争者手中争取顾客。针对零售商的促销目标有：鼓励经营新产品，保持较高的存货水平、竞争性促销以及建立零售商的品牌忠诚度等。

2）选择促销工具。对于各种不同的促销工具，应根据市场类型、促销目标、竞争条件和成本效益因素来选择。

3）制订促销方案。促销方案包括以下内容：刺激规模、参加者的条件、促销持续的时间、促销措施的分配途径、确定促销时机以及促销总预算。

3. 影响促销组合的因素

（1）产品类型　顾客对于不同类型的产品具有不同的购买动机和购买行为，因此就必须采用不同的促销组合策略。一般来说，由于消费品的顾客多、分布广、购买频率高，因此，消费品的促销主要依靠广告，然后是营业推广、宣传和人员推销；工业产品的每次订货量相对较大，买主注重的是产品的技术、性能、售后服务、购买手续的复杂程度等，所以对他们的促销应以人员促销为主，其次才是营业推广和公共关系。

（2）市场特点　企业目标市场的不同特征也影响着不同促销方式的效果。在地域广阔、分散的市场，广告有着重要的作用。如果目标市场窄而集中，则可使用更有效的人员推销方式。此外，目标市场的其他特性，如消费者的收入水平、风俗习惯、受教育程度等，也都会对各种促销方式产生不同的影响。

（3）促销预算　促销预算的多少直接影响促销手段的选择，预算少就不能使用费用高的促销手段。预算开支的多少要视企业的实际资金能力和市场营销目标而定。不同的行业和企业，促销费用的支出也不相同。

（4）产品生命周期　在不同的生命周期阶段，企业的营销目标及重点不一样，因此促销方式也不尽相同。在投入期，要让消费者认识、了解新产品，可利用广告与公共关系进行宣传，同时配合使用营业推广和人员推销，鼓励消费者试用新产品；在成长期，要继续利用广告和公共关系来扩大产品的知名度，同时使用人员推销来降低促销成本；在成熟期，竞争激烈，要用广告及时介绍产品的改进，同时使用营业推广来增加产品的销量；在衰退期，营业推广的作用更为重要，同时配合少量的广告来保持顾客的记忆。

思考与练习

1. 什么是产品的生命周期？产品生命周期各阶段企业相应的营销策略是什么？
2. 结合我国品牌运营实践，谈谈如何进行品牌扩展。
3. 试在超市选取某类商品，对不同品牌的包装进行比较分析。
4. 定价策略可以分为哪几类？每类各有哪几种具体定价策略？
5. 促销的基本方式有哪些？每种促销方式的特点是什么？

本 章 小 结

市场营销在工业企业管理中占有很重要的地位。企业通过市场营销活动解决社会生产与消费的矛盾，满足目标市场需求，实现企业预期战略目标。由于受到自身实力和资源的限制，企业需要通过对市场进行细分，选择目标市场，做好市场定位以获取最大的利润。市场细分的目的在于从一系列细分市场中选择对企业最有利的市场组成部分，这将有利于企业分析、发掘新的市场机会，形成新的富有吸引力的目标市场，增强企业市场竞争能力。市场细分、目标市场选择和市场定位是市场营销管理的重要内容，也是实施各项具体营销策略的基本前提，有助于企业制定和调整市场营销组合策略，实现企业市场营销战略目标，提高经济效益。

本章所讨论的几种营销策略中，企业应根据自身的财力、物力、产品的不同特点、产品的寿命周期、目标市场自身的需求特点以及竞争对手所采取的市场策略进行综合考虑，采取无差异性市场策略，或差异性市场策略，或密集性市场策略，使自己生产或经营的产品更符合各消费群体的需要，更好地发挥自身的竞争优势，以取得市场竞争的有利地位，在竞争中发展壮大。

第十章 工业企业人力资源管理

教学目的
- 了解人力资源管理的含义、内容、特点和作用。
- 掌握工作分析的含义和方法,以及人力资源规划的含义和内容。
- 掌握员工招聘的含义和方法,以及员工培训的含义和方式。
- 掌握绩效考核的含义和方法、薪酬的含义、职务工资制度的设计。

学习方法
- 识记和理解基本概念,理解各项人力资源管理活动的常用方法。

本章内容要点
- 人力资源管理的含义。
- 工作分析的方法、人力资源规划的内容。
- 员工招聘的渠道和方法、员工培训的方式。
- 绩效考核的方法、薪酬管理中职务评价的方法。

第一节 人力资源管理概述

现代企业越来越重视人力资源。人力资源已成为企业中最积极、最活跃的因素,也是企业发展的首要因素。人力资源管理通过充分发掘人力资源的潜能,促使企业的核心竞争力得以全面提升,从而促使企业实现经济发展目标。

一、人力资源管理的基本概念

1. 人力资源的含义

人力资源是指在一定区域范围内具有智力劳动能力和体力劳动能力的人的总和。对一个组织而言,人力资源是指在生产过程中投入的具有劳动能力的人的总量。人力资源的构成有两个要素:一是人力资源的数量,是人力资源总量的基本指标,表现人力资源量的大小;二是人力资源的质量,是人力资源的素质指标,表现人力资源素质的高低。

2. 人力资源管理的含义

人力资源管理是根据心理学、社会学、管理学等所揭示的人的心理及行为规律,运用现代化的科学方法,对可利用的潜在的人力资源进行合理的组织、培训、开发、调配,使人力与物力保持协调，同时对人的思想、心理和行为进行激励、控制，充分发挥人的主观能动性，使人尽其才、事得其人、人事相宜，以取得最大经济效益，实现组织的战略目标。

企业人力资源管理的形式有两种：一是劳动管理，二是行为管理。从数量上对企业人力资源进行的管理，即人的内在管理，称为劳动管理。从质量上对企业人力资源进行的管理，称为行为管理。在传统管理方式中，人力资源管理形式主要以劳动管理为主，行为管理的作用很小。在科学管理方式中，还是以劳动管理为主，但行为管理的作用有所增加。在现代管理方式中，从劳动管理与行为管理二者并重，进一步过渡到以行为管理为主。目前，我国企业在人力资源管理中，一方面要加强劳动管理，另一方面更要重视行为管理。

3. 人力资源管理的内容

在一个组织中，凡是与人有关的事情都与人力资源管理有关。人力资源管理部门的主要工作内容涉及四个方面：选人、育人、用人和留人。

（1）选人　在人力资源管理的过程中，选人包括人力资源的计划和招聘。

选人是人力资源管理的第一步，非常重要。选人者本身要有较高的素质和相应的专业知识。选人者只有知道什么是人才，才能招聘到真正的人才；选人者只有具有相应的专业知识，才能鉴别人才。候选者来源应尽量广泛，一般情况下，候选者越多，来源越广泛，越容易选出合适的人才。候选者层次结构要适当，选人时应考虑最适合的人，并不是每个岗位都选择最高层次的人才，有时高级的人才反而干不好低层次的工作。

（2）育人　育人即培育人才。在人力资源管理的过程中，育人包括人力资源的培训与开发。

育人是人力资源管理的重要内容之一。育人要因材施教，由于每个人的素质、经历、知识水平不同，因此应针对每个人的特点，采用不同的培训内容和方式。育人要坚持实用的原则，一定要同实践联系起来，学以致用。要避免育人不当，要让那些需要提高、能够做出更大贡献的人得到培训的机会。

（3）用人　在人力资源管理的过程中，用人主要包括组织结构设计及通过职务分析在每个职位上安排合适的人。

用人是人力资源管理的目标，只有用人用得好，组织工作才有成效。用人一定要坚持量才录用的原则，人才要安排在适当的岗位上，用人不当、大材小用和小材大用都对组织不利。大材小用会造成人才的浪费，小材大用也会给组织造成损失。岗位设置应尽量使工作内容丰富化，枯燥、呆板的工作会使人感觉乏味、工作热情降低，从而降低工作效率。

（4）留人　在人力资源管理的过程中，留人主要是对人的工作绩效进行科学公正的评价，给予合理的报酬和适当的激励。

留住人才是人力资源管理部门的重要职责，留不住人才是组织的损失，是人力资源管理部门的失职。因此，要留住人才就要做好以下几方面的工作：一是合理的薪酬，薪酬不仅仅是衡量一个人的贡献大小，往往也是衡量一个人的价值能不能得到体现，事业是否成功的标准；二是个人的发展前景，个人对发展前景的预测对留住人才也很关键，人才有时会为了前途而放弃对金钱的过多要求；三是组织文化，在一个有良好的组织文化的组织里工作，人际关系和谐，心情较为舒畅，人才也会乐于为组织做贡献。

二、人力资源管理的特点及作用

1. 人力资源管理的特点

人力资源管理具有如下特点：

（1）综合性　人力资源管理实质是对人的管理。由于人不仅涉及经济因素和政治因素，而且涉及社会因素、组织因素、心理因素和生理因素等，因此人力资源管理不仅涉及经济学和政治学，而且涉及社会学、管理学、心理学和生理学等。

（2）实践性　人力资源管理的理论和方法均来源于实践中对人的管理经验。

（3）动态性　科学技术在不断地发展，社会在也不断地向前发展，环境在不断地变化，人对世界的认识也在不断地深入。人力资源管理也是这样，在实践中发展和完善。

2. 人力资源管理的作用

实践证明，重视和加强企业人力资源管理，对保护生产经营的运行，提高企业经济效益，实现管理的现代化有着重要的作用。

（1）有利于保证生产经营的顺利进行　人力资源是企业生产力的重要组成部分。只有通过组织人力资源，不断协调人力资源之间以及人力资源与劳动资料和劳动对象之间的关系，才能充分利用现有的生产资料和人力资源，使它们在生产经营过程中最大限度地发挥作用，并在空间上和时间上使人力资源、劳动资料、劳动对象形成最优组合，从而保证生产经营活动有条不紊地进行。

（2）有利于提高经济效益

1）有利于调动劳动者的积极性，提高劳动效率。企业人力资源管理设法为劳动者创造一个适合他们需要的劳动环境，使他们安于工作、乐于工作和忠于工作，并能够积极主动地把个人的劳动潜力和全部智慧奉献出来，为企业创造出更有效的生产经营成果。因此，企业必须善于处理好物质奖励、行为激励以及思想政治教育工作这三方面的关系，使劳动者始终保持旺盛的工作热情，充分发挥自己的专长，努力学习技术和钻研业务，不断改进工作方法，从而达到提高劳动生产率的目的。

2）有利于减少劳动耗费，提高经济效益。合理组织人力资源，科学地调配人力资源，充分发挥管理人才在合理决策、设计开发方面的作用，加强企业的定额管理、定员管理，确保人力资源、劳动工具和劳动对象之间合理地结合，就可以促使企业以最小的劳动消耗，取得最大的经济效益。

3）有利于实现企业管理的现代化。实现企业管理的现代化，不仅要实现生产经营技术装备的现代化，更重要的是实现管理人才的现代化。一个企业只有拥有一流的人才，才会有一流的计划、一流的组织和一流的领导，才能充分而有效地掌握和应用一流的现代化技术，创造出一流的产品和服务。

三、人力资源开发

在人力资源管理中，人力资源开发已成为越来越重要和突出的功能。这里"开发"一词有两层含义：一方面是指对人力资源的充分发掘和合理利用，另一方面是指对人力资源的培养与发展。这一功能之所以日显重要，不仅因为通过人力资源开发，可以尽量利用员工们现有的才能，充分发挥他们的潜能，而且对人力资源的开发又是一种强有力的激励因素，能激发员工积极的、创造性的工作热情。再者，为员工提供个人发展机会已成为现代企业应承担的社会道义和责任。

1. 人力资源开发概述

（1）人力资源开发的概念　人力资源开发是一个通过改变员工现有的行为、知识和态度以使员工的特性符合工作要求的系统化过程。企业通过学习、训练提高员工的工作能力、知识水平，促使其潜能发挥，最大限度地使员工的个人素质与工作需求相匹配，进而促使员工提高现在和将来的工作绩效。总之，人力资源开发是一个系统化的行为改变过程，这个行为改变过程的最终目的就是通过工作能力、知识水平的提高，以及个人潜能的发挥，明显地改善和提高员工的工作绩效。

（2）人力资源开发的意义　当今世界，新技术日新月异，国家的经济和社会职能日益复杂化和职能化，这对企业人力资源的素质要求越来越高。"终身教育""学习型组织"的提法和概念都表明人力资源开发已成为企业增强自身竞争力的重要途径。

人力资源开发正在成为世界范围内企业关注的问题，有的企业甚至把人力资源开发作为一项重要的发展战略。

2. 人力资源开发的三个层次

企业人力资源开发不仅指通常意义上的培训工作，而且包括更广泛的内容与活动。大体上可以认为，人力资源开发包含下面三个层次：

（1）员工导向活动　从浅层意义看，员工导向活动是指为刚招聘进企业、对内外情况生疏的新员工指引方向，使之对新的工作环境、条件、人员关系、工作内容、应尽职责、规章制度、组织的期望有所了解，使其尽快而顺利地安下心来，融合到企业中来并投身到工作中去，进入职位角色，并创造优良绩效。

导向活动通常分为两个阶段：一是员工刚来，还未正式到工作岗位上开始工作的岗前教育阶段；二是试用期直至正式转正前的岗上早期导向阶段。岗前教育阶段通常只有几天时间，安排较多脱产的专门活动，其中既有培训性的，也有礼仪性的。岗上早期导向阶段时间稍长，一般从数月到半年不等，主要是在职活动，以培训为主。

（2）员工培训活动　员工培训活动是人力资源开发的主体，也是企业最易理解、最常开展的活动。本章第三节将详细讲解员工培训。

（3）员工职业生涯管理　职业生涯是指一个人从首次参加工作开始到离开工作岗位，所有的工作活动与工作经历按编年的顺序串接组成的整个过程。多数人对自己未来发展有一定的愿望、设想、预计与准备，并为实现个人抱负设置了目标，为实现此目标而努力创造条件。

随着时代的发展，现代企业对其员工个人的职业生涯越来越关心了。一方面，科技的迅速发展与市场竞争的加剧，使得企业对员工自身、对他们的主动性与创造性越来越依赖了；另一方面，科技发展又促进员工文化教育水平的提高，他们有较强的自我意识和对本身权利的要求。这样，企业不但不反对员工有自己的职业生涯设计，反而鼓励并帮助他们完善和实现自己的个人目标，同时设法引导这种个人目标与组织的需要相匹配，从而使之成为组织与员工个人合作努力，组织需要与个人职业发展相符合，并对员工个人进行培养的过程。

员工职业生涯管理是人力资源开发的重要内容，其目的在于把员工的个人需要与组织的需要统一起来，做到人尽其才，并最大限度地调动员工的积极性，同时使他们觉得在此组织中大有可为，前程似锦，从而培养、提高其组织归属感。现代成功的企业往往十分重视对员工职业生涯的管理，聘请外部专家和内部专职人员为员工提供职业生涯指导，包括帮助员工做好自我分析，提供企业中可供选择的发展途径的信息，以及为员工拟订有预见性的培养计划。

第二节　工作分析与人力资源规划

一、工作分析

组织活动是由众多工作组成的，工作分析的目的就是对作为组织基本要素的工作做出规定。因此，工作分析是人力资源管理的基础。

1. 工作分析的含义和作用

工作分析又称职位分析，是对组织中的工作内容和有关的各个因素进行系统、全面的描述和研究的过程，为管理活动提供各种有关工作方面的信息。

工作分析在整个人力资源管理系统中发挥着非常重要的作用。通过工作分析，详细说明各个职位的特点和要求，从而奠定组织结构和组织设计的基础。通过工作分析，说明各职位的职责和职位间的关系，从而避免工作重叠、劳动重复，提高个人和部门的工作效率和协调性。工作分析可为员工招聘、培训需求分析、绩效考评标准制定、工作评价等其他人力资源管理活动提供基础性的依据。

2. 工作分析的内容

工作分析包括工作描述和任职资格两方面内容。

（1）工作描述　工作描述具体说明工作的物质特点和环境特点，包括工作内容、任务、责任、权限、标准、工作流程、环境等问题。

（2）任职资格　任职资格用于说明从事某项工作的人员必须具备的资历、知识、技能、生理条件和心理素质。

3. 工作分析的方法

工作分析的方法有实践法、观察法、访谈法和调查表法等。

（1）实践法　实践法是工作分析者去实践所研究的工作，从而获取有关工作信息的第一手资料。实践法适用于短期内可以掌握的工作，不适用于需要进行大量训练才能掌握或有危险的工作。

（2）观察法　观察法是有关人员直接到工作现场，对工作者的工作进行仔细观察和详细记录，然后再做系统分析的方法。利用观察法可以广泛了解信息，所取得的信息比较客观和正确，但观察法不适用于工作循环周期很长和主要是脑力劳动的工作，不易观察到紧急而又偶然的工作。

（3）访谈法　访谈法是与工作执行者以个别谈话或小组座谈的方式收集信息资料的方法。访谈法的优点是可提供观察法无法取得的信息，如工作经验，任职资格等；缺点是问题回答者可能会出于自身利益的考虑而不合作，或有意无意地夸大自己所从事工作的重要性、复杂性，导致工作信息失真，并且分析者的提问可能带有主观倾向性，对被访者的回答有一定的影响。

（4）调查表法　根据工作分析的目的、内容等编写出调查表，由工作执行者填写后回收整理，提取出工作信息。调查表法的优点是：费用低、速度快、节省时间，并可在工作之余填写，不影响正常工作；调查范围广，可用于多种目的、多种用途的工作分析。其缺点是容易因理解不同而产生信息误差，对被调查者的配合态度有很大的依赖性。

4. 工作说明书的编写

工作说明书是工作分析结果的书面表达形式，因而主要包括工作描述和任职资格两方面。工作描述又可包括工作辨别、工作概述、工作职责、工作场所等。

工作说明书可以采用表格形式，也可以采用叙述形式。

二、人力资源规划

组织的生存和发展需要一支高素质的员工队伍，这支高素质队伍的形成绝不是一朝一夕的事情。选到适合组织发展的人才，做好人力资源的规划和开发，获取高质量的人才，是人力资源管理的开端和重要环节。

1. 人力资源规划的含义

人力资源规划是指根据组织的战略规划，通过对组织未来的人力资源需求和人力资源供给状况进行分析和预测，采取职务制定、员工招聘、测试选拔、培训开发等手段，使组织的人力资源数量与质量能够满足组织发展的需要，从而保证组织永久发展。

人力资源规划包括两部分活动：一是对企业在特定时期内的人力资源供给和需求进行预测；二是根据预测的结果采取相应的措施进行供需平衡。

2. 人力资源规划的内容

人力资源规划的内容包括两个层次，即总体规划及各项业务计划。人力资源的总体规划是指在有关计划期内人力资源开发和利用的总目标、总政策、总体实施步骤及总预算的安排；而人力源规划所属的各项业务计划包括人员补充计划、人员使用计划、人才接替及提升计划、教育培训计划、评价及激励计划、劳动关系计划和退休解聘计划等。

3. 人力资源规划的程序

人力资源规划的程序一般包括四个步骤，即准备阶段、预测阶段、实施阶段和评估阶段，如图 10-1 所示。

4. 人力资源需求、供给的预测与平衡

（1）人力资源需求预测　人力资源需求预测是指对企业未来某一特定时期内所需人力资源的数量、质量和结构所做的估计。预测的方法包括经验预测法、趋势分析法、德尔菲法等。

（2）人力资源供给预测　人力资源供给预测是指对在未来某一特定时间内能够提供给企业的人力资源数量、质量和结构所做的估计。人力资源供给包括外部供给和内部供给。外部供给，即从企业外部可以获得人力资源的数量。外部供给的预测，应结合经济发展概况和当地人力资源市场条件，影响因素较多，具有较高的不确定性。内部供给是指人力资源的供给来自企业内部。内部供给预测的方法包括技能清单法、人员置换图法、马尔科夫法等。

（3）人力资源供需的平衡　人力资源规划的最终目的是实现企业人力资源供给和需求的平衡。根据人力资源需求预测和供给预测的结果，对两者进行比较，对供需不平衡的情况需要采取相应的措施来促使供需平衡。对于供给小于需求的情况，可采取的措施有：招聘人员、提高现有员工的工作效率、延长工作时间、降低员工离职率、业务外包等。对于供给大于需求的情况，可采取的措施有：企业扩大经营规模、裁员、鼓励员工提前退休、冻结招聘、缩短工作时间等。对于供给和需求在总量上平衡而结构不匹配的情况，可采取的措施有：进行人员内部的重新配置，进行人员的置换，释放企业不需要的人员，补充企业需要的人员。

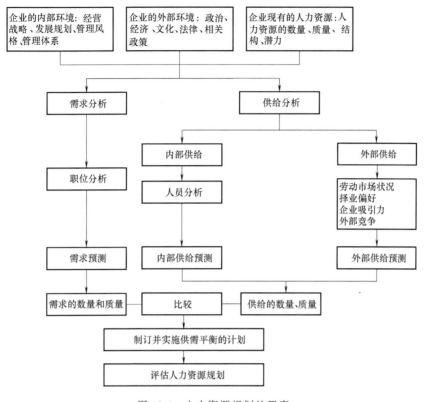

图 10-1　人力资源规划的程序

第三节　员工招聘与培训

一、员工招聘

1. 招聘的含义

招聘就是招募、选择和聘用组织所需要的人力资源。人力资源的招聘是确保组织生存和发展的一项经常性、必不可少的重要工作。人力资源招聘的意义是十分重要的，组织与组织之间的竞争，实质上是人才之间的竞争。从组织的内、外部招聘到合适的高素质人才可以为组织注入新的管理思想，带来新的技术，增添新的活力。招聘已成为组织创造经济效益的重要途径之一，也是组织自我宣传的过程，同时，也有利于人力资源合理流动，实现人力资源的最有效配置。

2. 人员招聘的程序

根据人员招聘的上述基本原则，应当严格按照一定的程序实施招聘选拔工作。要根据从事的工作性质及特点，对将要招聘的岗位进行分析，即进行岗位分析和岗位评价，以确定所招聘人员所必须具备的条件。其程序包括：

1）企业的人力资源管理部门提出招聘计划报告。

2）由企业的人力资源管理部门公布招聘简章，其内容包括招聘的范围、对象、岗位、条件、数量、性别比例、待遇和方法等。

3）根据自愿的原则，在划定的范围内接受招聘对象的报名。

4）进行招聘考试。考试分笔试和面试两种。

5）对考试合格的人员进行体检。

6）将考试材料、体检表、本人档案以及本人提交的其他有关材料一并报送企业人事主管。

7）确定录用后，发放录用通知书，并签订劳动合同。

3. 人员招聘的渠道

企业员工招聘有内部招聘和外部招聘两种渠道。

（1）内部招聘　内部招聘即优先向组织现有人员传递有关职位空缺信息，吸引其中具有相应资格且对有关职位感兴趣者提出申请。申请者通过筛选后，则以调任或提升的方式安置到有关职位。申请者在调任或提升后，其原职位可能出现空缺，需由组织内部其他相应人才来补充，或从组织外部招聘合格者来补充。

（2）外部招聘　外部招聘是指从组织外部获得所需人员。外部招聘的形式有校园招聘、广告招聘、人才市场招聘、有目标的个人联系（猎头公司）、网络招聘等方式。

4. 人员招聘的方法

人员招聘的方法是对应聘者进行评价，从而决定是否录用的具体方法。人员招聘有背景履历分析、笔试、面试、测验等方法，可以多种方法综合运用。

（1）背景履历分析　背景履历分析是指根据档案记载的事实，了解一个人的成长历程和工作业绩，从而对其素质状况进行推测的一种评价方法。该方法可靠性高、成本低，但也存在档案记载不详而无法全面深入了解的弊端。

（2）笔试　笔试主要用于了解应聘者是否掌握应聘岗位必需的基础知识和专业知识，以及文字表达能力和综合分析能力。笔试的优点是规模大、用时少、效率高，应聘者心理压力小，所以容易发挥出正常水平，另外成绩评定比较客观、试卷好保存。其缺点是不能考查态度、品德修养和一些能力、技能，如管理能力、口头表达能力、技术操作能力等。

（3）面试　面试是以面对面交谈及观察为主要形式，对被测试者的有关素质进行测评的方法。通过供需双方正式交谈，组织能够客观了解应聘者的业务知识水平、外貌风度、工作经验、求职动机等信息，应聘者能够了解更全面的组织信息。与传统人事管理只注重知识的掌握不同，现代人力资源管理更注重实际能力与工作潜力。进一步的面谈还可以帮助组织（特别是用人部门）了解应聘者的语言表达能力、反应能力、个人修养、逻辑思维能力等；而应聘者则可以了解自己在组织中的发展前途，能将个人期望与现实情况进行比较，了解组织提供的职位是否与个人兴趣相符等。

（4）测验　所谓测验，是对行为样本进行的客观和标准化的测量。通俗地讲，测验是指通过观察人的少数有代表性的行为，对贯穿在人的行为活动中的心理特征，依据确定的原则进行推论和数量化分析的一种科学手段。

测验在人力资源开发中通常指心理测验。按照心理测验中所测量的目标，可将心理测验分为四类：①智力测验，即测量被测试者的一般能力水平（即G因素）；②特殊能力测验，即测量被测试者具有的某种特殊才能（即S因素），以及了解其具有的有潜力的发展方向；③成就测验，即知识测验，测量被测试者经过某种努力所达到的水平知识（人在某领域的成就的反应），因而知识测验也可以纳入广义心理测验的范畴；④人格测验，即测量被测试者的情绪、兴趣、态度等个性心理特征。

二、员工培训

现代社会科学技术迅猛发展,知识更新速度加快。员工培训可提高员工的队伍素质,满足现代生产技术对人力资源水平的要求,适应激烈的国内外竞争要求,是企业人力资源开发中提高人员素质的方法之一。

1. 员工培训的含义

员工培训是指组织为了使员工获得或改进与工作有关的新知识、新观念、新技能和动机,以利于提高员工的工作效率,提高组织的绩效,所进行的有计划、有系统的各种学习、教育和训练等。

2. 员工培训的特点

企业员工培训不同于普通教育,有它自身的特点,主要表现在以下几个方面:

(1) 员工培训的对象是在职人员　企业员工培训的对象是企业的在职人员,因此,员工培训是一种不脱离生产经营实际的培训。

(2) 员工培训同生产经营需要紧密结合　员工干什么工作就学什么,针对性强。

(3) 形式多样,适应性强　企业可以根据自身的条件,采取不同的培训形式。有条件的,可以搞脱产培训;无条件的,可以以半脱产或业余的形式进行培训,而且可以利用网络和电视授课,以适应各类人员的不同需要。

3. 员工培训的原则

为有效增进员工的知识、技能和能力,企业的员工培训需订立原则,确定合适的训练方法,以激励受训者。具体原则有:

1) 学以致用原则。
2) 专业知识技能和企业文化并重的原则。
3) 全员培训和重点提高相结合的原则。
4) 严格考核和择优奖励原则。

4. 员工培训的类型

从不同的角度来划分,员工培训就会有不同的类型。

(1) 在职培训和脱产培训　在职培训是在不脱离工作岗位的情况下对员工进行的岗位培训。培训的内容与工作现场实际运作相结合,强调实践性和针对性。在职培训的指导者由有一定资历、经验丰富的员工担当,接受培训的人具有一定的知识技能,通过培训可在知识技能上能够提高到新的高度和广度。在职培训的常见方式有岗位轮换、担任助理等。

脱产培训是指离开工作岗位一段时间,由组织内、外的人员对接受培训的人员进行集中的教育指导训练。常见的脱产培训方式有组织内部的集中培训,一些组织外部机构举办的培训或研讨,参加高等院校的学历或非学历教育等。

(2) 学历教育和非学历教育　从取得的资格来分,员工培训可分为学历教育和非学历教育。学历教育是指员工参加正规的学校学习,取得国家教育主管部门认可的文凭,从而提高个人的文化素质和技能的教育手段;非学历教育是指员工接受不能取得国家教育主管部门认可的文凭的教育,主要是岗位或职务培训等,其目的是从工作的实际出发,围绕职位的特点进行针对性的培训。

5. 员工培训的内容

员工培训的内容大致可分为三类:一是传授员工知识,当今世界发展变化很快,知识更新的速度也很快，只有不断地学习，才能跟得上时代发展的要求；二是提高员工的技能，包括专业技术技能、管理技能、人际交往技能等；三是强化员工的精神和责任感，包括员工的奉献精神、团队精神等，使员工能够以更好的精神状态投入到工作中去。

6. 常见的员工培训方式

员工培训的方式较多，常见的有：

（1）讲授法　这是最常见的方法，即培训者讲述知识，受训者学习知识。这种方法特别适用于培训对象人数较多的情况。当前知识更新速度不断加快，人们不可能事事都去亲身体验，仅靠个人自学所能获取的知识也是有限的，集中一定的时间接受别人传授知识，可以加快知识更新的速度。

（2）研讨会　研讨会一般是组织者提出研讨会的主题，参加研讨会的人员首先掌握有关材料，在组织者的主持下进行研究交流，从而提高对某些问题的认识或找到解决问题的方法。研讨会的形式有很多，有循序渐进式、组合式、快速联想式、模拟游戏式，不同的形式适合不同的培训内容和不同的受训人员。

（3）专题研究法　专题研究是由受训人员组成的研究小组承担某一个研究题目，经过一段时间的文件、资料查阅和情况调查与了解，写出研究报告，受训人员从这种专题研究中得到能力锻炼并提高业务水平的一种方法。

（4）案例研究法　这是一种培训决策能力和问题解决能力的有效方法。这种方法首先让受训者阅读、了解一个描述完整的经营管理问题的案例，然后让受训者组织讨论，找出一个适当的解决问题的方法。通过讨论，受训者在分析信息、处理问题、做出决策等方面的能力均会得到提高。

（5）角色扮演法　这种方法一般是在一个模拟真实的情景中，由两个以上的受训者扮演组织中不同岗位的角色，模拟指定的活动，训练其在复杂情况下处理问题的能力。受训者扮演的角色往往是工作情景中经常接触到的人，如上司、下属、同事、客户等。这种方法比较适用于培训员工处理人际关系的技能。

（6）仪器模拟法　在这种训练中，用仪器来模拟真实的场景，受训者可以直接与机器进行"人机"对话，以达到当实际情况出现时能够做出正确反应并能够最终应用与实践的方法，如飞机驾驶训练等。

（7）敏感性训练法　一般由10个人左右组成小组，每组配备一名观察组员行为的培训师，培训时没有比较固定的日程安排，讨论的问题往往涉及小组形成的"现时、现地"的问题，问题主要集中在为何参与者的行为会如此，人们是怎样察觉他人的情感的，人的情感是如何相互作用的，从而提高受训者的人际交往技能。

第四节　绩效考核与薪酬管理

一、绩效考核

1. 绩效与绩效考核

（1）绩效的含义　员工的工作绩效是指员工经过考核的工作行为、表现及结果。工作绩效被组织和员工共同关注，员工工作绩效直接影响着组织的整体效率和效益。因此，了解绩效的特点和影响工作绩效的因素对掌握和提高员工的工作绩效具有重大意义。

（2）绩效考核的定义　绩效考核就是对员工的工作绩效进行考查、测定和评估。绩效考核简称考绩，是工作行为和结果的测定过程，即根据员工的工作说明书，应用过去制定的标准来比较和评价员工在一段确定期限内对组织的贡献的过程。

（3）绩效考核的功能　绩效考核作为一项重要的人力资源管理职能，其功能是多样而广泛的，主要可以归纳为以下三大类：

1）管理决策的功能。绩效考核是一种控制手段，是制定人事决策的依据。企业通过对其员工工作绩效的考核，获得相关信息，便可据此制定相应的人事决策与措施，通过奖惩、升降、淘汰达到调整控制的目的。

绩效考核是进行薪酬管理的重要工具。按照企业既定的薪酬原则，通过科学合理的绩效考核来决定对员工薪酬的调整，可以发挥出应有的激励作用，达到改进提高工作绩效的目的。

2）培训开发的功能。绩效考核可以确定培训需求。绩效考核是按制订的绩效标准进行的，考核结果显示出的不足之处就是员工的培训需求，管理者可以据此制订培训计划。经过培训之后再对员工进行绩效考核，还可以检验培训计划与措施的实际效果。

绩效考核是开发人力资源的重要手段。绩效考核给管理者和员工双方提供了讨论该员工长期事业目标和发展计划的机会，这一机会是通过反馈考核结果来实现的。在过去绩效的基础上，管理者向员工提出具体建议，帮助他分析提高绩效的方法，并使之与该员工的长期目标结合起来。

3）促进沟通的功能。将绩效考核的结果向员工进行反馈，可以促进上、下级之间的沟通，使双方了解彼此对对方的期望。同样，通过绩效考核进行沟通可以有效加强和保持现有的良好绩效。

2. 绩效考核的方法

用于绩效考核的方法很多，这里主要介绍几种比较有代表性的方法。

（1）分级法　即按被考核者每人绩效的相对优劣程度，通过直接比较确定每人的相对等级或名次。所以，分级法也常称为排序法，即排出全体被考核者的绩效优劣顺序。分级法易于解释、理解和使用，但这种方法是概括性的、不精确的，所评出的等级或名次只有相对意义，无法确定等级差。

（2）成对比较法　此方法要将全体员工逐一配对比较，按照逐对比较中被评为较优的总次数来确定等级名次。这是一种系统比较程序，科学合理，但此方法通常只考核总体状况，不分解维度，也不测评具体行为，其结果也是仅有相对等级顺序。该方法还要受被考核者总数的限制。

（3）强制分配法　此方法按统计学上"两头小、中间大"的正态分布规律，先确定好各等级在总数中所占的比例，然后按照每个被考核者绩效的相对优劣程度，将其强制列入其中的一定等级。强制分配法较适于员工人数较多的情况下总体状况考核。它简易方便，在样本较大时，符合正态分布规律的可能性较大，可以避免考核者主观片面，过分偏宽、偏严或高度趋中等偏差。

（4）量表法　量表法是应用得最为广泛的考核方法。它通常做维度分解，沿各维度划分等级，并通过设置量表（即尺度）来实现量化考核。量表的形式可有多种，最常见的是一根带有等距刻度的标尺，如图10-2所示。

(5) 关键事件法　这种方法需对每一个被考核的员工保持一本"绩效记录",由考核并知情的人(通常为被考核者的直属上级)随时记载。所记载的事件既有好事,也有不好的事;所记载的必须是较突出的、与工作绩效直接相关的事(即关键事件),而不是一般的、琐碎的、生活细节方面的事;所记载的应是具体的时间与行为,而不是对某种品质的评判。关键事件的记录本身不是评语,只是素材的积累,但有了这些具体事实作依据,经归纳、整理便可得出可信的考核结论。

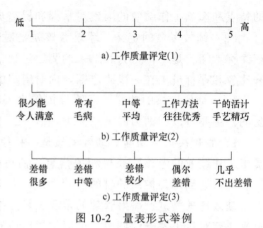

图 10-2　量表形式举例

(6) 行为锚定评分法(BARS 法)　此方法实质上是把量表法和关键事件法结合起来,兼具两者之长。它为每一职务的各考核维度都设计出一个评分量表,并有一系列典型的行为描述句与量表上的一定刻度(评分标准)相对应(即所谓"锚定"),当考核者为被考核者实际表现评分时为其提供参考依据。这些代表了从最劣至最佳典型绩效的、有具体行为描述的锚定点,不但能使被考核者较深刻而信服地了解自身的现状,还可找到具体的改进目标。由于接受考核的员工参与了考核工具的开发,不仅能提高 BARS 法的信度和效度,而且会使被考核者更易于接受考核结果,因此 BARS 法具有很强的培训开发功能。

3. 绩效考核的组织与实施

绩效考核作为一项重要的人力资源管理手段,能否发挥出预期的作用,不仅取决于考核方案的科学性、健全性,而且取决于考核前后的精心组织和考核中的认真实施。

(1) 绩效考核的组织

1) 各级管理者的认识与支持是绩效考核的基础。"每个经理都是人事经理。"首先,要从观念上明确绩效考核是各级管理者的主要职责,而不仅仅是人力资源管理部门的职责。一个企业如果不能明确绩效考核的责任者,就不可能将绩效考核工作组织好。企业高层领导应该从更高层次上关注考核的内容和考核方案的设计,给予必要的指导和支持,使绩效考核与企业战略、企业文化所倡导的目标相一致。同时,企业高层领导在制定人力资源政策时加强相关政策与绩效考核结果的关联性,更能保证绩效考核发挥出应有的控制、激励功能,使之成为有效的人力资源管理职能之一。

2) 人力资源管理部门在绩效考核中的职责。人力资源部是专职的人事职能部门,他们是组织实施绩效考核的协调者和监督者。其主要职责包括:

① 设计、试用、改进和完善绩效考核方案。

② 组织宣传考核方案的内容、目的和要求,并对考核者进行相关培训。

③ 督促、检查、协助各部门按计划实施绩效考核。

④ 及时收集考核实施中的各类信息并进行分析、整理,以利于今后改进。

⑤ 根据考核结果和现有的人力资源政策,向决策部门提供相关人事决策的依据并有责任提出必要的决策建议。

⑥ 负责所有考核资料的档案管理。

3) 其他部门的管理者在绩效考核中的职责。其他管理者的考核责任与人力资源管理部门有所不同，其主要职责有：

① 负责组织实施在本部门进行的考核工作。
② 审核、确定本部门员工的考核结果，并对最终考核结果负责。
③ 协调、解决本部门员工在考核中出现的问题，并有责任向下属员工解释考核方案。
④ 有责任向人力资源管理部门反馈本部门员工对绩效考核的看法及意见。
⑤ 根据考核结果和现有的人力资源政策，做出职权范围内的人事决策。

（2）绩效考核的实施　在绩效考核的实施中，除了要保证按照考核方案中的操作程序按部就班地进行外，还要特别注意下面两个问题。

1）培训考核者。不同的考核者在理解力、观察力、判断力以及个性倾向方面都存在着一定的差异，因此，对考核者进行全面而有效的培训是至关重要的。培训内容主要有以下几个方面：

① 认真讲解考核内容及考核标准的具体含义，并进行适当的模拟考核练习。
② 列举出典型的考核错误，诸如过宽、过严、趋中、晕轮等，然后组织考核者一起进行分析，在考核中有意识地避免这类错误。
③ 通过各类模拟练习和教师的讲解，提高考核者观察被考核者行为表现的能力以及依据有关信息进行判断的能力。

通过高层领导的重视以及人力资源管理部门的宣传和制度要求，加强考核者对考核的重视和投入，保证绩效考核有效实施。

2）有计划地定期、集中实施考核。考核要定期进行，考核周期一般以半年或一年为宜。要想保证全体员工都能认真对待考核，就必须事先充分做好计划和宣传，确定具体考核时间和地点，并由专人负责组织实施。许多开展绩效考核工作十分有效的公司经常采取"考核周"的形式来实施考核。

二、薪酬管理

在各项人力资源管理职能中，薪酬管理是人们最为关切、议论最多的部分，因此也常常是最受重视的部分。但是，人们对薪酬的认识存在不少混乱和误区，实践中也存在不少问题。这里将介绍一些现代薪酬管理的理论与设计方法，希望有助于企业在经营管理中发挥薪酬管理应有的作用。

1. 薪酬与薪酬管理

（1）薪酬的定义及构成　薪酬就是企业根据员工（包括干部）给企业做的贡献，包括他们实现的绩效、付出的努力和时间、学识、技能、经验与创造，付给他们的相应的回报或答谢。这实质上是一种公平的交换或交易。作为管理者，只有正视和认识市场经济中按贡献付酬这一现象的交换性本质，才便于正确、有效地进行薪酬管理。

企业的薪酬主要由工资、奖励和福利三个部分构成。它们各自的性质不同，在薪酬总额中的比重不同，发挥的作用也有差异。工资是薪酬中相对固定和稳定的部分，在不同国家、不同企业中，工资所占的比重也不同。但是一般情况下，工资在薪酬中较受员工重视。

奖励的形式有奖金、佣金等。它们可与员工个人绩效挂钩，也可与群体（班组、科处室等）乃至企业效益结合。奖励的依据是贡献率，具有明确的针对性和短期刺激性，是对员工近期绩效的回报，故浮动多变。

福利从本质上讲是一种补充性报酬，往往以实物或服务的形式支付，如带薪休假、子女教育津贴、廉价住房、优惠价购买本企业股票、保险等。

（2）薪酬管理的功能　薪酬管理的功能与人力资源管理的总功能是一致的，说到底，便是能吸引来、保留住和激励起企业所需的人力资源。其实，吸引、保留、激励三者是一致的，归结起来，就是薪酬管理的激励功能，即激发起员工的良好工作动机和他们创造优秀绩效的热情。简言之，就是能调动起员工的工作积极性，使他们愿意在本企业努力工作。

2. 薪酬制度的要求与制定

（1）对健全合理的薪酬制度的要求　健全合理的薪酬制度是发挥薪酬管理重要功能的前提和基础。对它的具体要求主要有公平性、竞争性、激励性、经济性与合法性。

1）公平性。企业员工对薪酬分配的公平感，是设计薪酬制度和进行薪酬管理时的首要考虑因素。薪酬的公平性可以分为三个层次：①外部公平性，指同一行业或同一地区或同等规模的不同企业中类似职务的薪酬应当基本相同；②内部公平性，指同一企业中不同职务所获薪酬应正比于各自的贡献；③个人公平性，涉及同一企业中所占据相同岗位的人所获薪酬间的比较。为了保证薪酬制度的公平性，企业的薪酬制度要有明确一致的原则作指导，并有统一的可以说明的规范作依据；同时，薪酬制度的制定要有民主性、参与性和透明性。

2）竞争性。在社会上和人才市场中，企业的薪酬标准要有吸引力，这样才足以战胜其他企业，招到所需人才。

3）激励性。要在内部各类、各级职务的薪酬水准上，适当拉开差距，真正体现按贡献分配的原则。

4）经济性。提高企业的薪酬水准固然可提高其竞争性与激励性，但同时不可避免地导致人力成本的上升，所以薪酬制度要考虑到经济性。

5）合法性。企业薪酬制度必须符合国家的有关政策与法律。

（2）影响薪酬制度制定的主要因素　影响薪酬制度制定的主要因素可分为外在因素和内在因素两大类。企业在制定其薪酬政策时，应该综合地权衡所有的内、外因素。

外在因素主要有劳动力市场的供需关系与竞争状况、地区及行业的特点与惯例、当地生活水平、国家的有关法令和法规等。

内在因素主要有本企业的业务性质与内容、公司的经营状况与财政实力、公司的管理哲学和企业文化等。

3. 企业工资制度的合理设计

工资是薪酬的重要组成部分，企业工资制度设计得是否合理，将极大地影响薪酬管理的有效性。从工资制度的发展来看，比较合理有效的是目前在企业中广泛使用的结构工资制。它由基本工资、职务（岗位）工资、工龄工资及若干种国家政策性津贴构成。其中，基本工资是较低而平均的，以保障任何员工能维持最低生活水准；工龄工资及国家政策性津贴由于标准明确，也易于确定；职务（岗位）工资是对员工履行了其职务说明中规定的基本职责而做出的贡献的酬金，在工资总额中所占比重最大。这样，职务（岗位）工资便成为工资设计的主题。下面将以职务（岗位）工资为核心介绍企业工资制度的设计理论。

制定健全合理的工资政策与制度，是企业人力资源管理中的一项重大决策与基本建设，这就需要有一套完整而正规的程序来保证其质量。图10-3表示了典型的工资制度的建立过程。它由七个环节或步骤构成，图10-3中的实线框表示了各步骤的名称，虚线框则说明了各步骤对应的主要内容和活动，粗黑线箭头指出了各步骤依次进行的顺序。

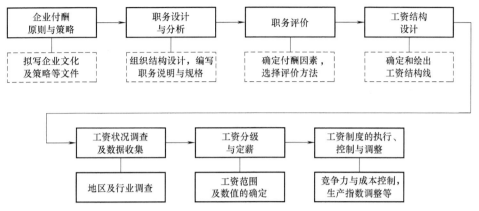

图 10-3　典型的工资制度的建立过程

（1）企业付酬原则与策略　这是企业文化的一部分内容，对以后诸环节起着重要的指导作用。它包括对员工本性的认识（人性观），对员工总体价值的评价，对管理骨干及高级专业人才所起作用的估计等这类核心价值观，以及由此衍生的有关工资分配的政策与策略等。

（2）职务设计与分析　这是建立工资制度的基础和依据，这一活动将产生企业的组织结构系统图及其中所有职务的说明等文件（工作说明书）。

（3）职务评价　职务评价也称为工作评价，是为了确定职务的内在价值，在职务设计与分析的基础上，通过一定的评价方法，对职务本身的难易程度和对担当人员的要求高低做出可比性评价并划定等级的过程。

（4）工资结构设计　经过职务评价这一步骤，无论采用哪种方法，总可得到表明每一职务对本企业相对价值的顺序、等级、分数或象征性的金额。找出这样的理论价值后，还必须根据设计出的"工资结构线"将其转换成实际的工资值。"工资结构线"是指一个企业的组织结构中各项职位的相对价值与其对应的实付工资关系的线性表示，它要通过科学、清楚的工资结构设计来获得。

（5）工资状况调查及数据收集　这一活动其实应与上一步骤同时进行。通过调查和分析，参照同行或同地区其他企业的现有工资来调整本企业对应职务的工资，以便保证企业工资制度的外在公平性。

（6）工资分级与定薪　这一步骤反映在职务评价后，企业根据其确定的工资结构线，将众多类型的职务工资归结并组合成若干等级，形成一个工资等级（或称职级）系列，以此确定企业内每一职务具体的工资范围，保证员工个人的公平性。

（7）工资制度的执行控制与调整　企业工资制度一经建立，将其投入正常运作并对之实行适当的控制与管理，使其发挥应有的功能，是相当复杂的，也是一项长期的工作。

4．职务评价的方法

职务评价是职务工资制度设计中最为关键的一环。职务评价的方法有简单排序法、因素比较法和点数加权法等。

（1）简单排序法　简单排序法是由评价人员根据对各项职务的经验认识和主观判断，对各项职务在企业中的相对价值进行整体比较，进行排序的方法。这种方法简单易行，比较直观，能够全面把握职务；是非定量方法，完全需要评价人员的主观判断，对评价人员的要求较高。

（2）因素比较法　因素比较法是按选定的评价因素对选定的基准职务进行评分定级，制订出标准职务分级表，把非标准职务与标准职务分级表中的基准职务对比并评价相对位置的方法。

（3）点数加权法　点数加权法是指首先根据企业的业务内容确定薪酬因素及其在职务评价过程中的权重，然后对各个薪酬因素按重要程度或难易程度划分为几个等级，给各个等级赋予不同的点数。在评价某一职务时，将其每个薪酬因素的点数加权求和，所得结果就是该职务进行量化分析得出的点值。该方法能够较准确地衡量职务的相对价值，明确得出各薪级之间的分割点。点数加权法示例见表10-1。

表 10-1　点数加权法示例

评价要素	权重(%)	点数(600)	评价子要素、次子要素		权重(%)	点数	等级1	等级2	等级3	等级4	等级5	等级6
智能	43	258	知识		18	46	9	18	28	37	46	
			技能	作业方法	11	28	5	9	14	19	23	28
				所用设备	4	11	2	4	5	7	9	11
				所用物料	3	8	2	3	5	6	8	
			经验		16	41	8	16	25	33	41	
			管理能力		23	59	20	40	59			
			解决问题能力		25	65	16	33	49	65		
责任	…											
⋮												

思考与练习

1. 人力资源管理的内容是什么？
2. 人力资源规划的含义及任务是什么？
3. 员工招聘的方法有哪些？
4. 绩效考核的方法有哪些，都有何特点？
5. 影响薪酬制度制定的主要因素是什么？

本 章 小 结

人力资源管理作为当代一种新的管理模式逐渐取代了传统的人事行政和人事管理，是各种经济和社会组织都必不可少的管理活动，而且是企业管理的一项重要内容。人力资源的规划是人力资源管理的开端和重要环节，包括两个层次，即总体规划及各项业务计划。人力资源规划的最终目的是实现企业人力资源供给和需求的预测与平衡，使企业人力资源的数量与质量能够满足组织发展的需要。人力资源的招聘是确保企业生存和发展的一项经常性、必不可少的重要工作，通过内部招聘和外部招聘两种渠道发现和招聘最优秀的人员，追求人与事的最佳组合。员工培训是企业人力资源开发中提高人员素质的方法之一。员工培训的常用方法有讲授法、研讨会、专题研究法、案例研究法、角色扮演法、仪器模拟法、敏感性训练法，使人尽其才，取得最大经济效益，顺利实现企业管理的战略目标。绩效考核就是对员工的工作绩效进行考查、测定和评估，开展合理的薪酬管理具有吸引、保留、激励员工的重要功能，从而保证企业的永续发展。

第十一章 工业企业生产运作管理

教学目的
- 掌握生产运作管理的基本概念、原理和方法。
- 熟悉生产运作管理的体系和内容。
- 了解精益生产方式的体系和内容。

学习方法
- 识记和理解生产运作管理体系和内容,结合案例进行研究。

本章内容要点
- 生产运作管理的体系。
- 生产过程组织。
- 生产计划与控制。

第一节 生产运作管理概述

一、生产运作的概念及分类

1. 生产运作的概念

生产是企业的一项最基本的活动,是企业一切活动的基础,是利用资源将输入转化为输出的活动过程。但是随着服务业的兴起和发展,生产不仅仅局限在工厂内部的活动,其概念必须得到扩展。事实上,在当今社会中,已经很难将制造产品和提供服务完全分开,单纯制造产品而不提供服务的企业几乎是不存在的。因此,从一般意义上讲,生产运作的定义就是"一切社会组织利用资源将输入转化为输出的过程"。

这里的输入可以是原材料、劳动力、消费者以及机器设备等;输出可以是有形的产品和无形的服务。输入是由输出决定的,但是输入不同于输出,这就需要转化。转化是通过人的劳动实现的,转化的过程就是生产运作。典型社会组织的输入、转化和输出见表11-1。

2. 生产运作的分类

不同形式的生产运作存在着较大的差异,如从管理的角度,可以将生产运作分为两大类:制造性生产和服务性生产。

(1) 制造性生产 制造性生产是通过物理和(或)化学作用将有形输入转化为有形输出

的过程。例如：汽车制造、钢铁冶炼和石油开采等通过物理或化学作用，将有形原材料转化为有形的产品。

表 11-1　典型社会组织的输入、转化和输出

社会组织	主要输入	转化	主要输出
生产企业	原材料	加工制造	产品
医院	病人	诊断与治疗	恢复健康的人
大学	高中毕业生	教学	高级专门人才
理发店	待理发的顾客	理发	整洁的顾客
咨询公司	问题	咨询	建议及解方案

1) 连续性生产和离散性生产。按工艺过程的特点，可以把制造性生产分为两种：连续性生产和离散性生产。连续性生产是指在生产过程中，物料均匀、连续地按一定工业顺序运动，如化工（塑料、药品、肥皂、肥料等）、炼油、冶金、冲洗胶片等，都是连续性生产的典型例子，物料按一定流程连续不断地通过各个工序的生产。另一类产品，如汽车、柴油机、电视机、洗衣机等，产品是由离散型的零部件装配而成的，零部件以各自的工艺流程通过各个生产环节，物料运动呈离散状态，因此将其称作离散性生产。因为这类制成品都是先加工出零件，再将零件装配成产品，所以又将其称为加工-装配式生产。

2) 备货型生产和订货型生产。按照企业组织生产的特点，可以把制造性生产分成备货型生产和订货型生产两种。制造性生产是预测驱动的，指在没有接到用户订单时，经过市场预测按已有的标准或产品系列进行的生产，生产的直接目的是补充成品库存，通过维持一定量的成品库存来即时满足用户的需求。轴承、紧固件、小型电动机等产品的通用性强，标准化程度高，有广泛的用户，通常采用备货型生产。与备货型生产相反，订货型生产以顾客的订单为依据，按用户特定的要求进行生产。生产的产品品种、型号规格和花色完全符合顾客的要求，产品一旦生产出来，就可以直接发给顾客，不必维持成品库存，也不必经过分销渠道销售。

（2）服务性生产　服务性生产又称作非制造性生产运作，它的基本特征是提供劳务，而不是制造有形产品。但有的服务业也从事一些制造活动，只不过制造业处于从属地位。例如餐馆，它需要制作各种菜肴。

3. 生产运作类型的划分

按产品或服务专业化程度的高低，可以划分为大量生产运作、单件生产运作和成批量生产运作三种生产类型。

1) 大量生产运作：大量生产运作品种单一，产量大，生产运作重复程度高。美国福特汽车公司曾长时间坚持生产 T 型车一个车种，是大量生产运作的典型例子。

2) 单件生产运作：单件生产运作与大量生产运作相对立，是另一个极端。单件生产运作品种繁多，每种仅生产一台，生产的重复程度低。汽车公司冲模厂生产的汽车模具，那是典型的单件生产运作。

3) 成批量生产运作：成批量生产运作介于大量生产运作与单件生产运作之间，即品种不单一，每种都有一定批量，生产运作有一定重复性。

不同生产运作类型的设计、工艺、生产组织和生产管理的影响是不同的，因而导致生产运作效率上的巨大差别。一般来讲，大量生产运作容易实现高效率、低成本与高质量，单件生产

运作则难以实现高效率、低成本与高质量。不同生产运作类型的特点见表11-2。

表11-2 不同生产运作类型的特点

比较项目	大量生产运作类型	成批生产运作类型	单件生产运作类型
产品品种	单一或很少	较多	很多
产品产量	很大	较大	单个或很少
工作地工序数目	1道或2道	较多	很多
设备布置	按对象原则,采用流水线生产或自动线生产	既可按对象原则排列,又可按工艺原则排列	基本按工艺原则排列
生产设备	广泛采用专用设备	专用、通用设备并存	采用通用设备
设备利用率	高	较高	低
应变能力	差	较好	很好
劳动定额的制订	详细	有粗有细	粗略
劳动生产率	高	较高	低
计划管理工作	较简单	较复杂	复杂多变
生产控制	容易	难	很难
产品成本	低	较高	高

二、生产运作的过程

1. 生产运作过程的概念及构成

（1）生产运作过程的概念　生产运作过程有狭义和广义之分。狭义的生产运作过程是指从原材料投入生产开始，直到生产出成品或完成劳务为止的全部过程；广义的生产运作过程是指从某种产品技术准备开始，直到生产出成品或完成劳务为止的全部过程。

生产过程主要是劳动过程，即劳动者在劳动分工和协作的条件下，利用劳动工具，按照一定的方法和步骤，直接或间接地作用于劳动对象，使之成为具有一定使用价值的产品的过程。但生产过程有时又表现为劳动过程和自然过程的统一，也就是指在某些生产技术条件下，生产过程的进行还要借助于自然力的作用使劳动对象发生物理的或化学的变化，如铸件、锻件热处理后的自然冷却及油漆的自然干燥等。

（2）生产运作过程的构成　生产运作过程包括一系列相互联系的劳动过程和自然过程。劳动过程是指劳动者利用劳动工具，直接或间接地作用于劳动对象以生产产品或提供劳务的过程。例如：改变工件的几何形状、尺寸、表面状态、物理与化学属性的工艺过程，对原材料、零部件、产成品等进行质量控制与检验的过程，实现劳动对象工作地转移的运输过程等。自然过程是指借助自然力的作用使劳动对象发生物理或化学变化的过程，如食物发酵、自然冷却、自然时效等。

生产运作过程一般分为生产技术准备过程、基本生产过程、辅助生产过程、生产服务过程和附属生产过程。

1）生产技术准备过程。生产技术准备过程是指在产品投入生产前所进行的各种技术准备工作。例如，产品设计、工艺设计、工艺装备的设计和制造、标准化工作、物资定额和劳动定额的制订、设备的布置与调整、劳动组织的改善及新产品的试制与鉴定等工作。

2) 基本生产过程。企业产品包括基本产品和辅助产品。基本产品代表企业的专业方向。基本生产过程是指直接把劳动对象转变为企业基本产品的过程，如柴油机厂柴油机的生产，汽车制造厂汽车的生产，钢铁企业的炼钢、炼铁、轧钢生产等。

3) 辅助生产过程。辅助生产过程是指企业为保证基本生产过程的正常进行而从事的辅助产品的生产和劳动过程。例如，因基本生产所需，由本企业从事电力、蒸汽、煤气、压缩空气、模具、夹具、刀具的制造及设备的维修与备件生产等。

4) 生产服务过程。生产服务过程是指为保证基本生产和辅助生产所进行的各种生产服务活动，如原材料、半成品的保管和运输等。

5) 附属生产过程。有的企业还从事附属产品和副业生产运作活动，如机械厂利用一些边角余料制作一些小纪念品等。

生产运作过程的五个组成部分之间是密切相关的。其中，基本生产过程是核心，生产技术准备过程是前提，辅助生产过程和生产服务过程是围绕基本生产过程进行的，附属生产过程是基本生产过程的延续。

2. 合理组织生产运作过程的原则

（1）连续性原则 生产过程的连续性包括空间上的连续性和时间上的连续性。空间上的连续性是要求生产过程的各个环节在空间布置上合理紧凑，使加工对象所经历的生产流程路线短，没有迂回往返的现象；时间上的连续性是指生产对象在加工过程中各工序的安排上紧密衔接，消除生产中断和不应有的停顿、等待现象。

（2）比例性原则 生产过程的比例性是指生产过程各阶段、各工序之间，在生产能力上要保持一定的比例关系，以适应产品生产的要求。这表现在各个生产环节的工人人数、设备数量、生产速率、开动班次等，都必须互相协调配套。比例性是保证生产连续性的前提，并有利于充分利用企业的设备、作业空间、人力和资金。

（3）均衡性（节奏性）原则 生产过程的均衡性要求生产过程的各个基本环节和各个工序在相同的时间间隔内，生产相同或者稳定递增数量的产品，每个工作地的负荷经常保持均匀，不出现前松后紧或时紧时松的现象，保持有节奏地均衡生产。这有利于提高产品质量，降低产品成本，保证企业正常、安全生产；而生产不均衡会造成忙闲不均，既浪费资源，又不能保证质量，还容易引发设备、人身事故。

（4）平行性原则 生产过程的平行性是指物料在生产过程中实行平行交叉作业。平行作业是指相同的零件同时在数台相同的机器上加工。交叉作业是指一批零件在上道工序还未加工完成时，将已完成的部分零件转到下道工序加工。平行交叉作业就是生产过程的各工艺阶段、各工序在时间上实行平行作业，产品各零部件的生产能在不同空间进行。平行交叉作业可以大大缩短产品的生产周期，在同一时间内生产更多的产品。平行性是生产过程连续性的前提。

（5）准时性原则 保证零部件在生产过程中以最准确的时间、最准确的数量到达最准确的位置，并实现指定的加工。

（6）适应性原则 这是指企业生产过程能够适应外界环境变化的要求，及时调整生产组织形式。

（7）经济性原则 这是指在生产过程中，以最少的物化劳动和活劳动的消耗及资金的占用，获得尽可能多的符合社会需要的生产成果。因此，在生产环节上要实现电子计算机控制和管理，提高设备自动化程度，以提高生产和管理的效率。

合理组织生产运作过程的各项要求是相互联系、相互影响的，在生产过程的组织、计划、控制过程中，要根据具体情况综合考虑时间、资金占用、有关费用等多项因素，统筹安排，提高经济效益。

三、生产运作系统

1. 生产运作系统的概念

从系统观点来看，可以将企业中从事生产运作活动的子系统称为生产运作系统。应强调的是，企业生产运作系统有狭义和广义之分。

狭义的生产运作系统有时也称为制造系统，是指直接进行产品生产加工或实现劳务的过程，其工作直接决定着产品或劳务产出的类型、数量、质量和生产运作费用。

广义的生产运作系统除上述内容外，一般认为还应包括企业中的研究开发系统、生产运作的供应与保证系统、生产运作计划与控制系统等子系统。

1）研究开发系统是进行生产运作前的各项技术性准备工作以及产品的研究与开发过程，在很大程度上预先决定了产品或劳务产出的效果。

2）生产运作的供应与保证系统的作用在于提供足以保证生产运作不间断进行所需的物料、能源、机器等各种要素，并使它们处于良好的状态。因此，它将直接影响着基本生产运作的正常运行。

3）生产运作计划与控制系统又称为生产运作管理系统，是指对整个生产运作系统各方面的工作进行计划、组织、控制和协调，其作用类似于大脑和神经系统。

本书所指生产运作系统是广义的生产运作系统。

2. 生产运作系统的功能

从本质上讲，生产运作系统是一个投入-产出系统，其功能就是将一系列投入转换为社会和用户所需要的产出。图 11-1 所示为生产运作系统模型。

生产运作系统体现为物质与能量的转换过程，即对投入的人、财、物、信息等各种资源进行加工转换，以提供社会和用户所需要的产品或劳务的过程。

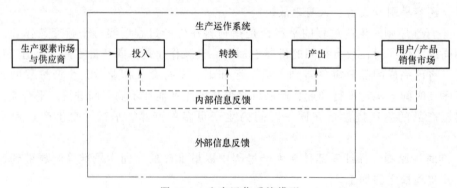

图 11-1　生产运作系统模型

从图 11-1 来看，生产运作系统由投入、转换（生产运作）过程、产出和反馈四个基本环节构成。投入要素可分为两类：一类是加工对象，如原材料、零部件等，它们最终构成产品实体的一部分；另一类是虽不构成产品实体，但对生产运作系统运行起决定作用的人力资源、设备、土地、能源、信息资源等。

生产运作过程是直接进行加工、生产或服务，实现物质与能量的转换的过程，处于生产运作系统的核心地位。生产运作系统的产出主要是社会和用户需要的产品或劳务，但同时还存在一些"副产品"。有些副产品是有用的，如知识；而有些副产品则是有害的，如噪声、边角废料等。企业应努力减少有害副产品的产出。一般常从用户在品种款式、质量、数量、价格、服务和交货期等方面要求的满足程度出发，衡量生产运作系统产出的好坏。生产运作系统的反馈环节执行的是控制职能，即收集生产运作系统运行的输出信息，并与输入的计划、标准等信息进行比较，发现差异，分析差异及其原因，从而采取针对性的措施来消除差异。

3. 生产运作系统构成要素

生产运作系统包含两类要素：硬件要素和软件要素。

（1）生产运作系统的硬件要素　生产运作系统的硬件要素是构成生产运作系统主体框架的要素，主要包括：生产技术、生产设施、生产能力、生产系统的集成。

硬件要素是形成生产运作系统框架的物质基础，建立这些要素需要的投资多，一旦建立起来并形成一定的组合关系之后，要改变它或进行调整是相当困难的。

（2）生产运作系统的软件要素　生产运作系统的软件要素是在生产运作系统中支持和控制系统运行的要素，主要包括：人员组织、生产计划、生产库存、质量管理。

生产运作系统软件要素的改变和调整较为容易。因此，采用何种软件要素的决策风险不像硬件要素那样大。但在实施过程中，软件要素容易受其他因素的影响。因此，对这类要素的掌握和控制比较复杂。

四、生产运作管理的目标和基本内容

1. 生产运作管理的概念和目标

（1）生产运作管理的概念　生产运作管理是对生产运作系统的设计、运行与维护过程的管理，包括对生产运作活动进行计划、组织和控制。

传统生产管理主要以工业企业，特别是制造业为研究对象，其注目点主要是一个生产系统内部的计划和控制，一般称为狭义的生产管理学，其内容主要是关于生产的日程管理和在制品管理。

生产运作管理学内涵和外延大大扩展了，凡是有投入—转换—产出的组织活动都是其研究范围，不仅包括工业制造企业，而且包括服务业、社会公益组织及政府机构，特别是随着国民经济中第三产业所占比重越来越大，其运作管理日益重要，也成为运作管理研究的重要内容。不仅如此，现代生产与运作管理内涵的范围不仅局限于生产过程的计划、组织与控制，而且包括运作战略的制定、运作系统设计、运作系统运行等多个层次的内容。

所以，从生产管理学到生产运作管理学不仅是名称的变化，而且是其研究的外延和内涵已有非常大的变化。

（2）生产运作管理的目标　生产运作管理的目标可以用一句话来概括：高效、低耗、灵活、准时、清洁地生产合格的产品和提供满意的服务。

1) 高效是对时间而言，指能够迅速地满足用户的需要。在当前激烈的市场竞争条件下，谁的订货提前期短，谁就能争取到用户。

2) 低耗是指生产同样数量和质量的产品，人力、物力和财力的消耗最少。低耗才能低成本，低成本才有低价格，低价格才能争取到用户。

3）灵活是指能很快地适应市场的变化，生产不同的品种和开发新品种，或提供不同的服务和开发新的服务。

4）准时是在用户需要的时间，按用户需要的数量，提供所需的产品和服务。

5）合格产品和（或）满意服务是指质量。

其目标体现了 CQSTE 五方面的特征，即低成本（Cost，C）、合格质量（Quality，Q）、满意服务（Service，S）、准时性（Time，T）和清洁生产（Environment，E）。

2. 生产运作管理的基本内容

生产运作管理的内容可以分为四个层面：

（1）生产与运作战略制定　决定产出什么，如何组合各种不同的产品品种，为此需要投入什么，如何优化配置所需要投入的资源要素，如何设计生产组织方式，如何培养发展企业的核心竞争力等。

（2）生产与运作系统设计　包括生产与运作技术的选择、生产能力的规划、系统设施规划和设施布置、工作设计等。

（3）生产与运作系统的运行　主要涉及生产与运作系统的日常运行决策问题，包括生产与运作计划、生产控制、生产系统的分析与改进等。

（4）生产与运作系统的综合模式　在实践中，要对生产运作设计和运行综合优化考虑，进而决定选择何种具体有效的生产系统综合模式，如准时制、制造资源计划等先进的管理模式。

第二节　生产过程组织

一、生产或服务设施布置

1. 设施布置的基本内容

设施布置是指在已经选定的厂址范围内，对厂房、车间、设备、办公楼、仓库、公用设施等物质实体进行合理的位置安排，以便有效地为企业的生产运作服务，并获得良好的经济效果。设施布置不仅要根据厂址地形、地貌的特点确定其平面或立体的位置，还要相应确定物料流程、运输方式和运输路线。具体地讲，设施布置包括以下四个方面的内容：

（1）首先要明确应当包括哪些生产运作单位，这些生产运作单位需要多大的面积空间，形状如何，位置放在什么地方　显然，不同的企业，由于生产类型、生产规模、产品特点、企业的生产技术水平、生产专业化水平和协作化水平不同，其生产运作单位的构成是不相同的，占用的空间大小、形状位置也有很大的区别。例如，生产协作化水平很高的企业，由于大量的零部件、工模具依靠协作方式取得，因此生产运作单位比较少，有的就只设基本生产车间（如装配车间）而没有制造零部件的机加工车间，也没有制造工艺装备的工具车间。

（2）设施布置时应当满足哪些要求，遵循什么原则，选择哪种设施布置的类型　设施布置是企业生产运作的物质要素的有机组合，这种组合的合理性和有效性对生产运作系统的功能有决定性的影响，并在很大程度上决定生产成本、生产效率和经济效益。因此，设施布置必须从系统分析入手，统筹兼顾，全面规划，合理部署，讲求整体的最优效果。而要达到这个目的，首先明确设施布置的目标、要求和基本原则，正确选择设施布置类型是至关重要的前提和保证条件。

（3）采用什么样的方法和步骤来进行布置　设施布置是一项复杂的系统工程活动，受到诸多因素的影响：既要考虑当前现实，又要考虑长远发展；既要满足生产要求，又要降低成本费用；既要做到整体协调，又要考虑各个生产运作单位之间的有机联系。因此，设施布置工作应有严谨细致的态度，严密的程序步骤和科学的方法。

（4）如何对设施布置进行技术经济评价　设施布置是一项十分重要的决策，它是形成生产运作系统的物质基础，是由许多要素组合而成的。建立这些要素需要的投资很大，并且一旦建立起来形成一定的布局之后，要想改变它或进行调整是相当困难的，并且还会对生产成本、生产效率产生直接影响。因此，需要对不同的设施布置方案进行技术和经济方面的分析、评价、比较，以选择最优的布置方案。

2. 设施布置的类型

设施布置的类型在很大程度上取决于企业的生产运作组织方式。设施布置主要有以下五种类型：

（1）工艺对象专业化布置　这种设施的布置是与工艺对象专业化的生产组织方式相适应的，是一种能够满足加工不同产品或提供服务的布置。这种设施布置有明显的工艺专业化或工作专业化的特征，在某个生产运作单位中，集中同类型的设施（如设备、工具、仪器、人员等），进行相类似的生产加工或服务活动。在制造业中，工艺对象专业化布置的典型例子是机械制造厂，它按照产品的工艺特征来设置车间或工段，把同类的设备集中在一起组成生产单位，如车工车间、铣工车间、磨工车间，或在机械加工车间内设置车工工段、铣工工段、磨工工段等。在服务业中，工艺对象专业化的布置也相当普遍，如医院、银行、大学、航空公司及公共图书馆等。例如，医院中分别设置外科、内科、放射科、眼科、耳鼻喉科等并布置相应的检查、治疗仪器设备。这些工作专门化的形式，其本质仍属于工艺对象专业化布置类型。

（2）产品对象专业化布置　这种布置是适应产品对象专业化的生产组织方式的。其特点是按照某种产品的加工路线或加工顺序来布置设施，常常称为生产线。产品对象专业化布置是在一个生产单位中集中加工同一产品的各种设备和工人，完成该产品的各种工艺加工。例如，汽车装配线、电视机生产线、电冰箱生产线都是按产品对象专业化布置的。一些产量很大的零部件、标准件的生产可采用这种布置方式。例如，汽车制造厂的曲轴产量较大，可以把加工曲轴所需要的车床、铣床、磨床、钻床、热处理设备等按照曲轴加工的工艺顺序布置排列，形成一条曲轴生产线。

（3）混合式布置　混合式布置是指上述两类布置的混合。这种布置实际上是最常见的，它吸取了工艺对象专业化布置和产品对象专业化布置的长处。这种布置形成的生产单位，既对产品品种变化有一定的适应能力，又能缩短物流路程，达到提高效率、降低成本、缩短生产周期的目的。混合式布置有多种形式，例如在制造业中，零部件生产采用工艺对象专业化布置，装配车间采用产品对象专业化布置。

（4）固定布置　固定布置是指将加工的对象（如产品、零部件）的位置固定不变，而人员、设备、工具向其移动，并在该处进行加工制造的一种设施布置方式。这种布置与产品对象专业化布置正好相反，是一种特殊的布置方式，主要适用于体积大，重量也很大，难于移动的产品，如重型机床、船舶、飞机、机车、锅炉、发电机组等。大型建设项目如建筑房物、修水坝、筑路、钻井都常用固定布置方式来进行生产。

（5）零售商店布置　上面介绍的设施布置多用于制造业，对服务业而言，设施布置有自身的特点。这里介绍一下如何进行零售商店的设施布置。研究表明，零售商店的销售量随着展示给顾客的商品量的变化而不断变化，提供给顾客的产品越多，即展示率越高，销售和投资回报率也越高。因此，商店应合理安排各种商品位置空间，以吸引顾客产生购买欲望。例如：常购商品应布置在商店的四周，利润高的商品如装饰、美容、化妆品、酒类等放在醒目位置，将"能量商品"（能决定购物路径的商品）放置在过道两边，商店的进出口处也是不能忽视的，别具匠心的布置常常会有意想不到的效果。不少商店将食品、降价品放在进出口处，目的就是吸引那些贪图方便和喜欢占小便宜的顾客。

3. 设施布置的基本要求

企业是一个由许多生产运作单位构成的复杂系统，该系统的基本功能是生产产品和提供服务，其目的在于以最低的消耗获得最大的经济效果。因而，设施布置作为一项系统工程，其目标是十分明确的，就是建立一个优化物质系统，以保证实现企业的既定目标。设施布置应满足以下基本要求：

（1）符合生产运作过程的要求　厂房、设施和其他建筑物的布置，特别是各车间和各种设备的布置，应当满足产品或服务的工艺过程要求，能保证合理安排生产作业单位，便于采用先进的生产组织形式。

（2）环境条件　环境条件是指运营组织的周边特征，如噪声水平、照明、温度等，特别是服务型企业，为顾客提供服务的部门应尽可能地布置在环境较好的位置。

（3）布置应尽可能紧凑合理，有效利用面积　设施布置要讲求经济实用、协调、紧凑、合理，最充分地利用地面和空间面积，提高建筑系数（指厂房等建筑物占地面积在全厂总面积中所占的比重）。这样不仅可以缩短道路、管道距离和物料流程，而且可节约用地，减少建设工作量，降低基建投资费用。

（4）合理地划分区域　按照生产运作单位的功能要求和其他条件合理划分设施的区域位置，把功能相同或相近且条件要求靠近的生产运作单位尽量布置在一个区域内，以便于联系、协作和管理。例如，机械制造厂可以分为加工区、动力区、仓库区和办公区。

（5）充分利用外部环境提供的便利条件　设施布置时应充分考虑并利用外部环境提供的各种便利条件，如铁路、公路、港口，以及供水、供电、供气和公共设施。特别是厂外运输条件，要与厂内生产过程的流向和运输系统的配置结合起来，满足物料运输的要求。

（6）留有合理的扩展余地　企业的生产经营活动是动态发展的过程，当市场发生变化、产品结构和生产运作方法改变时，设施布置就要做相应的调整。因此，除了考虑设施布置的柔性外，还要为企业将来的发展留有余地。当然留有余地不是盲目的，要在较为精确的预测基础上进行。

二、生产过程的时间组织

合理组织生产过程，不仅要求生产单位在空间上密切配合，而且要求劳动对象和机器设备在时间上紧密衔接，以实现有节奏的连续生产，达到提高劳动生产效率和设备利用率、减少资金占用、缩短生产周期的目的。生产过程在时间上的衔接程序，主要表现在劳动对象在生产过程中的移动方式。劳动对象的移动方式，与一次投入生产的劳动对象数量有关。以加工零件为例，当一次生产的零件只有一个时，零件只能顺序地经过各道工序，而不可能同时在不同的工序上进行加工。如果一次投产的零件有两个或两个以上，工序间就有不同的移动方式。一批零件在工序间存在三种移动方式，即顺序移动、平行移动、平行顺序移动。

例 11-1 某产品共生产 3 件，经 4 道工序加工，每道工序加工的单件工时分别为 10min、5min、20min、10min，现按三种移动方式计算其生产周期，三种移动方式示意图如图 11-2、图 11-3 和图 11-4 所示。

1) 顺序移动方式，指一批零件在前一道工序全部加工完毕后，整批转移到下一道工序进行加工的移动方式。其特点是：一道工序在工作，其他工序都在等待。若将各工序间的运输、等待加工等停歇时间忽略不计，则该批零件的加工周期 $T_{顺}$ 的计算公式为

$$T_{顺} = n \sum_{i=1}^{m} t_i \tag{11-1}$$

式中，n 为该批零件数量；m 为工序数；t_i 为第 i 道工序的单件加工时间。

顺序移动方式的优点是：一批零部件连续加工，集中运输，有利于减少设备调整时间，便于组织和控制。其缺点是：零件等待加工和等待运输的时间长，生产周期长，流动资金周转慢。

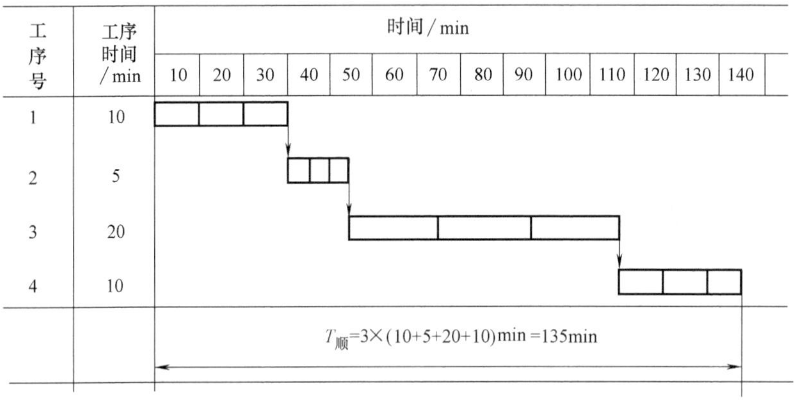

工序号	工序时间/min	时间/min
		10 20 30 40 50 60 70 80 90 100 110 120 130 140
1	10	
2	5	
3	20	
4	10	

$T_{顺} = 3 \times (10+5+20+10)\text{min} = 135\text{min}$

图 11-2 顺序移动方式示意图

2) 平行移动方式，指一批零件中的每个零件在每道工序加工完毕以后，立即转移到后道工序加工的移动方式。其特点是：一批零件同时在不同工序上平行进行加工，因而缩短了生产周期。加工周期 $T_{平}$ 的计算公式为

$$T_{平} = (n-1)t_长 + \sum_{i=1}^{m} t_i \tag{11-2}$$

式中，n 为该批零件数量；$t_长$ 为各加工工序中最长的单件工序时间；m 为工序数，t_i 为第 i 道工序的单件加工时间。

采用这种移动方式，不会出现制件等待运输的现象，所以整批制件加工时间最短，但由于前后工序时间不等，当后道工序时间小于前道工序时间时，后道工序在每个零件加工完毕后，都有部分间歇时间。

3) 平行顺序移动方式吸收了上述两种移动方式的优点，避开了其短处，但组织和计划工作比较复杂。其特点是：当一批制件在前道工序上尚未全部加工完毕时，就将已加工的部分制

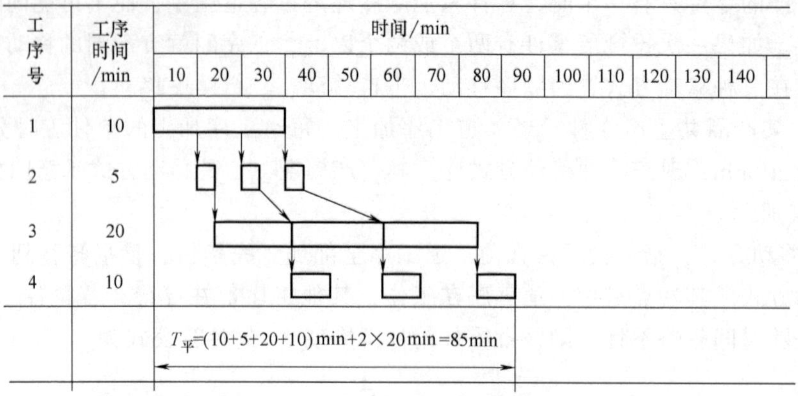

工序号	工序时间/min	时间/min												
		10	20	30	40	50	60	70	80	90	100	110	120	130	140
1	10														
2	5														
3	20														
4	10														

$T_{平} = (10+5+20+10)\text{min} + 2 \times 20\text{min} = 85\text{min}$

图 11-3 平行移动方式示意图

件转到下道工序进行加工,并使下道工序能够连续、全部地加工完该批制件。为了达到这一要求,要按下面规则运送零件:当前一道工序时间少于后一道工序的时间时,前道工序完成后的零件立即转送下一道工序;当前一道工序时间多于后一道工序时间时,则要等待前一道工序完成的零件数足以保证后一道工序连续加工,才将完工的零件转送后一道工序。这样就可将人力及设备的零散时间集中使用。平行顺序移动方式的生产周期 $T_{平顺}$ 在以上两种方式之间,计算公式为

$$T_{平顺} = n\sum_{i=1}^{m} t_i - (n-1)\sum_{i=1}^{m-1} t_{i较短} \tag{11-3}$$

式中,n 为该批零件数量;m 为工序数;t_i 为第 i 道工序的单件加工时间;$t_{i较短}$ 为每相邻两道工序中较短的单件工序时间。

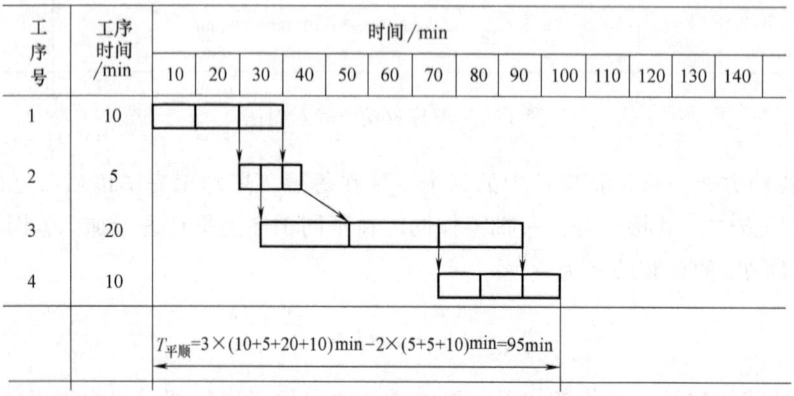

工序号	工序时间/min	时间/min												
		10	20	30	40	50	60	70	80	90	100	110	120	130	140
1	10														
2	5														
3	20														
4	10														

$T_{平顺} = 3 \times (10+5+20+10)\text{min} - 2 \times (5+5+10)\text{min} = 95\text{min}$

图 11-4 平行顺序移动方式示意图

三、生产过程的组织形式

1. 流水生产线

流水生产线又称流水作业线,是指劳动对象按照一定的工艺过程,顺序地、一件一件地通过各个工作地,并按照统一的生产速度和路线,完成工序作业的生产过程组织形式。它将对象

专业化的空间组织方式和平行移动的时间组织方式高度结合，是一种先进的生产组织形式。

（1）流水生产线的特点　专业性、连续性、节奏性、比例性、封闭性。

（2）流水线的种类　为了充分发挥流水线的优越性，人们创造了多种形式的流水线，分类如下：

1）按照流水线的连续程度，可分为连续流水线和间断流水线。

2）按流水线上生产对象的品种数，可分为单一品种流水线和多品种流水线。

3）按生产对象的移动方式，可分为对象固定流水线和对象移动流水线。

4）按流水线节拍的方法，可分为强制节拍流水线和自由节拍流水线。

5）按流水线的机械化程度，可分为手工流水线、机械化流水线和自动化流水线。

6）按产品的运输方式，可分为普通运输设备的流水线和有专用运输设备的流水线。

（3）流水生产必须具备的条件　一个企业要建流水生产线，应进行充分的可行性分析与论证。建流水线一般应具备以下条件：

1）市场需求大，产品品种稳定且量大，以保证流水线的正常负荷。

2）产品的结构、加工工艺、性能等应比较先进。

3）产品的加工过程能够细分，能分解成单个工序，以便组织生产。

4）企业自身条件，如资金、生产面积、技术力量能达到要求。

5）产品的检验工作能够在流水线上进行或通过工艺设备保证。

2. 成组技术和成组加工单元

随着社会经济的发展，社会需求出现了多品种、多变化的趋势。为提高多品种、小批量生产的效率，出现了成组技术，使多品种、小批量生产能获得流水线生产的高效率和低成本效果。成组技术是一种以零部件的相似性（主要指零件的材质结构、工艺等方面）和零件类型分布的稳定性、规律性为基础，对其进行分类，并成组并进行编码制作，以提高加工的批量，获得较好的经济效益的技术。在应用成组技术中，发展了一组多用的成组夹具，一组成组夹具一般可用于几种甚至几十种零件的加工。成组技术根本改变了传统的生产组织方法，它不以单一产品为生产对象，而以"零件组"为对象编制成组工艺过程和成组作业计划。

成组加工单元就是使用成组技术，以"组"为对象，按照对象专业化布局的方式，在一个生产单元内配备不同类型的加工设备，完成一组或几组零件的全部工艺的生产组织。采用成组加工单元，加工顺序可在组内灵活安排，多品种小批量生产可获得接近于大量流水线生产的效率和效益。目前，成组技术主要应用于机械、电子、兵器等领域。它还可以应用于具有相似性的众多领域，如产品设计和制造、生产管理等。

3. 柔性制造单元

柔性制造单元，即以数控机床或数控加工中心为主体，依靠有效的成组作业计划，利用机器人和自动运输小车实现工件和刀具的传递、装卸及加工过程的全部自动化和一体化的生产组织。它是成组加工系统实现合理化的最高级形式。它具有机床利用率高、加工制造与研制周期短、在制品及零件库存量低的优点。柔性制造单元与自动化立体仓库、自动装卸站、自动牵引车等结合，由中央计算机控制进行加工，就形成了柔性制造系统。若柔性制造单元与计算机辅助设计功能相结合，则成为计算机一体化制造系统。

总之，上述技术的出现改变了单件小批量生产的生产过程组织形式和物流方式，使之获得了接近于大量流水线生产的技术经济效益，符合市场需求的多样化、小批量和定制方向的趋势,代表了现代制造技术的发展方向。

第三节　生产计划与控制

一、生产计划

1. 生产能力

企业的生产能力是指在一定时期内,企业参与生产的全部固定资产,在既定的组织技术条件下,所能生产的一定种类和一定质量的产品数量,或者能够处理的原材料数量。生产能力是反映企业所拥有的加工能力的一个技术参数,同时也反映企业的生产规模。

实际运用中的生产能力有多种不同的表达方式,包括:设计生产能力、查定生产能力和计划生产能力等。

(1) 设计生产能力　设计生产能力是企业建厂时在基建任务书和技术文件中所规定的生产能力。它是按照工厂设计文件规定的产品方案、技术工艺和设备,通过计算得到的最大年产量。企业投产后往往要经过一段熟悉和掌握生产技术的过程,甚至改进某些设计不合理的地方,才能达到设计生产能力。

(2) 查定生产能力　查定生产能力是指企业在没有设计生产能力资料或设计生产能力资料可靠性低的情况下,根据企业现有的生产组织条件和技术水平等因素,重新审查核定的生产能力。它为研究企业当前生产运作问题和今后的发展战略提供了依据。

(3) 计划生产能力　计划生产能力也称为现实能力,是企业计划期内根据现有的生产组织条件和技术水平等因素所能够实现的生产能力。它直接决定了近期所做生产计划。

2. 生产计划的三个层次

制造企业的生产计划一般分为综合计划、主生产计划和物料需求计划三种。

(1) 综合计划　综合计划又称为生产大纲。它是对企业未来较长一段时间内资源和需求之间平衡所做的概略性设想,是根据企业所拥有的生产能力和市场需求预测对企业未来较长时间内产出内容、产出量、劳动率水平、库存投资等问题所做出的决策性描述。综合计划并不具体制订每一品种的生产数量、生产时间和每一车间及人员的具体工作任务,而是按照以下方式对产品、时间和人员做安排:

1) 产品。按照产品的需求特性、加工特性、所需人员和设备上的相似性等,将产品综合为几大系列,以系列为单位来制订综合计划。例如,服装厂根据产品的需求特性分为女装、男装和童装三大系列。

2) 时间。综合计划的计划期通常是年,因此,有些企业也把综合计划称为年度生产计划或年度生产大纲。在该计划期内,使用的计划时间单位是月或季。采用滚动式计划方式的企业,还有可能未来三个月的计划时间单位是月,其余九个月的计划时间单位是季等。

3) 人员。综合计划可用几种不同的方式来考虑人员安排问题。例如,将人员按照产品系列分成相应的组,分别考虑所需人员的水平;或将人员根据产品工艺的特点和人员所需的技能水平分组,等等。综合计划中还应考虑需求变化所引起的人员数量的变化,以决定是采取加班方式还是增加聘用人数。

(2) 主生产计划　主生产计划要确定每一种具体的最终产品在每一个具体时间段内的生

产数量。这里的最终产品是对企业而言，必须最终完成，可以马上出厂的成品。它可以是直接用于消费的消费产品，也可以作为其他企业产品的部件或配件。这里所指的具体时间段，通常以周为单位，有时也可能以日、旬或月为单位。

（3）物料需求计划　主生产计划确定后，生产管理部门下一步要做的事情是，保证完成主生产计划所规定的最终产品生产所需的全部物料（原材料、零件、部件等）以及其他资源的供应。物料需求计划就是要制订原材料、零件、部件等的生产采购计划，外购什么，生产什么，什么物料必须在什么时候订货或开始生产，每次订多少，生产多少，等等。也就是说，物料需求计划所要解决的，是与主生产计划规定的最终产品相关物料的需求问题，而不是这些物料的独立的、随机的需求问题。

图11-5概括了生产计划体系及流程。

3. 生产计划的主要指标

制订生产计划指标是生产计划的重要内容。为了有效和全面地指导企业生产计划期的生产活动，生产计划应建立包括产品品种、产品质量、产品产量和产品产值四类指标为主要内容的生产指标体系。

（1）产品品种指标　产品品种指标是指企业在报告期内规定生产产品的名称、型号、规格和种类。它不仅反映企业对社会需求的满足能力，还反映企业的专业化水平和管理水平。

产品品种指标的确定首先要考虑市场需求和企业实力，按产品品种系列平衡法来确定。

（2）产品质量指标　产品质量指标是衡量企业经济状况和技术发展水平的重要指标之一。产品质量指标包括两大类：一类是反映产品本身内在质量的指标，主要是产品

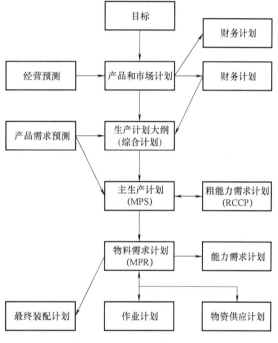

图11-5　生产计划体系及流程

平均技术性能、产品质量分等；另一类是反映产品生产过程中工作质量的指标，如质量损失率、废品率、成品返修率等。

产品质量受若干个质量控制参数控制。对质量参数的统一规定形成了质量技术标准，包括国际标准、国家标准、部颁标准、行业标准、企业标准等。

（3）产品产量指标　产品产量指标是指企业在一定时期内生产的，并符合产品质量要求的实物数量。以实物量计算的产品产量，反映企业生产的发展水平，是制订和检查产量完成情况，分析各种产品质检比例关系，进行产品平衡分配，计算实物量生产指数的依据。

确定产品产量指标的方法主要有盈亏平衡法、线性规划法等。

（4）产品产值指标　产品产值指标是用货币表示的产量指标，能综合反映企业生产经营活动成果，以便进行不同行业间的比较。根据具体内容与作用不同，产品产值指标分为商品产值、总产值和净产值三种形式。

上述各项生产计划指标的关系十分密切。既定的产品品种、质量和产量指标是计算各种产值指标的基础，而各项产值指标又是企业生产成果的综合反映。企业在编制生产计划时，应先落实产品的品种、质量与产量指标，然后据以计算产值指标。

4. 生产计划工作的主要内容

（1）做好编制生产计划的准备工作　这项准备工作是预测计划期的市场需求、核算企业自身的生产能力，为确定生产计划提供外部需要和内部可能的依据。

（2）确定生产计划指标　根据满足市场需要，充分利用各种资源和提高经济效益的原则，在综合平衡的基础上，确定和优化生产计划指标。

（3）安排产品的生产进度　在编制完生产计划，确定了全年总的产量任务后，企业要进一步将全年的生产任务具体安排到各个季度和各个月份，这就是安排产品的生产进度。安排产品生产进度的总原则是：保证交货期，实现均衡生产，注意和企业技术准备工作及各项技术组织措施的衔接。

企业在安排产品生产进度的同时，还要安排各车间的生产任务，即把全年的生产任务具体落实到各个车间，使各车间做好技术准备工作，平衡生产任务和生产能力，使企业内部各主要环节的生产任务在产品品种、数量和时间上相互协调，确保全厂产品生产进度按计划进行。

5. 生产计划的编制步骤

生产计划的编制必须遵循四个步骤：

1）收集资料，分项研究，编制生产计划所需的资源信息和生产信息。

2）拟订优化计划方案，统筹安排。初步确定各项生产计划指标，包括产量指标的优选和确定、质量指标的确定、产品品种的合理搭配、产品出产进度的合理安排。

3）编制计划草案，做好生产计划的平衡工作，主要是生产指标与生产能力的平衡，测算企业主要生产设备和生产面积对生产任务的保证程度，生产任务与劳动力、物资供应、能源、生产技术准备能力之间的平衡，生产指标与资金、成本、利润等指标之间的平衡。

4）讨论、修正与定稿报批，通过综合平衡，对计划做适当调整，正确制订各项生产指标，报请总经理或上级主管部门批准。

同时，生产计划的编制要注意全局性、效益性、平衡性、群众性、应变性。

二、生产作业计划

1. 生产作业计划的含义和内容

（1）生产作业计划的含义　生产作业计划是生产计划工作的继续，是企业年度生产计划的具体执行计划。它是协调企业日常生产活动的中心环节。它根据年度生产计划规定的产品品种、数量及大致的交货期的要求对每个生产单位，在每个具体时期内的生产任务做出详细规定，使年度生产计划得到落实。与生产计划相比，生产作业计划具有计划期短、计划内容具体、计划单位小三个特点。

（2）生产作业计划的形式　根据企业的具体情况，生产作业计划有厂部、车间和工段（班、组）三级作业计划形式。

1）厂部生产作业计划由企业生产科负责编制，确定各车间的月度生产任务和进度计划。

2）车间级生产作业计划由车间计划调度室负责编制。

3）工段级生产作业计划由工段计划调度员负责编制，分别确定工段（班、组）或工作地月度、旬（或周）以及昼夜轮班的生产作业计划。

（3）生产作业计划的内容　生产作业准备的检查，制定期量标准，编制各级、各种生产作业计划，生产能力的细致核算与平衡以及生产作业控制等。

2. 作业计划标准

作业计划标准又称期量标准，是指为制造对象（产品、部件、零件等）在生产期限和生产数量方面所规定的标准数据。作业计划标准是编制生产作业计划的重要依据和组织均衡生产的有力工具。企业的生产类型不同，生产过程组织也不同，因而形成了不同的作业计划标准。

（1）批量和生产间隔期　批量是指一次投入（出产）相同制品的数量。生产间隔期是指相邻两批同种制品投入（出产）的时间间隔。其相互间的关系可以表示为

$$批量 = 生产间隔期 \times 平均日产量 \tag{11-4}$$

$$生产间隔期 = 批量 \times 平均产量 \tag{11-5}$$

（2）生产周期　生产周期是指产品或零件从原材料投入生产起一直到成品出产为止所经历的全部日历时间。它是确定产品在各个工艺阶段的投入期和出产期的主要依据。产品的生产周期由各个工艺阶段的生产周期组成。

（3）生产提前期　生产提前期是指产品（或零件）在各个工艺阶段出产（投入）的日期比成品出产（投入）的日期要提前的时间。生产提前期有投入提前期和出产提前期。生产提前期是编制生产作业计划，保证按期交货，履行订货合同的重要期量标准。

生产提前期是以成品的出产日期作为基准，以生产周期和生产间隔期为参数，按反工艺顺序连续计算的，其计算公式为

$$某车间投入提前期 = 本车间出产提前期 + 本车间生产周期 \tag{11-6}$$

$$某车间出产提前期 = 后续车间投入提前期 + 保险期 \tag{11-7}$$

（4）在制品定额　在制品定额是指在一定技术组织条件下，为了保证生产连续所必需的最低限度的在制品数量。一定数量的在制品是保证生产正常进行的客观需要，但在制品过多，就会增加生产面积和资金占用量，影响经济效益；如果在制品过少，往往导致生产脱节，设备停歇。因此，必须把在制品定额控制在适当的水平上。在制品、半成品定额计算公式为

$$车间在制品定额 = 平均每日出产量 \times 车间生产周期 + 保险储存量 \tag{11-8}$$

$$库存半成品定额 = 后续车间平均每日需要量 \times 库存定额天数 + 保险储存量 \tag{11-9}$$

3. 生产作业计划的编制

编制生产作业计划包括编制分车间的作业计划及分工段或分小组的作业计划。这两步工作的方法原理是相同的，区别是计划编制的详细程度和责任单位有所不同。分车间的作业计划由厂部编制，它解决车间与车间之间生产数量及时间衔接等平衡问题。对于对象专业化车间，因为各个车间平行地完成各种不同产品的生产任务，按照车间的产品分工，生产能力和各种具体生产条件直接分配给各车间。对于工艺专业化车间，因为各个车间之间依次提供半成品，所以应根据生产类型和其他情况采用下列方法。

（1）在制品定额法　在制品定额法适用于大量大批生产企业。这类企业生产品种比较单一，产量比较大，工艺和各车间的分工协作关系密切稳定，只要把在制品控制在定额水平上，就可以保证生产过程协调正常地进行。采用在制品定额法，就是运用预先制订的在制品定额，按照产品的反工艺顺序，从出产成品的最后车间开始，连续地计算各车间的出产量和投入量。其计算公式为

$$某车间出产量 = 后续车间投入量 + 本车间半成品外销量 +$$
$$库存半成品定额 - 期初库存半成品预计结存量 \qquad (11-10)$$
$$某车间投入量 = 本车间出产量 + 本车间废品量 +$$
$$车间在制品定额 - 期初车间在制品预计结存量 \qquad (11-11)$$

（2）提前期法 提前期法适用于成批量生产的企业。这类企业各种产品轮番生产，各个生产环节结存的在制品的品种和数量经常不一致，但是各种主要产品的生产间隔期、批量、生产周期和提前期都比较固定，因此，可以采用提前期法来规定车间的生产任务。所谓提前期法，就是将预先制订的提前期标准转化为提前量，来规定车间的生产任务，使车间之间由"期"的衔接变为"量"的衔接。其计算公式为

$$提前量 = 提前期 \times 平均日产量 \qquad (11-12)$$

采用提前期法，对生产的产品应实行累计编号，所以又称累计编号法。所谓累计编号，是指从年初或从开始生产这种产品起，依成品出产的先后顺序，为每一单位产品编上一个累计号码。最先生产的那一单位产品编为1号，依次类推，累计编号。因此，在同一时间上，越是处于生产完工阶段上的产品，其编号越小；越是处于生产开始阶段的产品，其累计编号越大。在同一时间上，产品在某一生产环节上的累计号数，同成品出产累计号数相比，相差的号数就叫提前量。

（3）生产周期法 生产周期法适用于单件小批量生产企业。这类企业的生产任务多数是根据订货合同来确定的，生产的品种、数量和时间都很不稳定，产品是一次性生产或不定期重复生产。因此，各车间的生产在数量上衔接比较简单，关键是合理搭配订货，调整处理类似品种多变与保持车间均衡负荷之间的矛盾。

采用生产周期法规定车间的生产任务，就是根据订货合同规定的交货期限，为每一批订货编制出产品生产周期进度图，然后根据各种产品的生产周期进度表，确定各车间在计划月份应该投入和出产的订货项目，以及各项订货在车间投入和出产的时间。通过产品投入和出产进度表，就可以保证各车间的衔接，协调各种产品的生产进度和平衡车间的生产能力。

三、生产作业控制

1. 生产作业控制的含义

生产作业控制是按照生产计划的要求，组织生产作业计划的实施，在从产品投产前的准备到产品入库的整个过程中，从时间和数量上对作业进度进行控制，在实施中及时了解计划与实际之间的偏差并分析原因，认真调整生产进度，调配劳动力，合理利用生产能力，控制物料供应及运送，保质保量地完成任务。

生产作业控制是实现生产作业计划的重要保证，是整个生产过程的一个重要组成部分。

实施生产作业控制的两个重要环节是：

（1）产前控制 产前控制是生产过程控制的开始，主要指投产前的各项准备工作控制，包括技术、物资、设备、劳动力等的准备，以保证投产后整个生产过程能均衡、协调、连续进行。

（2）产中控制 产中控制即投入产出控制，是在投料运行后对生产过程的控制。它具体分为投入控制和产出控制两个方面。

1）投入控制（又称投入进度控制）是指按计划要求对产品开始投入的日期、数量、品种

进行控制，是预先性的控制。

2）产出控制（又称为出产进度控制）是指对产品（包括零件、部件）出产日期、生产提前期、出产数量、出产均衡性和成套性进行控制。

产中控制主要是从生产进度与计划进度的对比中发现偏差，观察生产运行状态，分析研究其原因，采取相应措施纠正偏差。通常根据企业不同的生产类型，通过一系列进度控制图表加以控制。

2. 生产作业控制的内容和程序

（1）生产作业控制的内容　生产作业控制主要是在生产作业计划执行过程中，对产品（或零部件）的数量和生产进度进行的控制，主要包括生产进度控制、在制品控制、生产调度工作、现场管理工作等。

（2）生产计划控制的程序

1）制定标准。制定标准就是对生产过程中的人力、物力和财力，对产品质量特性、生产数量、生产进度规定一个数量界限。它可以用实物数量表示，也可以用货币数量表示，包括各项生产计划指标、各种消耗定额、产品质量指标、库存标准、费用支出限额等。控制标准要求制定得合理可行。制定标准的方法一般有以下几种：

① 类比法。按照本企业的历史水平制定标准，也可参照同行业的先进水平制定标准。这种方法简单易行，标准也比较客观可行。

② 分解法。企业层的指标按部门和产品层层分解为一个个小指标，作为每个生产单元的控制目标。这种方法在成本控制中起重要作用。

③ 定额法。为生产过程中某些消耗规定标准，主要包括劳动消耗定额和材料消耗定额。

④ 标准化法。将权威机构制定的标准作为自己的控制标准，如国际标准、国家标准、部颁标准以及行业标准等。这种方法在质量控制中用得较多。当然，也可用于制定工作程序或作业标准。

2）测量比较。测量比较就是以生产统计手段获取系统的输出值，与预定的控制标准进行对比分析，发现偏差。偏差有正负之分，正偏差表示目标值大于实际值，负偏差表示实际值大于目标值。正、负偏差的控制论意义，视具体的控制对象而定。例如，对于产量、利润、劳动生产率，正偏差表示没有达标，需要考虑控制，而对于成本、工时消耗等目标，正偏差表示优于控制标准。在实际工作中这些概念是很清楚的，不会混淆。

3）控制决策。控制决策就是根据产生偏差的原因，提出用于纠正偏差的控制措施。一般的工作步骤是：

① 分析原因。有效的控制必定是从失控的最基本原因着手的。有时从表象出发采取的控制措施也能有成效，但它往往以牺牲另一目标为代价。造成某个控制目标失控的原因有时会有很多，所以要做客观、实事求是的分析。

② 拟订措施。从造成失控的主要原因着手，研究控制措施。传统观点认为控制措施主要是调节输入资源，而实践证明对于生产系统这是远远不够的，还要检查计划的合理性，组织措施可否改进。总之，只有全面考虑各方面的因素，才能找到有效的措施。

③ 效果预期分析。生产系统是个大系统，不能用实验的方法去验证控制措施。但为了保证控制的有效性，必须对控制措施做效果分析。有条件的企业可使用计算机模拟方法。一般可采用推理方法，即在观念上分析实施控制措施后可能会产生的种种情况，尽可能使控制措施制

订得更周密。

④ 实施执行。这是控制程序中的最后一项工作，由一系列的具体操作组成。控制措施贯彻执行得如何，直接影响控制效果，如果执行不力，则整个控制活动功亏一篑。所以，在执行中要由专人负责，及时监督检查。

第四节　精　益　生　产

一、精益生产概述

精益生产（Lean Production，LP）又称精良生产。其中，"精"表示精良、精确、精美，"益"表示利益、效益等。精，即少而精，不投入多余的生产要素，只在适当的时间生产必要数量的市场急需产品（或下一道工序急需的产品）；益，即所有经营活动都要有益有效，具有经济性。

具体来讲，精益生产方式是指运用多种现代管理方法和手段，以社会需要为依据，以充分发挥人的积极性为根本，有效配置和合理使用企业资源，以彻底消除无效劳动和浪费为目标，最大限度地为企业谋取经济效益的一种新型生产方式。

精益生产的概念是美国麻省理工学院詹姆斯·沃麦克等人在一项名为"国际汽车计划"（IMVP）的研究项目中提出来的。欧美学者在做了大量的调查和对比后，认为日本丰田汽车公司的成功是因为该公司采取了一种新的生产组织管理方式，即准时生产方式（Just In Time，JIT）。这种方式强调"只有在必要的时候，采取必要的手段，生产必要的产品"，"准时准量地生产"。它致力于消除生产中的浪费现象，消除一切非增值的环节，从而使企业兼顾了大批量生产的经济性和多品种生产的灵活性。

精益生产思想在丰田生产方式的基础上不断发展，从汽车行业到其他制造行业，进一步扩展到其他领域，不仅应用在包括汽车行业在内的机械、电子、计算机、飞机等各制造业中，还涉及供应链中的产品设计、生产供应、物流运输、产品销售等领域。它作为一种先进的管理理念对许多行业都有重要的指导作用。

精益生产既是一种以最大限度地减少企业生产所占用的资源和降低企业管理及运营成本为主要目标的生产方式，又是一种理念，一种文化。实施精益生产就是决心追求完美的历程，也是追求卓越的过程。它是支撑个人与企业生命的一种精神力量，也是在永无止境的学习过程中获得自我满足的一种境界。其目标是精益求精、尽善尽美、永无止境地追求七个"零"（"零"转产工时浪费、"零"库存、"零"浪费、"零"不良、"零"故障、"零"停滞、"零"灾害）的终极目标。其特点是去掉生产环节中一切无用的东西，每个工人及其岗位的安排原则是必须增值，撤除一切不增值的岗位。精简是它的核心，精简产品开发设计、生产、管理中一切不产生附加值的工作，旨在以最优品质、最低成本和最高效率对市场需求做出最迅速的响应。

二、精益生产的主要特征

精益生产方式综合了大量生产方式和单件生产方式的优点，又避免和克服了这两种生产方式的缺点。精益生产主要有以下特征：

1. 精益生产以简化为手段，消除生产中一切不增值的活动

精益生产方式把生产中一切不能增加价值的活动都视为浪费。为杜绝这些浪费，它要求毫不留情地撤掉不直接为产品增值的环节和工作岗位，在物料的生产和供应中严格实行准时生产制。

2. 精益生产强调人的作用，充分发挥人的潜力

精益生产方式把工作任务和责任最大限度地转移到直接为产品增值的工人身上，而且任务分到小组，由小组内的工人协作承担。为此，要求工人精通多种工作，减少不直接增值的工人，并加大工人对生产的自主权。当生产线发生故障时，工人有权自主决定停机，查找原因，做出决策。小组协同工作使工人工作的范围扩大，激发了工人对工作的兴趣和创新精神，更有利于精益生产的推行。

3. 精益生产采用适度自动化，提高生产系统的柔性

精益生产方式并不追求制造设备的高度自动化和现代化，而强调对现有设备的改造和根据实际需要采用先进技术。按此原则来提高设备的效率和柔性，在提高生产柔性的同时，并不拘泥于柔性，以避免不必要的资金和技术浪费。

4. 精益生产不断改进，以追求"完美"为最终目标

精益生产把"完美"作为不懈追求的目标，即持续不断地改进生产，消除废品，降低库存，降低成本和使产品品种多样化。富有凝聚力、善于发挥主观能动性的团队，高度灵活的生产柔性，六西格玛的质量管理原则等一系列措施，都是追求完美的有力保证。完美就是精益求精，这就要求企业永远致力于改进和不断进步。

三、精益生产的主要内容

如果把生产系统比喻成一个房屋，那么它的地基是系统的基本要素，包括：供应链管理、一体化的产品与工艺设计、标准化作业及全员生产维护。支撑这个房屋的是两根"柱子"：及时生产与质量控制。房屋里活动着的是通过企业文化融合在一起的一批灵活、熟练、有积极性的员工。房顶即精益生产方式要达到的目标：通过消除浪费、缩短生产时间来提高质量、降低成本、保证交货。图11-6所示的精益屋概括了精益生产方式的主要内容。

丰田生产系统房屋结构（精益屋）由大野耐一和丰田英二发展而成，用来向员工和供应商解释不断演进的丰田系统。该生产系统的目的是消除运营中所有的3M［Muri（过载）、Mura（不均衡）、Muda（浪费）］。这是一种让每位员工参与进来，通过PDCA（计划、执行、检查、纠正）的方法解决问题，改善质量、成本、交货期、安全和员工士气。

这个比喻实际上说出了精益生产的内容：即一个目标、两大支柱和一大基础。

1. 一个目标

一个目标是低成本、高效率、高质量地进行生产，最大限度地使顾客满意。这说明精益生产以市场为导向、以用户为出发点。

2. 两大支柱

两大支柱是准时化与人员自觉化。

（1）准时化　准时化即我们常说的JIT（Just In Time）生产，即以市场为龙头在合适的时间生产合适的数量和高质量的产品。

准时化需要以拉动生产为基础，以平准化为条件。所谓拉动生产是以看板管理为手段，采

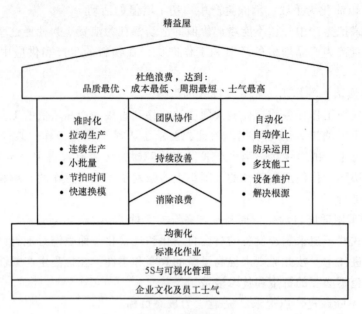

图 11-6 精益屋

用"取料制",即后一道工序根据"市场"需要进行生产,对本工序在制品短缺的量从前一道工序取相同的在制品量,从而形成全过程的拉动控制系统,绝不多生产一件产品。平准化是指工件被拉动到生产系统之前要按照加工时间、数量、品种人为地进行合理搭配和排序,使拉动到生产系统中的工件流具有加工工时上的平稳性,保证均衡生产,同时起到对市场多品种、小批量需要的快速反应和满足的功能。

(2) 人员自主化　人员自主化是人员与机械设备的有机配合行为。生产线上的机械设备发生质量、数量、品种上的问题时,会自动停机,并有指示显示,而任何人发现故障问题都有权立即停止生产线,主动排除故障,解决问题。同时,人员自主化将质量管理融入生产过程,变为每一个员工的自主行为,将一切工作变为有效劳动。

3. 一大基础

一大基础是指改善。

(1) 永远存在着改进与提高的余地　精益生产思想认为,从局部到整体永远存在着改进与提高的余地。就像丰田英二当年考察美国福特公司时,尽管福特公司当时的生产效率比丰田公司的产量高几百倍,但是丰田英二并不以此为最终目标,他在考察报告中写到:"此生产体制还有可改进的余地。"因此,精益生产思想认为,在工作、操作方法、质量、生产结构和管理方式上要不断地改进与提高。

(2) 消除一切浪费　精益生产思想认为不能提高附加价值的一切工作(包括生产过剩、库存、等待、搬运、加工中的某些活动、多余的动作、不良品的返工等)都是浪费。这些浪费必须经过全员努力不断消除。

(3) 持续改善　持续改善是与全面质量管理原则相似的管理思想。它是指以消除浪费和改进提高的思想为依托,对生产与管理中的问题,采用由易到难的原则,不断地改善、巩固和提高,经过不懈努力以求长期积累,获得显著效果。

思考与练习

1. 什么是生产运作？举例说明生产运作的类型。
2. 生产/服务设施选址应考虑的因素以及选址的方法有哪些？
3. 什么是生产运作管理？生产运作管理的目标和内容有哪些？
4. 走访一家超级市场并绘制出其布置图，谈谈你的主要观察结构。
5. 讨论生产过程的时间组织方式的特点。
6. 简述精益生产方式的含义和特征。

本 章 小 结

生产运作管理是企业竞争力的源泉，在企业管理中处于核心地位。其对制造业的生产活动和非制造业的服务活动进行计划、组织和控制，涉及生产系统的整个生命周期，包括生产系统的设计、运行与维护三大阶段。其中，生产设施规划与布置、生产过程组织和生产计划与控制是生产运作管理体系的主要内容。

企业运作方式，产品及服务的产生，以及对运作活动进行有效的计划、组织与控制，是实现企业管理的重要环节。因此，企业管理人员没有对现代生产与运作管理方法的理解，单纯的企业管理培训是完全不够的，各类人员均须具备生产与运作管理知识。生产过程与运作管理为研究企业组织过程提供了系统化方法，并广泛地用于其他职能领域。本章主要介绍以精益生产方式为代表的现代生产管理方式。精益生产方式是以市场为导向、以用户为出发点，最大限度地减少企业生产所占用的资源和降低企业管理和运营成本为主要目标的生产方式，能实现低成本、高效率、高质量地生产，最大限度地使顾客满意，是当前市场多样化和个性化需求发展的产物。精细化和柔性化是生产管理的主要发展趋势。

第十二章 工业企业质量管理

教学目的
- 掌握质量及质量管理的基本概念。
- 了解质量管理的发展历程。
- 掌握全面质量管理的概念、特点、工作方式。
- 熟悉全面质量管理的常用工具。
- 掌握 ISO 9000 族标准的基本结构及质量管理原则。
- 熟悉 ISO 9000 族标准的原则及认证方法。

学习方法
- 识记和理解基本概念,进行案例研究。

本章内容要点
- 质量及质量管理的概念。
- 全面质量管理的概念。
- 全面质量管理的特点。
- 全面质量管理的工作方式。
- ISO 9000 族标准的基本结构。
- ISO 9000 族标准质量管理原则。

第一节 质量管理概述

一、质量的概念

ISO 9000:2015《质量管理体系 基础和术语》将质量定义为:"客体的一组固有特性满足要求的程度"。其中,"固有特性"是指事物本来就有的特性。质量是由一组固有特性组成的,这些特性包括物质特性(机械、电气、化学或生物等特性)、行为特性(礼貌、诚实等特性)、时间特性(准时性、可靠性等特性)等。这一概念能够更清楚地描述质量的属性,精练而完整地明确了质量的内涵。它对质量的载体不作界定,说明质量可存在于任何领域或事物中。

因此,质量是各种特性的综合,任何一种特性都不能说明质量的全部内涵。从性能上看,奔驰轿车的性能普遍比桑塔纳轿车要好；但从经济性角度看，奔驰轿车的价格是桑塔纳轿车的好几倍，其经济性不如桑塔纳轿车。因此，我们不能简单地说奔驰轿车的质量比桑塔纳轿车高。准确把握质量的概念需要综合考虑各种质量特性。

二、质量管理的概念

ISO 9000：2015 对质量管理做了如下定义：在质量方面指挥和控制组织协调的活动。指挥和控制与质量有关的活动，通常包括质量方针和质量目标的建立、质量策划、质量控制、质量保证和质量改进。全面质量管理（TQM）是基于组织全员参与的一种质量管理形式。

1. 管理和质量管理

任何组织都要从事经营，并承担社会责任。因此，每个组织都要考虑自身的目标，为了实现目标，组织会对各个方面实行管理，如行政管理、人力资源管理、财务管理、技术管理、质量管理、营销管理等。质量管理是组织各项管理内容中的一项，质量管理应与其他管理相结合。组织的质量目标与其他目标（如增长、资金、利润、环境及职业卫生与安全等目标）相辅相成。

2. 质量策划

质量策划是质量管理的一部分，致力于制订质量目标并规定必要的运行过程和相关资源，以实现质量目标。质量策划的主要内容是制订质量目标。质量策划的类型有很多，包括的类型主要有质量管理体系策划、产品及过程策划、产品的设计开发策划等。组织通过质量策划做出正确的决策，对组织的质量管理体系和产品质量满足顾客及相关方的需要和期望起着十分关键的作用。质量策划是组织中各级管理者的重要职责。在质量策划中，各级管理者运用数据分析的方法进行识别、分析和做出正确的抉择，通过实施，确保组织质量目标的实现。

3. 质量控制

质量控制是质量管理的一部分，致力于满足质量要求。质量控制的主要内容是制订一系列过程的控制要求并实施，如文件和记录控制、设备和工作环境控制、设计开发控制、采购控制、生产控制、检验控制等。其目的是使产品、过程或体系的固有特性满足规定的要求。

质量控制贯穿于产品形成和体系运行的全过程。每一过程都有输入、转换和输出三个环节。只有通过对三个环节实施有效控制，对产品质量有影响的各个过程才能处于受控状态，稳定持续地提供符合规定要求的产品。质量控制不是质量检验。质量检验是质量控制中必不可少的重要组成部分。

4. 质量保证

质量保证是质量管理的一部分，致力于提供质量要求会得到满足的信任。

质量保证的主要内容是提供客观证据证实已经达到规定的质量要求的各项活动，目的是取得顾客和其他相关方的信任。

质量保证定义的关键词是"信任"。这种信任是在订货前建立起来的，顾客不会和与之不信任的组织订货。质量保证不是买到不合格品以后的保修、保换、保退。

质量保证和质量控制既有联系又有区别。质量控制是质量保证的前提。只有有效地实施质量控制，在此基础上才能提供质量保证。两者的区别在于目的不同。质量控制的目的是满足质量要求；质量保证的目的是通过提供客观证据来提供信任。

5. 质量改进

质量改进也是质量管理的一部分，致力于增强满足质量要求的能力。

质量改进是质量管理永恒的主题。质量改进的范围很广，包括产品的性能改进、过程的流程再造、体系的改进等。组织建立质量管理体系的目的是不仅要满足顾客对体系的要求，预防不合格品产生，提供使顾客满意的产品，而且应利用优秀的管理模式来改进、完善质量管理体系。因此，除了定期评价质量管理体系（如内部审核、管理评审）外，还应按照质量管理体系或优秀的管理模式进行自我评定，以评价组织的业绩，识别需要改进的领域，努力实施持续改进，将质量管理体系提高到一个新的水平。

三、质量管理发展历程

随着社会经济的发展，科学技术的进步，质量管理也取得了很大的发展。从发展历程上看，质量管理大体经历了三个阶段。

1. 质量检验阶段（20世纪初至20世纪30年代末）

这一阶段质量管理的主要特征是：生产与检验相分离，由专职的检验人员对完工的半成品和成品进行质量把关，隔离不合格产品。

传统上的质量管理是由生产工人进行产品质量检验，工人既是生产者又是检验者。随着人们对产品质量要求的提高，市场竞争逐渐激烈，这种自检形式的质量管理方式越来越无法适应社会发展的要求。20世纪初，泰勒提出了科学管理理论，要求按职能的不同进行合理的分工，首次将质量检验作为一种管理职能从生产过程中分离出来，设置专职检验人员，建立专职质量检验制度。这对保证产品质量起到了积极作用，它能够有效地隔离不合格产品，防止不合格产品流向下一道工序或流向顾客。

这种质量管理方式属于事后检验，虽然能够有效地隔离不合格产品，但却无法消除不合格产品。事后检验起不到预防作用，在大量生产情况下，由于事后检验信息反馈不及时所造成的浪费很大，而且事后检验要求全数检验，对破坏性的检验或检验费用过高的情况不太适合。

2. 统计质量控制阶段（20世纪40年代初至20世纪50年代末）

这一阶段质量管理的主要特征是：强调数理统计方法的作用，通过事前预防来减少浪费。

单纯的事后检验不能防止不合格产品的出现。为了减少浪费，从20世纪30年代开始，提出了缺陷预防，强调用数理统计进行事前预防，通过控制工序质量来保证产品质量。这种方法是在生产过程中定期进行抽检，并把结果作为反馈信号，通过分析和消除不正常的原因，防止不合格产品的产生，从而达到控制工序质量的目的。

统计质量控制阶段强调用数据说话，强调数据统计方法的作用，但由于忽视了组织管理和有关部门的作用，片面并过分强调数理统计的作用，结果限制了统计质量管理作用的发展，也限制了它的普及与推广。

3. 全面质量管理阶段（20世纪60年代至今）

这一阶段质量管理的主要特征是：强调"三全"，即全面的质量、全过程管理和全员参与。

第二次世界大战以后，科学技术和社会生产都得到了迅猛发展，工业产品更新换代越来越频繁，出现了许多大型的、复杂的产品。这对部件和产品的质量要求更高，单纯的统计质量控制已无法满足要求。为此，人们提出了以系统的观点，全面控制产品质量形成的各个环节。20

世纪五六十年代，一种新型的质量管理模式——全面质量管理应运而生，并首先在日本取得了很大成功，20世纪80年代以后开始盛行全球。

从我国质量管理实践来看，近40年来质量管理发展迅速。改革开放以前，我国质量管理水平与发达国家差距很大，基本是单纯的质量检验制度。改革开放以后，我国开始推行全面质量管理。1979年，我国成立中国质量协会，有组织地开展全面质量管理活动。1996年，我国颁布了《质量振兴纲要（1996年—2010年）》，这是我国宏观质量管理的一个纲领性文件。20世纪80年代末90年代初，我国等效或等同采用ISO 9000系列标准。1994年，我国颁布国家标准，等同采用ISO 9000：1994。2000年底，ISO 9000：2000问世后，我国立刻颁布国家标准，等同使用该标准。总的来说，我国正在学习西方发达国家先进的质量管理思想和方法，以缩短与其在质量管理方面的差距。

第二节　全面质量管理

一、全面质量管理的概念与特点

1. 全面质量管理的概念

1956年，美国通用电气公司质量总经理费根鲍姆首先提出了全面质量管理（Total Quality Control，TQC）的概念。他于1961年出版的《全面质量管理》一书中首先对TQC做出了定义。在20世纪的最后十几年中，经过长期而广泛的实践、积累、总结和升华，全面质量管理成为全球企业界的共同实践。全面质量管理逐渐由早期的TQC演变为TQM，它已经不再局限于质量职能领域，已演变为一套以质量为中心的、综合的、全面的管理方式和管理理念。

所以，1994版ISO 9000族标准中将全面质量管理（TQM）定义为："一个组织以质量为中心，以全员参与为基础，目的在于通过让顾客满意和本组织所有成员及社会受益而达到长期成功的管理途径。"该含义强调TQM是对一个组织进行管理的途径，除了这种途径以外还有别的管理途径；质量概念不仅包括产品质量，而且包括全部管理目标，如提高产品质量、缩短生产周期、降低采购成本等；TQM的思想是以全面质量为中心，全员参与为基础，目的是追求组织的持久成功，使顾客、社会、员工、供方或合作伙伴等相关方持续满意和受益。

2. 全面质量管理的特点

（1）全面质量管理以适用性为目标　全面质量管理是以产品是否符合用户需要为最终目标，要求产品的设计、生产等过程必须围绕用户要求来开展活动。

（2）全面质量管理强调"三全"管理　"三全"是指全面的质量、全过程的管理和全员参与。全面的质量是指质量不限于产品质量，还包括服务质量、工作质量。全过程的管理是指质量的形成不限于生产过程，还要对包括市场调研、产品开发、使用过程等在内的全过程进行管理。全员参与是指质量管理不限于领导者和质量管理人员，全体员工都要参与到质量管理中来，通过质量小组发挥作用。质量小组是以保证和提高质量为目的，由员工在自愿的基础上组成团队，通过开展质量小组活动，可以使全体员工关心质量，参与质量管理。

（3）全面质量管理坚持以质量为中心和以人为本的管理理念　以人为本，就是强调人力资源在质量管理中的重要作用。在质量管理中，要充分调动每个员工的积极性和创造性，通过组织文化建设和良好的教育协调好员工与组织的利益关系，所有员工都能够齐心协力地参与到质量管理中来。

（4）全面质量管理强调持续质量改进　质量改进是产品保持持续竞争能力的根本条件，只有不断地进行质量改进，才能满足用户不断发展的需要。全面质量管理强调有组织、有计划、持续地进行质量改进。在质量改进过程中，全面质量管理突出了质量小组的重要作用。

（5）全面质量管理强调用数据说话　全面质量管理认为质量具有波动规律，因此在质量管理中，广泛采用了各种统计方法和工具，通过定量分析来寻找质量问题，分析出现质量问题的原因，从而采取有效措施加以解决。

二、全面质量管理工作原则与方式

1. 全面质量管理工作原则

有效实施全面质量管理是企业成功的保障，在实施中需要遵循以下工作原则：

（1）预防原则　全面质量管理的根本方针是以"过程控制和预防为主"。在质量管理过程中，要认真贯彻预防原则，防患于未然。在产品设计阶段就使用质量功能展开等方法，将用户的需求转化为质量特性要求，从源头来预防质量问题的出现。在产品制造阶段，使用控制图等统计工具对过程进行质量监控，尽量预防不合格品和不合格事项的发生。在质量检验阶段，要及时进行质量信息反馈，防止质量问题的蔓延和扩大。

（2）经济原则　全面质量管理强调在质量管理过程中要考虑经济效益。在质量管理过程中，质量保证水平和质量预防深度是无止境的。而另一方面，在提高质量保证水平，加强质量预防的同时，必须要增加相应的投入。在进行产品设计或制定质量标准时，必须考虑经济性，分析投入产出的比例，确定最适宜的质量水平，选择恰当的质量预防措施。

（3）协作原则　全面质量管理强调领导者的重要作用，强调全员参与质量管理。某一质量问题，往往涉及许多部门、许多人员。因此，全面质量管理强调在设计、生产、销售、服务等各部门间建立良好的协作关系。领导者在此过程中的作用尤为突出。

2. 全面质量管理工作方式

全面质量管理强调持续地进行质量改进，其基本工作方式就是 PDCA 循环。PDCA 循环是由戴明首先提出来的，因此又称为"戴明环"。PDCA 循环由四个阶段八个步骤组成。四个阶段包括计划（P）阶段、实施（D）阶段、检查（C）阶段、处理（A）阶段，如图 12-1 所示。

1）计划阶段由四个步骤组成，包括：调查和分析现状，找出存在的质量问题；分析产生问题的原因或影响因素；找出原因（或影响因素）中的主要原因；针对主要原因制订解决问题的计划。

2）实施阶段由一个步骤组成，即执行计划。

3）检查阶段由一个步骤组成，即检查计划执行的效果。

4）处理阶段由两个步骤组成，包括：巩固成绩使之标准化；遗留问题转入下一轮循环。通过前一个步骤，可以使解决质量问题的好方法保留下来，作为以后操作的标准方

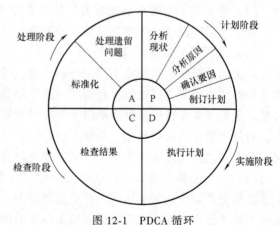

图 12-1　PDCA 循环

法，避免类似质量问题重复发生。在本次循环中没有解决的问题可作为下一轮循环的目标，转入下一轮循环。

PDCA 循环按照一定的顺序不断循环，不断地进行质量改进。大环套小环，小环保大环，相互联系，不断促进循环上升。每次循环都有新的目标和内容，每次循环都有利于提高质量。实际上，每次循环都是在上次循环的基础上发现问题和解决问题的，因而每次循环都比上次循环上升了一个高度。在不断循环、不断积累的过程中，产品质量得到不断改进。

三、全面质量管理的常用工具

全面质量管理常用的七种工具，是在开展全面质量管理活动中，用于收集和分析质量数据，分析和确定质量问题，控制和改进质量水平的常用方法。

1. 统计分析表法和措施计划表法

质量管理讲究科学性，一切凭数据说话。因此，对生产过程中的原始质量数据的统计分析十分重要，为此必须按实际工作的特点设计出相应的表格。常用的统计分析表有不良项目调查表、零件尺寸频数分布表、零件缺陷统计表、不良原因调查表、不合格品分类统计分析表、措施计划表。

2. 帕累托图法

帕累托图又称排列图，是将出现的质量问题和质量改进项目按照重要程度依次排列而采用的一种图表，是找出影响产品质量主要因素的一种有效方法。排列图用双直角坐标系表示，左边纵坐标表示频数，右边纵坐标表示频率。横坐标表示影响质量的各个因素，按影响程度的大小从左至右排列；曲线表示各影响因素大小的累计百分数，这条曲线称为帕累托曲线。通常把累计百分数分为三类：0%~80% 为 A 类，是累计百分数在 80% 的因素，显然它是主要因素；累计百分数为 80%~90% 的为 B 类，是次要因素；累计百分数为 90%~100% 的为 C 类，这一区间的因素是一般因素。

制作排列图的步骤：

1) 收集数据，即在一定时期里收集有关产品质量问题的数据。例如，可收集 1 个月或 3 个月或半年等时期里的废品或不合格品的数据。

2) 进行分层，列成数据表，即将收集到的数据资料，按不同的问题进行分层处理，每一层也可称为一个项目，然后统计一下各类问题（或每一项目）反复出现的次数（即频数），按频数从大到小的顺序依次列成数据表，作为计算和作图时的基本依据。

3) 进行计算，即相应地计算出每类问题在总问题中的百分比，然后计算出累计百分数。

4) 作排列图，即根据计算出的数据进行作图。需要注意的是累计百分率应标在每一项目的右侧，然后从原点开始，点与点之间以直线连接，从而作出帕累托曲线。

例如：对于铸成的发动机气缸盖，共发现 210 个缺陷，分别为：砂眼 74 个、裂纹 33 个、尺寸缺陷 58 个、擦伤 18 个、变形 14 个、污染 8 个以及粘连 5 个。根据以上统计数据绘制帕累托图，如图 12-2 所示。

3. 鱼骨图法

鱼骨图（见图 12-3）由日本管理大师石川馨先生发明，故又名石川图。鱼骨图是一种发现问题"根本原因"的方法。其特点是简捷实用，深入直观。它看上去有些像鱼骨，问题或缺陷（即后果）标在"鱼头"外。在鱼骨上长出鱼刺，上面按出现机会大小列出产生问题的

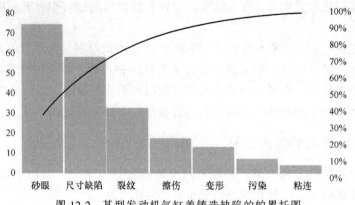

图 12-2 某型发动机气缸盖铸造缺陷的帕累托图

可能原因，有助于说明各个原因之间是如何相互影响的。

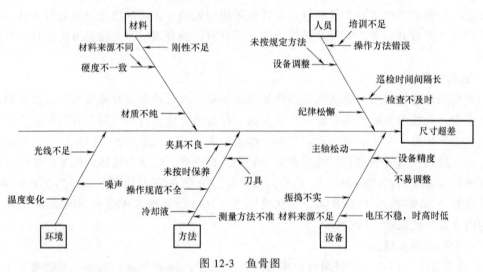

图 12-3 鱼骨图

问题的特性总是受到一些因素的影响，通过头脑风暴法找出这些因素，并将它们与特性值一起，按相互关联性整理而成的层次分明、条理清楚并标出重要因素的图形，就叫特性要因图或特性原因图。制作鱼骨图分两个步骤：分析问题原因/结构和绘制鱼骨图。

（1）分析问题原因/结构

1）针对问题点，选择层别方法（如人、机、料、法、环等）。

2）通过头脑风暴法分别对各层别找出所有可能原因（因素）。

3）将找出的各要素进行归类、整理，明确其从属关系。

4）分析选取重要因素。

5）检查各要素的描述方法，确保语法简明、意思明确。

（2）鱼骨图绘图过程

1）填写鱼头（按为什么不好的方式描述），画出主骨。

2）画出大骨，填写大要因。

3）画出中骨、小骨，填写中、小要因。

4）用特殊符号标识重要因素。

要点：绘图时，应保证大骨与主骨成 60°夹角，中骨与主骨平行。

4. 分层法

分层法又叫分类法，是分析影响质量（或其他问题）原因的方法。其方法是把收集来的数据按照不同的目的加以分类，把性质相同，在同一生产条件下收集的数据归在一起。这样，可使数据反映的事实更明显、更突出，便于找出问题。

企业中处理数据常按以下原则分类：

1）按不同时间分：如按不同的班次、不同的日期进行分类。
2）按操作人员分：如按新、老工人，男、女工，不同工龄分类。
3）按使用设备分：如按不同的机床型号、不同的工夹具等进行分类。
4）按操作方法分：如按不同的切削用量、温度、压力等工作条件进行分类。
5）按原材料分：如按不同的供料单位、不同的进料时间、不同的材料成分等进行分类。
6）按不同的检测手段分类。
7）其他分类：如按不同的工厂、使用单位、使用条件、气候条件等进行分类。

总之，目的是把不同质的问题分清楚，便于分析问题找出原因。所以，分类方法多种多样，并无任何硬性规定。为了便于理解，举两个例子说明。

例一：加工一根轴，其前工序是由两个车工甲、乙操作的，其后工序是另外两个磨工丙、丁操作的，现在要研究磨削加工过程中出现的废品。如果把丙、丁两个人加工的零件混在一起研究，只能知道这道工序上的问题，而不知每个人的加工情况。如果把车工甲加工的零件分成两部分让丙、丁磨，统计后进行分析，再把车工乙加工的零件分成两部分让丙、丁磨，同样在统计后进行分析，这样就可以清楚地了解每个人的加工情况。

例二：有一种零件在四轴自动磨床上进行磨加工，如果要分析这台磨床的加工问题，把四根轴加工出的零件分别进行分析，就能找出每一个轴上存在的问题。如果将四根轴所磨的零件混在一起分析，就很难找出问题原因。

5. 直方图法

直方图又称质量分布图。直方图法是通过对生产过程中产品质量分布状况的描绘与分析，来判断生产过程质量的一种常用方法。

（1）直方图的观察分析 作直方图的目的是通过观察图的形状，来判断生产过程是否稳定，预测生产过程的不合格品率。那么如何观察和分析呢？首先要看图形本身的形状，然后用公差（标准）要求来与之比较，这样就可大致有个结论。

关于图形，多少有些不齐，但对此不必太注意，而应着眼于图形的整个形状。常见的几种图形如图 12-4 所示。

1）直方呈锯齿状，这多因测量方法或读数有问题，也可能是数据分组不当引起的。
2）直方以中间为顶峰，左右对称地分散。正常状况都这样分布。
3）直方的顶峰偏向一侧，有时像跳动等几何公差就是这样的分布的；也有时因加工习惯造成这样的分布，如孔加工往往偏小，而轴加工往往偏大等。
4）在远离主分布中心的地方又出现小的直方。这表示有某种异常，可能加工条件有变动。
5）两个顶峰，这往往是两个不同的分布混在一起导致的。
6）直方呈平顶形，往往是由于生产过程中某种缓慢的倾向在起作用，如工具的磨损、操作者的疲劳等影响。

用直方图与公差（或标准）进行对比，看直方图是否都在公差要求范围。不过应当注意，这时想的是生产过程，并不是少数加工出来的产品。这种对比大体有七种情况，如图 12-4 所示。

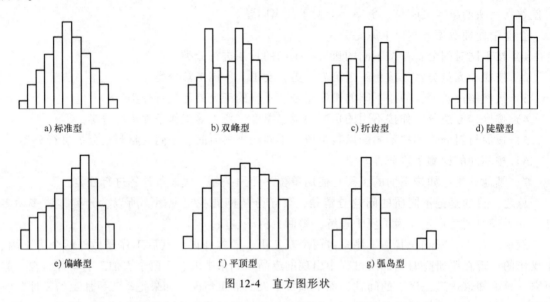

图 12-4 直方图形状

（2）工序能力和工序能力指数　工序能力是指工序在一定时间里，处于控制状态（稳定状态）下保证质量的能力。

工序能力指数（C_p 或 C_{pk}）是反映工序能力的指标。按其等级的高低，在管理上可以做出相应的判断和处置。

6. 控制图法

控制图法是以控制图的形式，判断和预报生产过程中质量状况是否发生波动的一种常用的质量控制统计方法。它能直接监视生产过程中的过程质量动态，具有稳定生产、保证质量、积极预防的作用。

控制图的基本结构如图 12-5 所示。在直角坐标中有三条线。纵坐标表示需要控制的质量特性值，横坐标表示按系统取样方式得到子样的编号；上、下两条虚线表示上控制界限（UCL）和下控制界限（LCL），中间的细直线表示中心线（CL）。在控制图上，把用系统取样

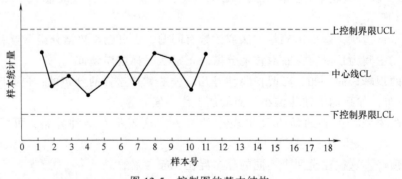

图 12-5 控制图的基本结构

方式取得的子样质量特性值，用点描在图上的相应位置。若点全部落在上、下控制界限之间，且点排列没有什么异常状况，说明生产过程处于稳定状态（控制状态）；否则，说明生产过程中出现异常因素，应查明原因，设法消除。

(1) 控制图的种类　在实践中，根据质量数据通常可将控制图分为两大类共七种。

1) 计量值控制图

① 平均值-极差控制图，一般用符号 $\bar{x}$-R 表示。

② 中位数-极差控制图，一般用符号 $\tilde{x}$-R 表示。

③ 单值-移动极差控制图，一般用符号 $\bar{x}$-Rs 表示。

2) 计数值控制图

① 不合格品数控制图，一般用符号 np 表示。

② 不合格品率控制图，一般用符号 p 表示。

③ 缺陷数控制图，一般用符号 c 表示。

④ 单位缺陷数控制图，一般用符号 u 表示。

控制图的种类虽有不同，但它们的基本原理却是相同的。

(2) 控制图的观察　如果点落到控制界限之外，应判断工艺过程发生了异常变化。如果点虽未跳出控制界限，但其排列有下列情况，也判断工艺过程有异常变化。

1) 点在中心线的一侧连续出现 7 次以上。

2) 连续 7 个以上的点上升或下降。

3) 点在中心线一侧多次出现，如连续 11 个点中，至少有 10 个点（可以不连续）在中心线的同一侧。

4) 连续 3 个点中，至少有 2 点（可以不连续）在上方或下方 2σ 横线以外出现（即很接近控制界限）。

5) 点呈现周期性的变动。

在 $\bar{x}$-R 图、$\tilde{x}$-R 图和 $\bar{x}$-Rs 图中，对极差 R 和移动极差 Rs 的控制观察，一般只要点未超出控制界限，就属于正常情况。

7. 散布图法

散布图法是指通过分析研究两种因素数据之间的关系，来控制影响产品质量的相关因素的一种有效方法。

在生产实际中，往往是一些变量共处于一个统一体中，它们相互联系、相互制约，在一定条件下又相互转化。有些变量之间存在着确定性的关系，它们之间的关系，可以用函数关系来表达，如圆的面积和半径的关系：$S = \pi r^2$。有些变量之间却存在着相关关系，即这些变量之间虽然有关系，但不能由一个变量的数值精确地求出另一个变量的数值。将这两种有关的数据列出，用点打在坐标图上，然后观察这两种因素之间的关系，这种图就称为散布图或相关图，如图 12-6 所示。

散布图法在工厂生产中会经常用到。例如，棉纱的水分含量与伸长度之间的关系，喷漆时的室温与漆料黏度的关系，热处理时钢的淬火温度与硬度的关系，零件加工时切削用量与加

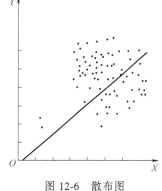

图 12-6　散布图

工质量的关系等，都会用到这种方法。

散布图的观察分析：根据测量的两种数据作出散布图后，就可以从散布图上点的分布状况，看出两种数据之间是否有相关关系，以及关系的密切程度。

第三节　ISO 9000 与质量认证

一、ISO 9000 系列标准概述

1. ISO 9000 系列标准定义

国际标准化组织（International Organization for Standardization，ISO）成立于 1974 年 2 月 23 日，是世界上最大的非政府性标准化专门机构，是国际标准化领域中一个十分重要的组织。为了适应国际贸易和国际技术经济合作与交流，提高世界各国的质量管理水平，其在 1987 年推出了 ISO 9000 "质量管理和质量保证" 系列标准。它标志着质量管理和质量保证标准走向了规范化、系列化、标准化、程序化。目前，几乎所有工业发达国家均采用 ISO 9000 系列标准作为本国国家标准。我国于 1992 年采用了此标准，发布为 GB/T 19000 系列标准，并于 1993 年 1 月 1 日起开始实施。

在国际贸易中，要求提供通过 ISO 9000 系列质量体系认证的证明，作为签订合同的一个条件，这已是一个趋势。我国企业应顺应国际潮流，积极主动地开展以 GB/T 19000 系列标准为依据的质量体系认证，提高产品质量，提高产品在国内、国际市场上的竞争力，为稳定国内市场，走向国际市场提供一把金钥匙。

ISO 9000 系列标准的定义：由 ISO/TC 176 质量管理和质量保证委员会质量体系技术委员会所制定的所有国际标准，适用于任何企业和组织，包括制造业、服务性商业、建筑业等。

2. ISO 9000 系列标准的结构

ISO 9000 系列标准的基本结构见表 12-1。

表 12-1　ISO 9000 系列标准的基本结构

核心标准	其他标准	技术报告	小册子
ISO 9000 ISO 9001 ISO 9004 ISO 19011	ISO 10012	ISO 10006 ISO 10007 ISO 10013 ISO 10014 ISO 10015 ISO 10017	质量管理原理 选择和使用指南 小型企业的应用

其中 4 个核心标准为：

（1）ISO 9000：2015《质量管理体系　基础和术语》　该标准描述了质量管理体系的基础，并规定了质量管理体系术语。

（2）ISO 9001：2015《质量管理体系　要求》　该标准提供了质量管理体系的要求，供组织证实其提供满足顾客和适用法规要求产品的能力时使用。组织通过有效地实施体系，包括过程的持续改进和预防不合格，使顾客满意。

（3）ISO 9004：2009《可持续性管理　质量管理方法》　该标准为组织提供了通过运用质

量管理方法实现持续成功的指南,以帮助组织应对复杂、多变的环境。

(4) ISO 19011:2011《质量和环境管理体系审核指南》 该标准提供了质量管理体系和环境管理体系审核的基本原则、审核方案的管理、审核的实施以及审核员资格要求等。此标准取代 1994 版的 ISO 10011、ISO 14010-ISO 14011 和 ISO 14012。

3. ISO 9000 系列标准的特点

1) 面向所有组织,适用于任何组织、企业。
2) 文字通俗易懂,结构简明。
3) 明确八项质量管理原则与质量管理的基本理念。
4) 提倡用过程方法来识别和建立体系,操作性强。
5) 以顾客满意和持续改进为目的。
6) 强化最高管理者的领导作用。
7) 考虑所有相关方的互惠互利。
8) 增强与环境管理等其他管理体系的相容性。

二、七项质量管理原则

为了实现质量目标,2015 版 ISO 9000 系列标准突出体现了质量管理的七大原则,这七大原则作为主线始终贯穿于质量管理中。

1. 以顾客为关注焦点

专家认为,组织依存于顾客。因此,组织应理解顾客当前的和未来的需求,满足顾客的要求并争取超越顾客的期望。顾客是每一个组织存在的基础,顾客的要求是第一位的,组织应调查和研究顾客的需求和期望,并把它转化为质量要求,采取有效措施使其实现。这个指导思想不仅领导要明确,而且要在全体职工中贯彻。

2. 领导作用

专家认为,领导必须将本组织的宗旨、方向和内部环境统一起来,并创造使员工能够充分参与实现组织目标的环境。领导的作用是指最高管理者具有决策和领导一个组织的关键作用。为了营造一个良好的环境,最高管理者应建立质量方针和质量目标,确保关注顾客要求,确保建立和实施一个有效的质量管理体系,确保相应的资源供应,并随时将组织运行的结果与目标进行比较,根据情况决定实现质量方针、目标的措施,决定持续改进的措施。此外,在领导作风上还要做到透明、务实和以身作则。

3. 全员参与

专家认为,各级人员是组织之本,只有他们充分参与,才能使他们的才干为组织带来最大的利益。全体职工是每个组织的基础。组织的质量管理不仅需要最高管理者的正确领导,而且有赖于全员的参与。所以,要对职工进行质量意识、职业道德、以顾客为中心的意识和敬业精神的教育,还要激发他们的积极性和责任感。

4. 过程方法

专家认为,将相关的资源和活动作为过程进行管理,可以更高效地得到所期望的结果。过程方法原则不仅适用于某些简单的过程,而且适用于由许多过程构成的过程网络。

5. 改进

专家认为,持续改进是组织的永恒目标。在质量管理体系中,改进指对产品质量、过程及体系有效性和效率的提高。持续改进包括了解现状，建立目标，寻找、评价和实施解决办法，测量、验证和分析结果，把更改纳入文件等活动。

6. 循证决策

基于数据和信息的分析及评价的决策更有可能产生期望的结果。决策是一个复杂的过程，并且总是包含一些不确定因素。对事实、证据和数据的分析可导致决策更加客观，因而更有信心。

7. 关系管理

专家认为，通过互利的关系，能增强组织及其供方创造价值的能力。供方提供的产品将对组织向顾客提供满意的产品产生重要影响。因此，能否处理好与供方的关系影响到组织能否持续稳定地提供使顾客满意的产品。对供方不能只讲控制不讲合作互利，特别是对关键供方，更要建立互利关系，这对组织和供方都有利。

三、ISO 9000 系列标准质量认证

1. 质量认证的概念

质量认证是指由可以充分信任的第三方，证实某一鉴定的产品、过程或服务符合特定或其他技术规范的活动。这里的第三方是指独立于第一方和第二方之外的一方，与第一方和第二方没有直接的经济利害关系。

2. 质量认证的分类

（1）按认证的作用分　按认证的作用可将质量认证分为安全认证和合格认证。安全认证是判断其是否符合规定的强制性标准的认证活动；合格认证是判断其是否符合国际标准、国家标准或行业标准要求的认证活动。

（2）按认证的对象分

1）产品质量认证。产品质量认证是指依据产品标准和相应技术要求，经认证机构确认并通过颁发认证证书和认证标志来证明某一产品符合相应标准和相应技术要求的活动。

2）质量体系认证。质量体系认证是指对供方的质量体系进行的第三方评定和注册活动。评定的依据是质量体系标准，评定合格的证明方式是质量体系认证证书和认证标志，目的在于通过评定和事后监督来证明供方质量体系符合并满足需求方对该体系规定的要求，对供方的质量管理能力予以独立的证实。

3）认证机构的认可。认证机构的认可是指由权威性组织依据程序对某一团体具有从事特定任务的能力予以正式认可。

3. 质量认证的原则

我国质量认证工作的主要原则为：

1）以国际指南为基础同国际接轨。

2）坚持公正。

3）认证工作统一管理。

4）自愿性认证与强制性制度相结合。

5）检验机构实行国家授权与市场竞争相结合。

4. 质量认证的主要类型

国际上通用的认证类型可归纳为以下八种：

（1）型式检验　按照规定的检验方法检验样品是否符合标准或技术规范。这种认证只发证书，不允许使用合格标志，只能证明现在的产品符合标准，不能保证今后的产品符合标准。

（2）型式检验+认证后监督——市场抽样检验　这是一种带监督措施的型式检验。监督的办法是从市场上购买样品或从批发商、零售商的仓库中抽样进行检验，以证明认证产品的质量持续符合标准或技术规范的要求。

（3）型式检验+认证后监督——工厂抽样检验　与第二种认证类型的区别在于，以工厂样品随机检验或成品库抽样检验代替市场样品的核查检验。

（4）型式检验+认证后监督——市场和工厂抽样检验　这种认证制度是第二、三两种认证制度的综合。从产品样品核查检验来看，样品来自市场和工厂两个方面，因而要求更加严格。

（5）型式检验+工厂质量体系评定+认证后监督——质量体系复查+工厂和市场抽样检验　这种认证类型，既对产品做型式检验，又对与产品有关的供方质量体系进行评定。评定内容包括供方的质量体系对其生产设备、材料采购、检验方法等能否进行恰当的控制，能否使产品始终符合技术规范。该认证通过后，可证实申请使用认证标志的供方，确能控制其生产活动，确能在标上合格标志前明确鉴别出不合格产品，将它们从合格产品中分离出来并加以纠正。

（6）评定供方的质量体系　这一认证型式已逐渐被国际上所接受。ISO 导则 48《供方质量体系的第三方评定和注册导则》规定，对供方质量体系做评定的依据是 ISO 9000 系列标准，但对供方质量体系的评定不能代替对产品的认证，因此通过质量体系评定的企业的产品不能使用合格标志，认证机构只给予与该产品有关的供方质量体系注册登记，发给注册号和注册证书，表明该体系根据 ISO 9000 系列标准中某一个质量保证模式做过评定，取得注册的权力。

（7）批量检验　这是依据统计抽样检验的方法对某批产品进行抽样检验的认证。其目的在于帮助买方判断该批产品是否符合技术规范。这一认证类型，只有在供需双方协商一致后方能有效地执行。一般说来，这种类型的认证较少被采用。

（8）全数检验　对认证产品做百分之百的检验后发给认证证书，允许产品使用合格标志。某些国家只对极少数与人民的身体健康密切相关的产品进行全数检验。

以上八种认证类型中，第六种是质量体系认证，第五种是最复杂、最全面的产品认证类型。这两种是各国普遍采用的，也是 ISO 向各国推荐的认证制度。ISO 和 IEC（国际电工委员会）联合发布的所有有关认证工作的国际指南，都是以这两种认证制度为基础的。但是，上述八种类型的质量认证制度所提供的信任程度都是相对的，即使比较完善的质量认证制度也会受到客观条件的限制。例如，很难做到对全部出厂的产品由认证机构逐个地检验其是否符合标准。然而，一个比较完善而又普遍可行的认证制度可以保证产品是在最佳条件下生产出来的，使买主买到不合格品的风险减少到最低限度。

5. ISO 9000 系列标准质量认证的步骤

ISO 9000 系列标准质量认证有八个步骤：

1）对照 ISO 9001~ISO 9003 标准，评估现有的质量程序。
2）确定改进措施，以使现行质量程序符合 ISO 9000 系列标准规定。
3）制订质量保证计划。
4）确定新的质量程序并形成文件，实施新程序。
5）制订质量手册。
6）评估前与注册人员共同分析质量手册。

7）实施评估。

8）认证。

6. ISO 9000 系列标准质量认证的意义

成功企业的经验表明，推行质量认证制度对于有效促使企业采用先进的技术标准，实现质量保证和安全保证，维护用户利益和消费者权益，提高产品在国内外市场的竞争能力，以及提高企业经济效益，都有重大意义。

（1）ISO 9000 系列标准质量认证有利于促使企业建立、完善质量体系　一方面，企业要通过第三方认证机构的质量体系认证，就必须充实、加强质量体系的薄弱环节，提高对产品质量的保证能力。另一方面，通过第三方认证机构对企业的质量体系进行审核，也可以帮助企业发现影响产品质量的技术问题或管理问题，促使其采取措施进行解决。

（2）ISO 9000 系列标准质量认证有利于提高企业的信誉，增强企业的竞争能力　企业一旦通过第三方认证机构对其质量体系或产品的质量认证，获得相应的证书或标志，则相对其他未通过质量认证的企业，有更大的质量信誉优势，从而有利于企业在竞争中取得优先地位。特别是对于世界级的企业来说，由于认证制度已在世界上许多国家，尤其是经济发达国家实行，各国的质量认证机构都在努力通过签订双边认证合作协议，取得彼此之间的相互认可。因此，如果企业能够通过国际上权威认证机构的产品质量认证或质量体系认证（注册），便能够得到各国的承认，这相当于拿到了进入世界市场的通行证，甚至还可以享受免检、优价等优惠待遇。

（3）ISO 9000 系列标准质量认证有助于为企业减少工作量、节省精力　ISO 9000 系列标准质量认证可以减少企业重复向用户证明自己确有保证产品质量能力的工作，使企业可以集中精力来抓产品开发及制造全过程的质量管理工作。

（4）获得了国际贸易"通行证"，消除了国际贸易壁垒　许多国家为了保护自身的利益，设置了种种贸易壁垒，包括关税壁垒和非关税壁垒。其中，非关税壁垒主要是技术壁垒，技术壁垒中又主要是产品品质认证和 ISO 9000 质量体系认证的壁垒。特别是在"世界贸易组织"内，各成员国之间相互排除了关税壁垒，只能设置技术壁垒，所以，获得质量认证是消除贸易壁垒的主要途径。我国加入世界贸易组织以后，失去了区分国内贸易和国际贸易的严格界限，所有贸易都有可能遭遇上述技术壁垒，应该引起企业界的高度重视，及早防范。

（5）节省了第二方审核的精力和费用　在现代贸易实践中，第二方审核早就成为惯例，又逐渐发现其存在很大的弊端：一个供方通常要为许多需方供货，第二方审核无疑会给供方带来沉重的负担；另一方面，需方也需支付相当的费用，同时还要考虑派出或雇佣人员的经验和水平问题，否则，花了费用也达不到预期的目的。唯有 ISO 9000 认证可以排除这样的弊端，因为作为第一方的生产企业申请了第三方的 ISO 9000 认证并获得了认证证书以后，众多第二方就不必要再对第一方进行审核了。这样，不管是对第一方还是对第二方，都可以节省很多精力或费用。还有，如果企业在获得了 ISO 9000 认证之后，再申请 UL、CE 等产品品质认证，还可以免除认证机构对企业的品质保证体系进行重复认证的开支。

（6）有效地避免产品责任　各国在执行产品品质法的实践中，由于对产品品质的投诉越来越频繁，事故原因越来越复杂，追究责任也就越来越严格。尤其是近几年，发达国家都在把原有的"过失责任"转变为"严格责任"法理，对制造商的安全要求提高很多。例如，工人在操作一台机床时受到伤害，按"严格责任"法理，法院不仅要看该机床机件故障之类的品质问题，还要看其有没有安全装置，有没有向操作者发出警告的装置等。法院可以根据上述任何一个问题判定该机床存在缺陷，厂方便要对其后果负责赔偿。但是，按照各国产品责任法，如果厂方能够提供 ISO 9000 品质体系认证证书，便可免赔，否则，要败诉且要受到重罚。随着我国法治的完善，企业应该对"产品责任法"高度重视，尽早防范。

思考与练习

1. 何谓质量管理？质量检验、质量控制、质量保证的区别是什么？
2. 全面质量管理的基本特点及工作原则是什么？
3. 何谓 PDCA 循环？
4. ISO 9000 系列标准的基本结构是什么？
5. 2015 版 ISO 9000 系列标准质量管理的七大原则是什么？
6. 何谓质量认证？其分类有哪些？

本 章 小 结

企业要生存、要发展、要从市场获得更多的利润，就必须向市场提供客户满意甚至是使客户产生意外惊喜的高质量产品和服务。因此，质量是每个企业都必须高度关注的主题。

本章从质量基本概念的讨论开始，介绍了质量管理以及全面质量管理的基础理论、基本原则。由于国际贸易发展的需要，本章还讨论了 ISO 9000 系列标准，以及质量管理体系和产品质量认证的有关内容。为了更好地控制生产过程的质量，本章着重讨论了质量管理常用的七种工具。

第十三章 工业企业技术管理

教学目的
- 理解技术创新的含义、模式，了解知识产权保护。
- 理解技术引进的概念，熟悉技术引进的形式和程序。
- 理解新产品开发的概念、分类、方向、方式、过程和方法。

学习方法
- 识记和理解基本概念，理解工业企业技术管理各项工作的内容。

本章内容要点
- 技术创新的模式。
- 技术引进的形式和程序。
- 新产品开发的方式、过程和方法。

第一节 技术创新

创新是企业生命所系，再有优势的企业，如果一旦固守现有产品和生产技术，放弃了创新，它必将面临市场萎缩，终致破产。技术创新是当代企业的趋势，已成为企业腾飞的羽翼。

一、技术创新概述

1. 技术创新的含义

技术创新的概念，最早是由美籍奥地利经济学家约瑟夫·熊彼特于1912年在其著作《经济发展理论》中提出的。熊彼特认为，创新是指"企业家对于生产要素的新组合"，创新的目的在于获取潜在利润。熊彼特将创新概括为以下五种形式：①引入新的产品或提供产品的新质量；②采用新的生产方法、新的工艺过程；③开辟新的市场；④开拓并利用新的原材料或半成品的供给来源；⑤采用新的组织方法。

狭义的技术创新是指从技术的新构想开始，经过研究开发或技术组合，到获得实际应用产生经济、社会效益的商业化的全过程。其中，"技术的新构想"指新产品、新服务、新工艺的新构想，构想的产生可以来源于科学发现、技术发明、新技术的应用，也可以来源于用户需求；"技术组合"是指对技术进行新的组合，它只需进行少量的研究开发，甚至不经过研究开发即可实现；"实际应用"是指生产出新产品、提供新服务、采用新工艺，或对产品、服务、工艺进行改进;"经济、社会效益"是指近期或未来的利润、市场占有率或社会福利等;"商业化"是指全部用于商业目的;"全过程"则指从新构想产生到获得实际应用的全部过程,这一过程如止于新设想或研究开发,则不能称其为技术创新。

而广义的技术创新概念除了技术的创新之外,还包括概念创新、制度创新、组织创新、管理创新等。

技术创新不同于发明和科学重大发现。发明和科学重大发现属于基础科学研究的范畴,一般不能直接用于生产和经营活动,不能直接产生经济效益。而技术创新位于技术开发和研究阶段,有赖于发明和科学重大发现,但是大部分技术创新是在原有的发明和发现的基础上不断进行创新活动,形成差异性的产品。一个重大的科学发明或发现可以引发一系列的技术创新。

2. 技术创新的特征

(1) 以技术为基础 在企业经营活动中还存在制度创新、组织创新和管理创新等,它们都可能产生增值,而技术创新往往要有相应的制度、组织和管理与创新相配合,其他方面的创新往往以技术创新为基础。

(2) 所依据的技术变动有较大的弹性 弹性主要体现在两方面:一是在概念的外延上,不仅包括新产品、新工艺,也包括对产品、工艺的改进;二是在实现方式上,可以在研究开发获得新知识、新技术的基础上实现技术创新,也可以将已有技术进行新组合实现技术创新。

(3) 以商业化为目标 技术创新是一种以技术为手段,实现经济目的的活动。技术创新的关键在于商业化,技术创新成功与否的基本标准是其实现的商业价值。

(4) 不确定性 信息约束和多种因素的突变干扰导致创新者在创新过程中决策困难,它包括发明活动的不确定性、试验的不确定性、生产的不确定性等。创新是一项风险很大的投资活动。

(5) 创造性兼有破坏性与创新性特征 推陈出新、否定之否定、不破不立。创造性的关键在于创造性思维;创造性的破坏贯穿于创新全过程:构思→设计→工艺→研制→生产→工程化→产业化→市场化。

(6) 统一性 技术创新围绕科技与经济、科技与市场结合展开,技术创新是技术发明与扩散之间的中介、桥梁,谋求科技与经济的统一。

(7) 综合性 各种创新的综合、各类学科的交叉。

(8) 系统性 技术创新是一个系统,即技术创新是一个涉及多方面、多过程的活动,它要求企业内外环境密切配合,企业内各个部门密切配合,各种时机密切配合,只有这样才能使创新得以实现。

(9) 市场性 技术创新把科技成果引入生产体系,变成商品,在市场上销售以实现价值。市场是技术创新的出发点和归宿,是技术创新的源泉和动力。

3. 技术创新的分类

对技术创新可以从不同的角度进行多种分类。

(1) 按创新程度分类 按技术创新中技术变化的强度分类,可将技术创新分为根本性创新和渐进性创新两类。

1) 根本性创新。根本性创新是指在技术上有重大突破的技术创新,可在一段时间内引起产业结构的变化。例如,互联网的发展带来了计算机产业的革命,基因工程(生物技术)的发展带来了疾病治疗的革命,数字式高清晰电视机是电视机领域的一项根本性创新。

2）渐进性创新。渐进性创新是指对现有技术进行局部性改进所引起的渐进的、连续的创新。渐进性创新虽是小创新，但它的重要性不可低估。一方面，这是因为许多大创新需要许多小创新的辅助才能作用，这些大小创新是融于一体的。例如，电是一项重大的创新，但若要离开变压器、高压输变电技术这些小创新，电就不可能进入千家万户。另一方面，一些创新虽然从规模、科学突破上不起眼，但都可能具有很大的商业价值，如集装箱的推广使用。

（2）按创新对象分类　按创新对象不同，可将技术创新分为产品创新和工艺创新两类。

1）产品创新。产品创新是指创新的目的是得到新的或有某种改进、改善的产品。广义的产品包括服务（无形产品），因此，产品创新也包括服务创新。按照技术变化量的大小，产品创新可分为重大产品创新和渐进产品创新。

重大产品创新是指在产品用途及应用原理等方面发生显著变化的产品创新。美国无线电公司生产的电视机、德克萨斯仪器公司推出的集成电路、斯佩里兰德公司开发的电子计算机等把人类带入信息社会，波音公司研制的喷气式发动机创造了高速客车上天的奇迹。这些都是利用新的科学发现或原理，通过研究开发设计出全新产品的典型例子，这类产品创新就是重大产品创新。

渐进产品创新是指在技术原理没有发生重大变化的情况下，基于市场需要对现有产品进行功能上的扩展和技术上的改进。例如，由包装箱发展起来的集装箱，由收音机发展起来的组合音响等。正是这些渐进的产品创新，不断地吸引着大量的顾客，为企业产品开辟了广阔的市场前景。

2）工艺创新。工艺创新又称过程创新，是指在生产（服务）过程技术变革的基础上实现的技术创新，它包括新工艺、新设备和新的组织管理方式。工艺创新同样有重大和渐进之分。

重大工艺创新是指在技术有重大变化的基础上采用全新工艺的创新。例如，炼钢工艺中的氧气顶吹转炉工艺就是对平炉工艺的重大创新；另外，钢铁生产中的连铸系统、早期福特公司采用的流水作业生产方式以及现代的计算机集成制造系统等，都是重大的工艺创新。

渐进工艺创新是指对原有工艺进行改进，以提高生产效率，降低生产成本所形成的创新。例如，在生产过程中大量采用计算机控制，并未改变基本工艺流程和方法，但也能产生良好的经济效益。

（3）按创新的技术变化性质分类　按创新的技术变化性质来划分，技术创新有原理独创型、结构综合型、功能移植型和局部革新型四种类型。

1）原理独创型的技术创新是指根据基础科学研究发现的科学原理，通过应用科学研究探索得到的技术原理，创造出全新的技术实体（装置和工艺）。例如，本生和基尔霍夫根据牛顿的色散原理和夫琅和费的光谱线发明了光谱分析技术，马可尼和波波夫按照麦克斯韦的电磁波原理及赫兹的电磁波发现和创造了无线电通信技术。

2）结构综合型的技术创新是指把几种科学原理规定的现有技术重新组合起来，创造出结构全新的技术装置、手段和工艺。例如，科罗廖夫和布劳恩设计火箭、卫星、飞船等航天技术装置时，就将早已成熟的材料技术、燃烧技术、动力技术、通信技术、控制技术等综合而成的。

3）功能移植型的技术创新是指根据自然规律在各种不同的情况下的特殊表现，按现有的成熟技术在不同条件下的不同功能作用，把它移植推广到其他领域中去，扩大技术的功能范围。例如，X射线被发现后，运用到医学界，为人类带来了巨大的福音。

4）局部革新型的技术创新是指在原有技术主体部分基本原理不变得情况下，对其缺陷或不足的部分加以改进，使之不断完善和成熟起来，更加适应人的需要。例如，瓦特对纽可门等前人发明的蒸汽机做了几项改革，加上分离的冷凝器和离心调节器等装置，发明了往复式蒸汽机，引起了一场动力改革，把第一次技术革命推向高潮。

4. 技术创新的原则

技术创新作为一种技术研究和技术实践活动，有它自身的客观规律性，必须遵循一些基本原则。

（1）市场原则　企业技术创新必须以市场需求为依据和出发点，没有市场需求的技术创新对企业是毫无意义的。为此，企业技术创新必须能实现商品化，有市场前景和竞争力，能最大限度地满足市场需求和用户满意并使企业有较佳的经济效益。同时，企业技术创新应追求市场营销最大化，而不是不管是否有市场需求或盲目追求高、精、尖或"赶超"。

（2）企业为创新主体原则　坚持以企业为技术创新的主体，加速实施技术创新工程，形成以企业为中心的技术创新体系。坚持以企业为技术创新的主体，就是要使企业成为创新决策的主体，产品、技术开发的主体，资本投资的主体，创新收益分配的主体和承担创新风险的主体，并建立起高效的技术开发体系，使企业真正拥有强大的技术开发能力。同时，企业还要充分利用科研部门、大专院校的科技资源，吸引国内外科技力量进入企业，与科研院校建立多种形式、长期稳定的合作关系，使这部分力量在促进企业技术创新中发挥作用。

（3）创新效益原则　创新效益是多方面的，包括经济效益、社会效益、环保效益、生态效益与企业效益的融合。技术创新必须经济合理，要以技术和经济之间互为基础、协同作用的发展规律为依据，以创新效益为尺度，分析和权衡技术创新活动的经济支持基础和可能的宏观经济效果及微观经济效果，最大限度地追求技术创新的经济合理化；以技术为中介协调人与自然的关系，要从观念上把技术创新项目在研制、生产和使用全过程进行综合权衡，对该项目的当前与长远、局部与整体的企业效益、社会效益、环保效益、生态效益、经济效益进行统筹兼顾、全面安排。

（4）技术创新与制度创新相结合的原则　技术进步的核心是技术创新，是发展科技生产力。制度创新可为生产力的迅速发展创造内在动力机制。制度创新有利于增强企业的活力和动力，技术创新有利于提高企业的实力和能力，两者相辅相成。技术创新和制度创新的有机结合，是企业在激烈市场竞争中求得生存和发展的关键。通过建立规范化的公司法人治理结构，使企业内部经营管理层职、责、权明确，形成所有者、经营者、劳动者之间相互激励和相互制衡的关系，形成科学的管理体制、约束机制，从而使企业具有技术创新的持续能力。

（5）有所为，有所不为的原则　有所为是指应尽可能跟踪、了解新知识、新技术、新潮流，做到纵观天下、视野开阔。有所不为是指对企业不熟知的领域没有必要涉足，而对确定的领域则要下大力气，花大资本投入，形成自己独特的技术和知识专利。

二、技术创新模式的选择

企业技术能力的演化和技术创新模式的升级，是引进消化吸收再创新的重要特征。技术能力按照演化维度可分为技术仿制、创造性模仿和自主创新三个阶段。技术创新模式取决于创新能力，要与之相适应才能取得最佳的创新效益。技术能力按照技术创新的自主程度由低到高可分为简单仿制、模仿创新以及自主创新三种层次。企业引进消化吸收再创新，实质上是技术能力和技术创新模式匹配关系的形态不断演进的过程。技术创新模式可分为自主创新模式、合作创新模式和模仿创新模式。

1. 自主创新模式

自主创新模式是指通过拥有自主知识产权的独特核心技术以及在此基础上实现新产品价值的过程。这种创新所需的核心技术来源于内部的技术突破，摆脱技术引进、技术模仿对外部技术的依赖，依靠自身力量，通过独立的研究开发活动而获得的。其本质就是牢牢把握创新核心环节的主动权，掌握核心技术的所有权。自主创新的成果，一般体现为新的科学发现以及拥有自主知识产权的技术、产品、品牌等。

自主创新是企业技术创新的最高境界，是企业成为技术领先者和市场领袖的根本标志。只有自主创新才能创造世界品牌，生产出全球性产品。不过自主创新具有高投资、高风险特性，另外还要求企业具有实力雄厚的研究开发机构与成果积累，有强大而领先的技术作为后盾。

2. 合作创新模式

通过对各种现有技术的有效集成，形成有市场竞争力的产品或者新兴产业。引进消化吸收再创新是指在引进国内外先进技术的基础上，学习、分析、借鉴，进行再创新，形成具有自主知识产权的新技术。引进消化吸收再创新是提高自主创新能力的重要途径。发展中国家通过向发达国家直接引进先进技术，尤其是通过利用外商直接投资的方式获得国外先进技术，经过消化吸收实现自主创新，不仅会大大缩短创新时间，而且会降低创新风险。

传统观念认为，只要企业技术能力强就应采取自主创新方式。然而，科技与社会进步使得不论制造技术还是产品技术都成为一个复杂的技术体系，个别企业的技术能力已不能完全覆盖创新涉及的所有技术领域，这就使得合作创新成为社会分工的必然。它以合作伙伴的共同利益为前提，以资源共享和优势互补为基础，有明确的合作目标、期限、规则，合作各方在技术创新的全过程或某个环节共同投入、共同参与、共享创新成果、共担创新风险。模式有合同创新模式、项目合伙创新模式、基地合作创新模式、基金合作创新模式以及研究公司合作创新模式。

3. 模仿创新模式

模仿创新是指技术水平落后的企业引进、购买或破译领先者的核心技术和技术秘密，进行消化吸收后达到自己创新目的的创新方式。这种创新方式可以使落后企业短期内提高技术水平和自主创新的能力，为进一步发展打下基础。

模仿创新的优势是前期投资少，风险小，可尽快专注产品改进和生产，市场开发具有更大的灵活性等。模仿创新也有明显缺陷。模仿学习最大的功能是定向而非赶超，模仿追随虽能获得眼前的利益和一时的成功，但它会付出扼杀个性的代价。

企业应该根据不同创新模式对技术和资金等方面的要求，结合自身条件，选择适合自己发展的创新模式，不能好大喜功，认为自主创新带来的优势最大，就一味地追求自主创新，以免无法承担创新带来的挑战。

三、知识产权保护

科学技术的飞速发展以及其对社会生产贡献的比重不断加大，使得世界各国都必须重视科技发展，重视知识对社会要素的贡献。鼓励创新和保护知识产权，从本质上讲是科技发展和时代进步的内在要求。同时，随着全球经济一体化的不断深入，企业间的竞争变得日益激烈，需要通过创新，并依赖于健全的知识产权保护体系对创新成果的合理化保护，获取持续竞争优势。

1. 知识产权的定义

知识产权泛指人类就其智力创造的成果依法享有的专有权利，可分为两大类：第一类是创造性成果权利，包括专利权、集成电路布图设计专有权、植物新品种权、专有技术权、版权（著作权）、软件权等；第二类是识别性标记权，包括商标权、商号权（厂商名称权）、其他与制止不正当竞争有关的识别性标记权利（如产地名称等）。

狭义的知识产权仅包括工业产权和版权。其中，工业产权包括专利权、商标权和制止不正当竞争权。

2. 知识产权的法律保护

自 2008 年《国家知识产权战略纲要》颁布之后，我国陆续修订了《中华人民共和国商标法》《中华人民共和国专利法》《中华人民共和国著作权法》《中华人民共和国反不正当竞争法》等法律法规。从宏观层面上讲，国家已经在法律制度层面为企业知识产权权益的保护提供了较强的法律依据，为企业制定知识产权保护制度及具体实施方法指明了方向。

第二节　技　术　引　进

一、技术引进的概念

技术引进是指技术接受方通过贸易、经济合作或其他方式从技术供给方获得先进技术的过程，包括获得产品的设计制造工艺、材料配方、测试方法、样机、样品以及科学的经营管理方法等。

技术引进过程包括消化吸收和创新发展两个层次。消化吸收实质上是掌握引进技术的精髓，变引进技术为自己的技术，使引进的技术适应本国和本企业的生产条件。引进技术的消化吸收包括国产化改革，即通过转化设计标准、图样、工艺标准、检验标准等各个技术环节，使用国产原材料、零部件和配套件，生产出性能和质量达到转让产品的水平。一个国家或一个企业要获取竞争优势，不能只靠消化吸收来提高技术水平，必须在消化吸收的基础，依靠本国或本企业自主研究开发能力的提高去创新发展，实现技术引进的良性循环。例如，第二次世界大战后的日本在 20 世纪五六十年代从美国、西欧引进了一大批先进技术，通过对引进技术的消化吸收，创造出更新的技术和产品，并将产品远销美国和西欧，促进了日本经济的飞速发展。

二、技术引进的主要形式

1. 许可证贸易

许可证贸易是国际技术转让的基本形式。许可证贸易是指许可方向被许可方通过签订许可合同的形式转让某项专利、专有技术或商标的使用权，允许被许可方按该项技术制造、使用和销售合同产品，被许可方支付相应的技术费给许可方作为报酬。

许可方称为供方、输出方，被许可方称为受方、输入方或引进方。在技术转让过程中，供方有义务向受方提供有关技术资料，还要按合同规定，负责培训受方的生产操作人员，派遣技术人员到受方企业对合同产品的生产和质量进行指导，保证产品达到合同规定的经济技术指标。受方根据合同支付技术使用费及其他报酬,并承担保守技术秘密及其他义务。

按许可合同交易标的不同,许可贸易可划分为三种类型,即专利许可、专有技术许可、商标许可。在技术交易过程中,有时单独签订某一类型的许可合同,但在多数情况下,都是签订上述两种或三种类型的混合合同。许可证贸易是国际技术转让的一种最普遍的形式。

按供方授予权利范围划分,许可合同有下列几种:

(1) 独占许可　即供方给予受方在一定的地域内对该项技术及其产品有制造、使用和销售的权利,许可方和任何第三方都不得在规定的地区内使用该项技术制造或销售产品。这种许可方式严格划分了市场势力范围,如果在规定地区内有订户向供方订货,供方必须将第三者的订货转给受方。

(2) 排他许可　即供方与受方都有在一定地域内对该项技术及其产品拥有制造、使用和销售的权利。但供方不得与第三方签订同一内容的许可合同,因此任何第三方无权在规定的地区内使用该技术制造和销售产品。

(3) 普通许可　即受方在一定地域内对该项技术及其产品拥有制造、使用和销售的权利,供方也保留在规定地区内使用该项技术制造和销售产品,或在该地区内把该项技术的使用权再转让给第三方的权利。

(4) 分许可　即受方在指定的地域内将供方授予的该项技术的使用权转授给第三方,又称为可转售许可。这种许可,第三方与受方存在契约关系而与供方无关系,一切由受方负责。

(5) 交换许可　即双方互相交换各自的专利或专有技术,互为技术的供方与受方,双方对对方的许可技术拥有制造、使用和销售的权利。双方的权利可以是独占的或非独占的,权利对等,一般不收费。

2. 技术咨询服务

技术咨询服务是指咨询公司向雇主提供技术服务,并取得一定报酬的一种技术贸易方式。雇主支付咨询公司的咨询费用一般为工程总值的 2%~8%。

技术咨询服务的范围广泛,可以包括引进项目的可行性研究、引进技术方案的设计、引进方案的审核等问题。

技术咨询服务是一种比较灵活的技术贸易方式,受方可以根据需要聘请一家咨询公司承担某项工程设计工作,也可以聘请几家咨询公司分别承担某项大工程任务。咨询服务的特点是咨询公司以雇主的代理人身份办事。在咨询活动中,双方比较容易取得一致性意见。

3. 技术协助

在技术转让过程中,供方承担传授技术的义务,供方必须把自己所掌握的技术知识和经验传授给对方,但是有些技术知识和经验难以用书面表达出来,必须通过示范等方式来传授,使受方能够真正掌握该项技术,并且生产出合格的产品。在这一过程中,技术协助成为不可缺少的环节。它可以包括在技术转让合同中,也可以作为特定的项目签订单项合同。

技术协助可以通过讲授、实习、操作等方法培训受方有关人员,使其充分了解和掌握技术的特点和诀窍,能够独立进行操作和生产。也可提供技术指导和技术服务,协助解决生产中的技术问题。

4. 工程承包

工程承包是受方委托供方按规定条件承包建设某项工程,在工程项目中提供技术的一种贸易方式。按照这种方式,工程项目的建设和全部技术工作由技术供方承担,包括工程设计、土建施工、提供机器设备并进行安装、提供技术、培训人员、投产试机、质量管理。整个工程项目建成后交付受方使用。因此，工程承包方式又称为"交钥匙"方式。

工程承包是一种综合性的国际经济合作方式，其中包含一揽子的技术转让，需要签订若干个合同，如工程设计、专利、专有技术许可合同等。

工程承包一般通过招标方式进行。受方公开邀请取得投标资格和愿意承包该工程的承包商投标，投标书公开该工程性质、合同条件、技术细节和投标方式。受方与中标者签订具体承包合同。

5. 合作生产

合作生产是不同企业根据共同签订的协议，分别生产同一产品的不同零部件，由一方或双方装配成产品出售；或者分别制造对方所需要的零部件，互相交换，各自组装成产品出售；或者一方按另一方的要求进行生产。

合作生产的过程也是转让技术的过程，通常由一方提供技术指导，另一方或双方分别生产按协议规定的零部件。有时也可以共同设计、共同研究确定产品零部件的规格，在技术上互相合作，互相吸取对方的技术。此外，在合作生产合同中，往往包括销售合作，在销售上采取联合行动，建立共同的销售渠道。

在合作生产过程中，双方各自经营、独立核算。合作生产的期限可以是长期的，也可以是短期的，甚至一次性的。

6. 合作经营与合资经营

合营企业有两种类型，即契约式合营和股权式合营。前者称为合作经营，后者称为合资经营。合作经营一般不以各自投入资本的多少来决定合作各方的权利和义务，投资各方以自己的法人身份进行合作，合作各方的权利、义务、责任均由合作各方在合同中明确规定；合资经营是以货币计算各方投资的股份和比例，由投资者共担风险、共负盈亏，并建立具有法人地位的合作实体，合作各方的权利、义务、责任以股本为依据。一般来说，一方提供机器设备、专利技术、专有技术等先进的技术手段，另一方则可根据自身情况提供厂房、土地、动力和现金等入股。

7. 补偿贸易

补偿贸易是供方接受受方以产品偿付设备贷款和技术使用费的一种贸易方式。受方在信贷的基础上，从供方进口成套设备和技术，然后用这些设备和技术生产的产品的全部或部分返销给供方，以偿付供方提供的设备和技术费用，或者以其他产品和货物来抵偿这些费用。在补偿贸易中，受方引进的成套设备往往包含专利或专有技术的转让，所以补偿贸易是一种技术贸易形式；如果补偿贸易不包括技术转让，则不属于技术贸易方式，而是一般的贸易形式。

补偿贸易的特点是用产品偿付设备和技术的价款，而不用现汇支付。这种方式可以解决外汇短缺的困难，有利于设备和技术的引进。同时，由于补偿产品的质量直接关系双方的利益，双方都关心企业的经营管理和技术水平的提高。

三、技术引进的程序

1. 引进前的准备

引进项目的准备工作是一项涉及多学科的工作，需要由工程技术人员、经济管理人员等组成的团队来进行。它是在调查研究的基础上选择引进方案，并对这些方案进行分析、预测、比较和综合平衡，从而确定引进项目的技术内容、规模及引进的方式等。我国规定，所有技术引进项目都要编制项目建议书，进行可行性研究，只有在项目可行性研究报告经过有关机构的审查批准以后，才能据以对外签约，以避免或减少决策失误，真正达到引进先进、适用的技术，提高技术水平的目的。

2. 评估与决策

项目的可行性研究完成后，就应该进行项目的评估和决策。决策者可以根据对项目的财务效益、经济效益和社会效益的综合评估做出选择。项目的财务效益反映项目本身有无足够的盈利，项目的经济效益反映项目对经济整体的影响和贡献，项目的社会效益则反映项目对社会整体的影响和贡献。

3. 合同的谈判、订立及履行

首先，做好谈判前的准备工作，建立由项目主持人、项目技术负责人、项目经济负责人、法律专家、翻译等组成的谈判小组，制订谈判计划与方案。其次，进行技术谈判，技术谈判的主要内容一般包括：拟引进技术的范围，提供技术的方式和途径，技术的内容、性能、参数，考核技术的时间、次数和标准，技术有效性的保证，提供技术资料和设备的清单、份数、交付时间和方式，技术服务和人员培训的安排，设备的安装、调试和验收，产品的检验方法等。最后，就要向技术提供方提出所需技术条件、商务条件等交易的询问，要求技术提供方据此提出愿意转让的条件、方式、价格等。询价不能采用口头形式，必须采取正式、完整的书面形式，即"询价书"。技术提供方正式提出报价后，引进方将其中的技术条件和商务条件与本身掌握的资料进行比较，以确定报价的合理程度、条件优劣、价格高低，确定最终提供方。

第三节　新产品开发

随着市场竞争越来越激烈，市场竞争的焦点从价格竞争转向差异化竞争。在市场竞争中，价格竞争主要反映在企业的成本优势上，而企业的差异化竞争主要表现为产品差别化、服务差别化和形象差别化。新产品开发是企业通过产品差别化建立竞争优势的基础。

一、新产品开发的概念及分类

产品是指为了满足人们的某种欲望和需求而提供给市场的东西。新产品是指具有新的原理、构思和设计，采用新的材料和元件，具有新的性能特点，具有新的用途或市场的产品。新产品开发是指从研究选择适应市场需要的产品开始到产品设计、工艺制造设计，直到投入正常生产的一系列决策过程。从广义而言，新产品开发既包括新产品的研制也包括原有产品的改进与换代。新产品开发是企业研究与开发的重点内容，也是企业生存和发展的战略核心之一。企业新产品开发的实质是推出不同内涵与外延的新产品，对大多数公司来说，是改进现有产品而非创造全新产品。

新产品有多种分类方法：

1. 按产品创新和改进程度分

（1）全新产品　指采用新原理、新材料、新技术、新结构、新工艺，性能指标有突破性提高或能够满足特殊需求的产品。

（2）换代新产品　指基本原理不变，部分地采用新技术、新材料、新结构、新工艺，性能指标有显著改进的新产品。

（3）改进新产品　指在原有产品的基础上，采用各种改进技术，对产品的功能、性能、型号和造型等局部改善而制成的产品。

2. 按产品的地域特征分

（1）世界新产品　指在世界范围内第一次试制和销售的新产品。

（2）国内新产品　指国外已有而在国内第一次试制和销售的新产品。

（3）企业新产品　指国内已有而在本企业第一次试制和销售的新产品。

3. 按新产品开发阶段分

（1）实验室新产品　指尚处于理论研究或实验研究阶段的新产品。

（2）试制新产品　指处于试制、鉴定阶段的新产品。

（3）试销新产品　指经过鉴定决定正式生产并投入市场试销的新产品。

（4）正式生产新产品　指已正式生产、投放市场销售的新产品。

国外某公司根据新产品对于公司和市场是新的程度，确定了新产品的6种类型，如图13-1所示。图13-1显示过去5年中每种类型的产品所占的百分率。这些类型的产品是：

1）世界新产品：开创全新市场的新产品。

2）新产品线：使一个公司首次进入已建立市场的新产品。

3）现行产品线的增补品：公司已建立的产品线上增补的新产品。

4）现行产品的改进：提供改进性能或有较大可见价值的新产品，并替代现行产品。

5）市场再定位：以新的市场或细分市场为目标的现行产品。

6）成本减少：以较低成本提供同样性能的新产品。

由图13-1可见，世界新产品只占10%，它对于公司和市场来说都是新的，这种产品包含了非常高的成本和风险。

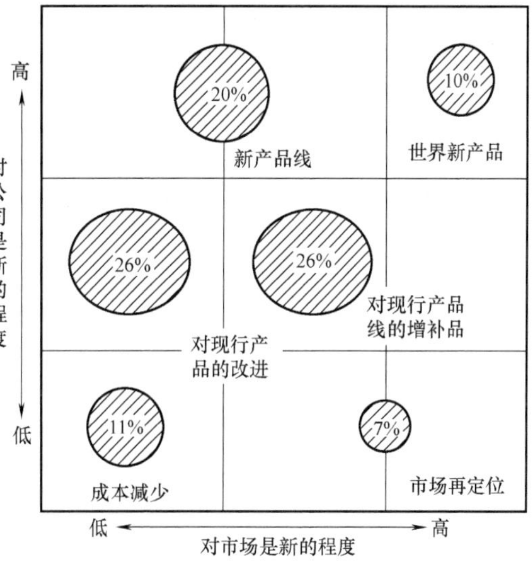

图 13-1　新产品类型

二、新产品开发的方向及方式

1. 新产品开发的方向

随着科学技术的发展和市场需求的变化，新产品的发展是多种多样的。为了合理选择适合本企业开发的新产品，必须根据需要和可能进行具体分析才能确定。分析和了解新产品开发的一般趋势，有助于企业合理选择自己新产品开发的项目。通常沿以下几个方向开发新产品：

（1）产品的高效化与多功能　即开发高性能、高效率、功能多和用途广的产品。

（2）产品的小型化和微型化　即功能保持一定的情况下开发体积小、重量轻的产品。

（3）产品的多样化与标准化　即在开发新产品时，既要注意开发多品种、多型号的产品，又要使产品符合标准化和系列化的要求。

（4）产品的节约化和无污染　即在开发新产品时，既要做到节约能源、原材料，又要减少对环境的污染，有利于保护环境和人类的身心健康。

2. 新产品开发的方式

选择适合企业自身条件的开发方式是减少开发风险，确保开发成功的重要前提。一般企业可以通过以下几种方式进行新产品开发。

（1）独立研制　自行研制是企业依靠自身较强的科研能力和技术力量，根据国内外市场情况和用户的使用要求，或者针对现有产品存在的问题，从根本上探讨产品的原理与结构，开展有关新技术、新材料等方面的一种独创性研究，在此基础上研制出具有本企业特色的新产品，特别是研制更新换代型新产品或全新产品。

企业自行独立研制新产品，要求具备较强的科研能力、雄厚的技术力量。凡是具备科研开发条件的企业，都应当组织独立研制，以便充分发挥企业的现有科学技术能力，促进科学技术的发展。

这种方式需要企业依靠自身力量来进行产品的开发研究与试制，适用于科研开发能力较强的企业。这种方式有利于形成企业的技术优势。

（2）技术引进　引进国内外技术含量先进且成熟的设备、产品、生产线、专有技术或相关资料来进行新产品开发，可缩短开发周期，及时获得市场机会，同时可减少技术风险，节省开发费用，但新产品会面临较激烈的竞争。其对研究开发能力较弱而制造能力较强的企业比较适用。这种方式有以下优点：

1）可以节省企业的科研经费和技术力量，把企业研制新产品的人力、物力集中起来研制其他新产品，迅速增加产品品种。

2）可以赢得时间尽快缩短竞争企业之间的技术差距。

3）可以把引进的先进技术作为发展产品的新起点，加速企业的技术发展，迅速提高企业的技术水平。

4）可以确保发展的产品有足够的经济寿命周期。

技术引进是新产品开发常用的一种方式，特别是对于产品研究开发能力较弱而制造力较强的企业更为适用。但是，一般说来，引进的技术多半属于别人已经采用的技术，该产品已占领一定市场，特别是从国外引进的技术，不仅需要付出较高的代价，而且还经常带有限制条件，这是在应用这种新产品开发方式时不能不加以考虑的因素。因此，有条件的企业不应把新产品开发长期建立在技术引进的基础上，应逐步建立自己的产品研究开发机构，或与科研、产品设计部门进行某种形式的联合，发展自己的新产品。

（3）结合开发　独立研制与技术引进相结合，有利于发挥两者的长处。在引进技术消化吸收的基础上进行创新，可开发出技术更先进的产品，适用于已有一定科研基础，同时又有较成熟的开发经验的企业。

（4）合作开发　企业内外力量联合起来进行开发，可充分发挥各自的优势。例如，高等院校的制造技术与企业的设备资金结合，可加快科研成果的转化，并使双方受益。

三、新产品开发的过程

新产品开发是一个复杂的过程，一般要经过几个阶段，其一般程序是：构思筛选→产品设想→可行性分析→产品研制→市场试销→投放市场。

1. 构思筛选

发展新产品首先需要广泛征集富于创造性的构思或者创意。所谓构思，就是对满足一种新需要的产品的设想。一些市场营销学者认为，一个好的构思等于新产品成功了一半，因而新产品构思的产生具有十分重要的意义。构思的主要来源包括：消费者和用户、商业部门、各种专业情报资料、竞争产品、各种博览会和展览会、企业内部职工等。

在新产品构思阶段，往往会有很多的设想，这些设想或构思，哪些应保留，哪些应剔除，这就要通过筛选来确定。通过筛选，把没有必要或没有可能的设想剔除，留下适合本企业发展的新产品方案。筛选时企业要考虑新产品潜在市场规模，需要的投资和企业的财务能力，原材料和能源的供应状况，所需设备和人力资源状况，新产品的销售渠道、储运能力以及获利能力，等等。

2. 产品设想

产品的基本设想来源于产品的构思，然后从许多的产品构思中筛选出来，再用有意义的语言加以描述。产品设想就是对产品构思的具体化和形象化。

3. 可行性分析

可行性分析是对某一新产品方案从技术、经济、生产条件、市场条件和社会环境等方面进行全面的调查研究和分析比较，最终判断是否开发这一新产品的过程。新产品可行性分析主要考虑以下方面：

1）产品技术先进性、产品功能实现程度、产品可靠性、产品社会性等技术因素的分析。

2）产品的生产成本和利润以及投资收益等经济因素的分析。

3）社会评价，即产品的开发是否符合国家法律和社会道德要求，是否有利于企业、用户和国家三方面的利益等。

4. 产品研制

企业选定最佳产品设想以后，就要创作样品，包括产品设计、工艺准备、样品试制和小批量试生产。这一阶段是以前的抽象产品的具体化阶段。经过从设计到实验、再设计到再实验的反复过程，发展到技术上可行的产品，从而进一步成为市场上的可行产品。

5. 市场试销

新产品样品经过用户试用之后，通常要制造少量正式产品，投入到一定范围的市场进行试销，以检验在正式销售条件下的市场反应。并非开发任何新产品都必须经过试销这一环节。企业对新产品的市场试销必须进行周密的策划和精心的组织。

6. 投放市场

新产品经过试销后，如果获取的资料证明是成功的，就可以进行大批量生产，投入市场。新产品投放市场，一是必须对新设备进行投资，以便大量生产；二是通过广告宣传等手段，建立顾客对新产品以及生产经销企业的强烈印象，唤起并刺激顾客对新产品的消费欲望；三是可以利用企业原有的销售渠道，以及原产品的声望、信誉和知名度，把新产品推入市场；四是把新产品向重要的市场与地区投入，当竞争对手将进入同一市场时，可采取快速抢占市场份额的措施。

按照一般程序进行新产品开发可以确保每一开发步骤得到执行，所冒的风险也比较小，因此比较适合于新公司等新产品开发能力较低、开发不确定性高的组织。对开发时间充足、市场稳定的新产品，或者组织部门化的企业组织，该方式仍适用。但这种开发程序容易在职能部门之间转移时造成"脱节",并且开发时间长,对市场的反应慢,不适于要求开发时间短和有快速反应能力的新产品开发。

四、新产品的评价方法

新产品开发具有投资大、周期长、风险大等特点,关系到企业的生存与发展,必须认真对新产品进行科学评价,为产品决策提供科学依据。常用的方法有:技术经济评价法、产品市场寿命周期评价法、产品获利能力评价法、产品系列平衡法、临界收益评价法。

1. 技术经济评价法

产品设计这个领域里的技术经济评价是一个很重要的问题。每一项技术发展的目的都是创造出富有生命力的产品,即创造出技术水平高和设计成熟的产品,使产品在技术和经济两个方面都比较合理,具有长期的竞争能力。因此,只有细致地研究各方面的观点和信息,包括趋势研究、市场分析、成果研究、用户咨询、预先开发、专利研究和环境保护等,才能做出正确的技术经济评价。

评价就是按照一定的观点来判断一个方案的优劣。评价结果可用一个比例数字来表示,这种比例数字可能是有因次的(如一台设备的生产成本)。评价结果也可以用分数来表示,是无因次的。例如,以一个理想产品为基准对一个产品进行分数评价是可行的,一般设理想产品评价为1,而相对评价获得的比例数值可称为价值(如技术价值),但实际产品很少达到1,因此可利用这个价值的大小(0~1)来判断产品方案的优劣。

技术经济评价法是将技术评价和经济评价分开进行,最后再将二者的结果总括起来,进行综合评价,以选取优化方案。

2. 产品市场寿命周期评价法

产品市场寿命周期评价法是运用产品市场寿命周期的理论,根据销售增长率指标,确定产品所处的市场寿命阶段,并据此做出开发、生产和销售的有关对策。

3. 产品获利能力评价法

产品获利能力评价法主要是根据资金利润率水平来评价和选择产品。资金利润率是一个综合性指标,可以通过很多指标综合反映出来。这里运用产品的销售利润率和资金周转次数来表达,即:

$$资金利润率 = \frac{利润}{资金} = \frac{利润}{销售额} \times \frac{销售额}{资金} = 销售利润率 \times 资金周转次数 \qquad (13-1)$$

4. 产品系列平衡法

多品种生产的企业,应区别对待产品的开发决策。产品系列平衡法是把市场需要和企业条件结合起来,利用每种产品的市场引力和企业实力这两个综合因素,按照一定的分数标准,划分为大、中、小三等,形成9种组合方式,即形成9个象限,根据得分情况,可在象限中找到每个产品的位置,做出综合评价和决策。

5. 临界收益评价法

临界收益评价法是应用盈亏平衡点的原理研究和评价各种不同产品组合方案,从中选择能达到利润目标的最佳方案的方法。临界收益是指销售收入减去可变成本后余下的部分,或等于固定成本加上利润。盈亏平衡点是指多种产品的临界收益累计值等于固定成本的界限量。凡是临界收益累计值高于固定成本的组合方案,都是可供选择的方案,可供选择方案中利润率最大的方案为最佳方案。

思考与练习

1. 技术创新有哪些分类？技术创新有哪几种模式？
2. 技术引进的方式有哪些？
3. 新产品的种类有哪些？新产品开发一般经过哪些步骤？
4. 新产品开发可沿着哪些方向进行？
5. 对知识产权的保护有哪些规定？

本 章 小 结

技术是企业保持竞争力的源泉，企业之间的较量在很大程度上就是技术先进性、适应性的比拼。技术创新是企业核心竞争力的重要组成部分，在技术上的任何一次重大改革都会带来企业竞争格局的变化，最终成为企业竞争成败的决定因素。

本章重点介绍了企业的技术创新、技术引进和新产品开发。技术创新的模式有自主创新模式、合作创新模式和模仿创新模式。技术引进是指技术接受方通过贸易、经济合作或其他方式从技术供给方获得先进技术的过程。新产品开发是指从研究选择适应市场需要的产品开始到产品设计、工艺制造设计，直到投入正常生产的一系列决策过程。新产品开发的方式有独立研制、技术引进、结合开发、合作开发等。技术是智慧与经验的结晶，就是把人类的历史在企业中得到延续与发扬，从而创造新的物质财富。

附录 复利系数表

年限 n/年	一次支付终值系数 (F/P,i,n)	一次支付现值系数 (P/F,i,n)	等额系列终值系数 (F/A,i,n)	偿债基金系数 (A/F,i,n)	资金回收系数 (A/P,i,n)	等额系列现值系数 (P/A,i,n)
			$i=5\%$			
1	1.0500	0.9524	1.0000	1.0000	1.0500	0.9524
2	1.1025	0.9070	2.0500	0.4878	0.5378	1.8594
3	1.1576	0.8638	3.1525	0.3172	0.3672	2.7232
4	1.2155	0.8227	4.3101	0.2320	0.2820	3.5460
5	1.2763	0.7835	5.5256	0.1810	0.2310	4.3295
6	1.3401	0.7462	6.8019	0.1470	0.1970	5.0757
7	1.4071	0.7107	8.1420	0.1228	0.1728	5.7864
8	1.4775	0.6768	9.5491	0.1047	0.1547	6.4632
9	1.5513	0.6446	11.0266	0.0907	0.1407	7.1078
10	1.6289	0.6139	12.5779	0.0795	0.1295	7.7217
11	1.7103	0.5847	14.2068	0.0704	0.1204	8.3064
12	1.7959	0.5568	15.9171	0.0628	0.1128	8.8633
13	1.8856	0.5303	17.7130	0.0565	0.1065	9.3936
14	1.9799	0.5051	19.5986	0.0510	0.1010	9.8986
15	2.0789	0.4810	21.5786	0.0463	0.0963	10.3797
16	2.1829	0.4581	23.6575	0.0423	0.0923	10.8378
17	2.2920	0.4363	25.8404	0.0387	0.0887	11.2741
18	2.4066	0.4155	28.1324	0.0355	0.0855	11.6896
19	2.5270	0.3957	30.5390	0.0327	0.0827	12.0853
20	2.6533	0.3769	33.0660	0.0302	0.0802	12.4622
21	2.7860	0.3589	35.7193	0.0280	0.0780	12.8212
22	2.9253	0.3418	38.5052	0.0260	0.0760	13.1630
23	3.0715	0.3256	41.4305	0.0241	0.0741	13.4886
24	3.2251	0.3101	44.5020	0.0225	0.0725	13.7986

（续）

年限 n/年	一次支付终值系数 $(F/P,i,n)$	一次支付现值系数 $(P/F,i,n)$	等额系列终值系数 $(F/A,i,n)$	偿债基金系数 $(A/F,i,n)$	资金回收系数 $(A/P,i,n)$	等额系列现值系数 $(P/A,i,n)$
\multicolumn{7}{c}{$i=5\%$}
25	3.3864	0.2953	47.7271	0.0210	0.0710	14.0939
26	3.5557	0.2812	51.1135	0.0196	0.0696	14.3752
27	3.7335	0.2678	54.6691	0.0183	0.0683	14.6430
28	3.9201	0.2551	58.4026	0.0171	0.0671	14.8981
29	4.1161	0.2429	62.3227	0.0160	0.0660	15.1411
30	4.3219	0.2314	66.4388	0.0151	0.0651	15.3725
31	4.5380	0.2204	70.7608	0.0141	0.0641	15.5928
32	4.7649	0.2099	75.2988	0.0133	0.0633	15.8027
33	5.0032	0.1999	80.0638	0.0125	0.0625	16.0025
34	5.2533	0.1904	85.0670	0.0118	0.0618	16.1929
35	5.5160	0.1813	90.3203	0.0111	0.0611	16.3742
36	5.7918	0.1727	95.8363	0.0104	0.0604	16.5469
37	6.0814	0.1644	101.6281	0.0098	0.0598	16.7113
38	6.3855	0.1566	107.7095	0.0093	0.0593	16.8679
39	6.7048	0.1491	114.0950	0.0088	0.0588	17.0170
40	7.0400	0.1420	120.7998	0.0083	0.0583	17.1591
41	7.3920	0.1353	127.8398	0.0078	0.0578	17.2944
42	7.7616	0.1288	135.2318	0.0074	0.0574	17.4232
43	8.1497	0.1227	142.9933	0.0070	0.0570	17.5459
44	8.5572	0.1169	151.1430	0.0066	0.0566	17.6628
45	8.9850	0.1113	159.7002	0.0063	0.0563	17.7741
46	9.4343	0.1060	168.6852	0.0059	0.0559	17.8801
47	9.9060	0.1009	178.1194	0.0056	0.0556	17.9810
48	10.4013	0.0961	188.0254	0.0053	0.0553	18.0772
49	10.9213	0.0916	198.4267	0.0050	0.0550	18.1687
50	11.4674	0.0872	209.3480	0.0048	0.0548	18.2559
\multicolumn{7}{c}{$i=8\%$}
1	1.0800	0.9259	1.0000	1.0000	1.0800	0.9259
2	1.1664	0.8573	2.0800	0.4808	0.5608	1.7833
3	1.2597	0.7938	3.2464	0.3080	0.3880	2.5771
4	1.3605	0.7350	4.5061	0.2219	0.3019	3.3121
5	1.4693	0.6806	5.8666	0.1705	0.2505	3.9927
6	1.5869	0.6302	7.3359	0.1363	0.2163	4.6229

（续）

年限 n/年	一次支付终值系数 (F/P,i,n)	一次支付现值系数 (P/F,i,n)	等额系列终值系数 (F/A,i,n)	偿债基金系数 (A/F,i,n)	资金回收系数 (A/P,i,n)	等额系列现值系数 (P/A,i,n)
\multicolumn{7}{c}{$i=8\%$}
7	1.7138	0.5835	8.9228	0.1121	0.1921	5.2064
8	1.8509	0.5403	10.6366	0.0940	0.1740	5.7466
9	1.9990	0.5002	12.4876	0.0801	0.1601	6.2469
10	2.1589	0.4632	14.4866	0.0690	0.1490	6.7101
11	2.3316	0.4289	16.6455	0.0601	0.1401	7.1390
12	2.5182	0.3971	18.9771	0.0527	0.1327	7.5361
13	2.7196	0.3677	21.4953	0.0465	0.1265	7.9038
14	2.9372	0.3405	24.2149	0.0413	0.1213	8.2442
15	3.1722	0.3152	27.1521	0.0368	0.1168	8.5595
16	3.4259	0.2919	30.3243	0.0330	0.1130	8.8514
17	3.7000	0.2703	33.7502	0.0296	0.1096	9.1216
18	3.9960	0.2502	37.4502	0.0267	0.1067	9.3719
19	4.3157	0.2317	41.4463	0.0241	0.1041	9.6036
20	4.6610	0.2145	45.7620	0.0219	0.1019	9.8181
21	5.0338	0.1987	50.4229	0.0198	0.0998	10.0168
22	5.4365	0.1839	55.4568	0.0180	0.0980	10.2007
23	5.8715	0.1703	60.8933	0.0164	0.0964	10.3711
24	6.3412	0.1577	66.7648	0.0150	0.0950	10.5288
25	6.8485	0.1460	73.1059	0.0137	0.0937	10.6748
26	7.3964	0.1352	79.9544	0.0125	0.0925	10.8100
27	7.9881	0.1252	87.3508	0.0114	0.0914	10.9352
28	8.6271	0.1159	95.3388	0.0105	0.0905	11.0511
29	9.3173	0.1073	103.9659	0.0096	0.0896	11.1584
30	10.0627	0.0994	113.2832	0.0088	0.0888	11.2578
31	10.8677	0.0920	123.3459	0.0081	0.0881	11.3498
32	11.7371	0.0852	134.2135	0.0075	0.0875	11.4350
33	12.6760	0.0789	145.9506	0.0069	0.0869	11.5139
34	13.6901	0.0730	158.6267	0.0063	0.0863	11.5869
35	14.7853	0.0676	172.3168	0.0058	0.0858	11.6546
36	15.9682	0.0626	187.1021	0.0053	0.0853	11.7172
37	17.2456	0.0580	203.0703	0.0049	0.0849	11.7752
38	18.6253	0.0537	220.3159	0.0045	0.0845	11.8289
39	20.1153	0.0497	238.9412	0.0042	0.0842	11.8786
40	21.7245	0.0460	259.0565	0.0039	0.0839	11.9246

(续)

			$i=8\%$			
年限 n/年	一次支付终值系数 (F/P,i,n)	一次支付现值系数 (P/F,i,n)	等额系列终值系数 (F/A,i,n)	偿债基金系数 (A/F,i,n)	资金回收系数 (A/P,i,n)	等额系列现值系数 (P/A,i,n)
41	23.4625	0.0426	280.7810	0.0036	0.0836	11.9672
42	25.3395	0.0395	304.2435	0.0033	0.0833	12.0067
43	27.3666	0.0365	329.5830	0.0030	0.0830	12.0432
44	29.5560	0.0338	356.9496	0.0028	0.0828	12.0771
45	31.9204	0.0313	386.5056	0.0026	0.0826	12.1084
46	34.4741	0.0290	418.4261	0.0024	0.0824	12.1374
47	37.2320	0.0269	452.9002	0.0022	0.0822	12.1643
48	40.2106	0.0249	490.1322	0.0020	0.0820	12.1891
49	43.4274	0.0230	530.3427	0.0019	0.0819	12.2122
50	46.9016	0.0213	573.7702	0.0017	0.0817	12.2335
			$i=10\%$			
年限 n/年	一次支付终值系数 (F/P,i,n)	一次支付现值系数 (P/F,i,n)	等额系列终值系数 (F/A,i,n)	偿债基金系数 (A/F,i,n)	资金回收系数 (A/P,i,n)	等额系列现值系数 (P/A,i,n)
1	1.1000	0.9091	1.0000	1.0000	1.1000	0.9091
2	1.2100	0.8264	2.1000	0.4762	0.5762	1.7355
3	1.3310	0.7513	3.3100	0.3021	0.4021	2.4869
4	1.4641	0.6830	4.6410	0.2155	0.3155	3.1699
5	1.6105	0.6209	6.1051	0.1638	0.2638	3.7908
6	1.7716	0.5645	7.7156	0.1296	0.2296	4.3553
7	1.9487	0.5132	9.4872	0.1054	0.2054	4.8684
8	2.1436	0.4665	11.4359	0.0874	0.1874	5.3349
9	2.3579	0.4241	13.5795	0.0736	0.1736	5.7590
10	2.5937	0.3855	15.9374	0.0627	0.1627	6.1446
11	2.8531	0.3505	18.5312	0.0540	0.1540	6.4951
12	3.1384	0.3186	21.3843	0.0468	0.1468	6.8137
13	3.4523	0.2897	24.5227	0.0408	0.1408	7.1034
14	3.7975	0.2633	27.9750	0.0357	0.1357	7.3667
15	4.1772	0.2394	31.7725	0.0315	0.1315	7.6061
16	4.5950	0.2176	35.9497	0.0278	0.1278	7.8237
17	5.0545	0.1978	40.5447	0.0247	0.1247	8.0216
18	5.5599	0.1799	45.5992	0.0219	0.1219	8.2014
19	6.1159	0.1635	51.1591	0.0195	0.1195	8.3649
20	6.7275	0.1486	57.2750	0.0175	0.1175	8.5136
21	7.4002	0.1351	64.0025	0.0156	0.1156	8.6487
22	8.1403	0.1228	71.4027	0.0140	0.1140	8.7715

(续)

年限 n/年	一次支付终值系数 $(F/P,i,n)$	一次支付现值系数 $(P/F,i,n)$	等额系列终值系数 $(F/A,i,n)$	偿债基金系数 $(A/F,i,n)$	资金回收系数 $(A/P,i,n)$	等额系列现值系数 $(P/A,i,n)$
\multicolumn{7}{c}{$i=10\%$}
23	8.9543	0.1117	79.5430	0.0126	0.1126	8.8832
24	9.8497	0.1015	88.4973	0.0113	0.1113	8.9847
25	10.8347	0.0923	98.3471	0.0102	0.1102	9.0770
26	11.9182	0.0839	109.1818	0.0092	0.1092	9.1609
27	13.1100	0.0763	121.0999	0.0083	0.1083	9.2372
28	14.4210	0.0693	134.2099	0.0075	0.1075	9.3066
29	15.8631	0.0630	148.6309	0.0067	0.1067	9.3696
30	17.4494	0.0573	164.4940	0.0061	0.1061	9.4269
31	19.1943	0.0521	181.9434	0.0055	0.1055	9.4790
32	21.1138	0.0474	201.1378	0.0050	0.1050	9.5264
33	23.2252	0.0431	222.2515	0.0045	0.1045	9.5694
34	25.5477	0.0391	245.4767	0.0041	0.1041	9.6086
35	28.1024	0.0356	271.0244	0.0037	0.1037	9.6442
36	30.9127	0.0323	299.1268	0.0033	0.1033	9.6765
37	34.0039	0.0294	330.0395	0.0030	0.1030	9.7059
38	37.4043	0.0267	364.0434	0.0027	0.1027	9.7327
39	41.1448	0.0243	401.4478	0.0025	0.1025	9.7570
40	45.2593	0.0221	442.5926	0.0023	0.1023	9.7791
41	49.7852	0.0201	487.8518	0.0020	0.1020	9.7991
42	54.7637	0.0183	537.6370	0.0019	0.1019	9.8174
43	60.2401	0.0166	592.4007	0.0017	0.1017	9.8340
44	66.2641	0.0151	652.6408	0.0015	0.1015	9.8491
45	72.8905	0.0137	718.9048	0.0014	0.1014	9.8628
46	80.1795	0.0125	791.7953	0.0013	0.1013	9.8753
47	88.1975	0.0113	871.9749	0.0011	0.1011	9.8866
48	97.0172	0.0103	960.1723	0.0010	0.1010	9.8969
49	106.7190	0.0094	1057.1896	0.0009	0.1009	9.9063
50	117.3909	0.0085	1163.9085	0.0009	0.1009	9.9148
\multicolumn{7}{c}{$i=12\%$}
年限 n/年	一次支付终值系数 $(F/P,i,n)$	一次支付现值系数 $(P/F,i,n)$	等额系列终值系数 $(F/A,i,n)$	偿债基金系数 $(A/F,i,n)$	资金回收系数 $(A/P,i,n)$	等额系列现值系数 $(P/A,i,n)$
1	1.1200	0.8929	1.0000	1.0000	1.1200	0.8929
2	1.2544	0.7972	2.1200	0.4717	0.5917	1.6901
3	1.4049	0.7118	3.3744	0.2963	0.4163	2.4018
4	1.5735	0.6355	4.7793	0.2092	0.3292	3.0373

(续)

年限 n/年	一次支付终值系数 $(F/P,i,n)$	一次支付现值系数 $(P/F,i,n)$	等额系列终值系数 $(F/A,i,n)$	偿债基金系数 $(A/F,i,n)$	资金回收系数 $(A/P,i,n)$	等额系列现值系数 $(P/A,i,n)$
5	1.7623	0.5674	6.3528	0.1574	0.2774	3.6048
6	1.9738	0.5066	8.1152	0.1232	0.2432	4.1114
7	2.2107	0.4523	10.0890	0.0991	0.2191	4.5638
8	2.4760	0.4039	12.2997	0.0813	0.2013	4.9676
9	2.7731	0.3606	14.7757	0.0677	0.1877	5.3282
10	3.1058	0.3220	17.5487	0.0570	0.1770	5.6502
11	3.4785	0.2875	20.6546	0.0484	0.1684	5.9377
12	3.8960	0.2567	24.1331	0.0414	0.1614	6.1944
13	4.3635	0.2292	28.0291	0.0357	0.1557	6.4235
14	4.8871	0.2046	32.3926	0.0309	0.1509	6.6282
15	5.4736	0.1827	37.2797	0.0268	0.1468	6.8109
16	6.1304	0.1631	42.7533	0.0234	0.1434	6.9740
17	6.8660	0.1456	48.8837	0.0205	0.1405	7.1196
18	7.6900	0.1300	55.7497	0.0179	0.1379	7.2497
19	8.6128	0.1161	63.4397	0.0158	0.1358	7.3658
20	9.6463	0.1037	72.0524	0.0139	0.1339	7.4694
21	10.8038	0.0926	81.6987	0.0122	0.1322	7.5620
22	12.1003	0.0826	92.5026	0.0108	0.1308	7.6446
23	13.5523	0.0738	104.6029	0.0096	0.1296	7.7184
24	15.1786	0.0659	118.1552	0.0085	0.1285	7.7843
25	17.0001	0.0588	133.3339	0.0075	0.1275	7.8431
26	19.0401	0.0525	150.3339	0.0067	0.1267	7.8957
27	21.3249	0.0469	169.3740	0.0059	0.1259	7.9426
28	23.8839	0.0419	190.6989	0.0052	0.1252	7.9844
29	26.7499	0.0374	214.5828	0.0047	0.1247	8.0218
30	29.9599	0.0334	241.3327	0.0041	0.1241	8.0552
31	33.5551	0.0298	271.2926	0.0037	0.1237	8.0850
32	37.5817	0.0266	304.8477	0.0033	0.1233	8.1116
33	42.0915	0.0238	342.4294	0.0029	0.1229	8.1354
34	47.1425	0.0212	384.5210	0.0026	0.1226	8.1566
35	52.7996	0.0189	431.6635	0.0023	0.1223	8.1755
36	59.1356	0.0169	484.4631	0.0021	0.1221	8.1924
37	66.2318	0.0151	543.5987	0.0018	0.1218	8.2075
38	74.1797	0.0135	609.8305	0.0016	0.1216	8.2210

(续)

$i=12\%$

年限 n/年	一次支付终值系数 $(F/P,i,n)$	一次支付现值系数 $(P/F,i,n)$	等额系列终值系数 $(F/A,i,n)$	偿债基金系数 $(A/F,i,n)$	资金回收系数 $(A/P,i,n)$	等额系列现值系数 $(P/A,i,n)$
39	83.0812	0.0120	684.0102	0.0015	0.1215	8.2330
40	93.0510	0.0107	767.0914	0.0013	0.1213	8.2438
41	104.2171	0.0096	860.1424	0.0012	0.1212	8.2534
42	116.7231	0.0086	964.3595	0.0010	0.1210	8.2619
43	130.7299	0.0076	1081.0826	0.0009	0.1209	8.2696
44	146.4175	0.0068	1211.8125	0.0008	0.1208	8.2764
45	163.9876	0.0061	1358.2300	0.0007	0.1207	8.2825
46	183.6661	0.0054	1522.2176	0.0007	0.1207	8.2880
47	205.7061	0.0049	1705.8838	0.0006	0.1206	8.2928
48	230.3908	0.0043	1911.5898	0.0005	0.1205	8.2972
49	258.0377	0.0039	2141.9806	0.0005	0.1205	8.3010
50	289.0022	0.0035	2400.0182	0.0004	0.1204	8.3045

$i=15\%$

年限 n/年	一次支付终值系数 $(F/P,i,n)$	一次支付现值系数 $(P/F,i,n)$	等额系列终值系数 $(F/A,i,n)$	偿债基金系数 $(A/F,i,n)$	资金回收系数 $(A/P,i,n)$	等额系列现值系数 $(P/A,i,n)$
1	1.1500	0.8696	1.0000	1.0000	1.1500	0.8696
2	1.3225	0.7561	2.1500	0.4651	0.6151	1.6257
3	1.5209	0.6575	3.4725	0.2880	0.4380	2.2832
4	1.7490	0.5718	4.9934	0.2003	0.3503	2.8550
5	2.0114	0.4972	6.7424	0.1483	0.2983	3.3522
6	2.3131	0.4323	8.7537	0.1142	0.2642	3.7845
7	2.6600	0.3759	11.0668	0.0904	0.2404	4.1604
8	3.0590	0.3269	13.7268	0.0729	0.2229	4.4873
9	3.5179	0.2843	16.7858	0.0596	0.2096	4.7716
10	4.0456	0.2472	20.3037	0.0493	0.1993	5.0188
11	4.6524	0.2149	24.3493	0.0411	0.1911	5.2337
12	5.3503	0.1869	29.0017	0.0345	0.1845	5.4206
13	6.1528	0.1625	34.3519	0.0291	0.1791	5.5831
14	7.0757	0.1413	40.5047	0.0247	0.1747	5.7245
15	8.1371	0.1229	47.5804	0.0210	0.1710	5.8474
16	9.3576	0.1069	55.7175	0.0179	0.1679	5.9542
17	10.7613	0.0929	65.0751	0.0154	0.1654	6.0472
18	12.3755	0.0808	75.8364	0.0132	0.1632	6.1280
19	14.2318	0.0703	88.2118	0.0113	0.1613	6.1982
20	16.3665	0.0611	102.4436	0.0098	0.1598	6.2593

(续)

$i = 15\%$

年限 n/年	一次支付终值系数 $(F/P,i,n)$	一次支付现值系数 $(P/F,i,n)$	等额系列终值系数 $(F/A,i,n)$	偿债基金系数 $(A/F,i,n)$	资金回收系数 $(A/P,i,n)$	等额系列现值系数 $(P/A,i,n)$
21	18.8215	0.0531	118.8101	0.0084	0.1584	6.3125
22	21.6447	0.0462	137.6316	0.0073	0.1573	6.3587
23	24.8915	0.0402	159.2764	0.0063	0.1563	6.3988
24	28.6252	0.0349	184.1678	0.0054	0.1554	6.4338
25	32.9190	0.0304	212.7930	0.0047	0.1547	6.4641
26	37.8568	0.0264	245.7120	0.0041	0.1541	6.4906
27	43.5353	0.0230	283.5688	0.0035	0.1535	6.5135
28	50.0656	0.0200	327.1041	0.0031	0.1531	6.5335
29	57.5755	0.0174	377.1697	0.0027	0.1527	6.5509
30	66.2118	0.0151	434.7451	0.0023	0.1523	6.5660
31	76.1435	0.0131	500.9569	0.0020	0.1520	6.5791
32	87.5651	0.0114	577.1005	0.0017	0.1517	6.5905
33	100.6998	0.0099	664.6655	0.0015	0.1515	6.6005
34	115.8048	0.0086	765.3654	0.0013	0.1513	6.6091
35	133.1755	0.0075	881.1702	0.0011	0.1511	6.6166
36	153.1519	0.0065	1014.3457	0.0010	0.1510	6.6231
37	176.1246	0.0057	1167.4975	0.0009	0.1509	6.6288
38	202.5433	0.0049	1343.6222	0.0007	0.1507	6.6338
39	232.9248	0.0043	1546.1655	0.0006	0.1506	6.6380
40	267.8635	0.0037	1779.0903	0.0006	0.1506	6.6418
41	308.0431	0.0032	2046.9539	0.0005	0.1505	6.6450
42	354.2495	0.0028	2354.9969	0.0004	0.1504	6.6478
43	407.3870	0.0025	2709.2465	0.0004	0.1504	6.6503
44	468.4950	0.0021	3116.6334	0.0003	0.1503	6.6524
45	538.7693	0.0019	3585.1285	0.0003	0.1503	6.6543
46	619.5847	0.0016	4123.8977	0.0002	0.1502	6.6559
47	712.5224	0.0014	4743.4824	0.0002	0.1502	6.6573
48	819.4007	0.0012	5456.0047	0.0002	0.1502	6.6585
49	942.3108	0.0011	6275.4055	0.0002	0.1502	6.6596
50	1083.6574	0.0009	7217.7163	0.0001	0.1501	6.6605

$i = 20\%$

年限 n/年	一次支付终值系数 $(F/P,i,n)$	一次支付现值系数 $(P/F,i,n)$	等额系列终值系数 $(F/A,i,n)$	偿债基金系数 $(A/F,i,n)$	资金回收系数 $(A/P,i,n)$	等额系列现值系数 $(P/A,i,n)$
1	1.2000	0.8333	1.0000	1.0000	1.2000	0.8333
2	1.4400	0.6944	2.2000	0.4545	0.6545	1.5278

(续)

年限 n/年	一次支付终值系数 $(F/P,i,n)$	一次支付现值系数 $(P/F,i,n)$	等额系列终值系数 $(F/A,i,n)$	偿债基金系数 $(A/F,i,n)$	资金回收系数 $(A/P,i,n)$	等额系列现值系数 $(P/A,i,n)$
			$i=20\%$			
3	1.7280	0.5787	3.6400	0.2747	0.4747	2.1065
4	2.0736	0.4823	5.3680	0.1863	0.3863	2.5887
5	2.4883	0.4019	7.4416	0.1344	0.3344	2.9906
6	2.9860	0.3349	9.9299	0.1007	0.3007	3.3255
7	3.5832	0.2791	12.9159	0.0774	0.2774	3.6046
8	4.2998	0.2326	16.4991	0.0606	0.2606	3.8372
9	5.1598	0.1938	20.7989	0.0481	0.2481	4.0310
10	6.1917	0.1615	25.9587	0.0385	0.2385	4.1925
11	7.4301	0.1346	32.1504	0.0311	0.2311	4.3271
12	8.9161	0.1122	39.5805	0.0253	0.2253	4.4392
13	10.6993	0.0935	48.4966	0.0206	0.2206	4.5327
14	12.8392	0.0779	59.1959	0.0169	0.2169	4.6106
15	15.4070	0.0649	72.0351	0.0139	0.2139	4.6755
16	18.4884	0.0541	87.4421	0.0114	0.2114	4.7296
17	22.1861	0.0451	105.9306	0.0094	0.2094	4.7746
18	26.6233	0.0376	128.1167	0.0078	0.2078	4.8122
19	31.9480	0.0313	154.7400	0.0065	0.2065	4.8435
20	38.3376	0.0261	186.6880	0.0054	0.2054	4.8696
21	46.0051	0.0217	225.0256	0.0044	0.2044	4.8913
22	55.2061	0.0181	271.0307	0.0037	0.2037	4.9094
23	66.2474	0.0151	326.2369	0.0031	0.2031	4.9245
24	79.4968	0.0126	392.4842	0.0025	0.2025	4.9371
25	95.3962	0.0105	471.9811	0.0021	0.2021	4.9476
26	114.4755	0.0087	567.3773	0.0018	0.2018	4.9563
27	137.3706	0.0073	681.8528	0.0015	0.2015	4.9636
28	164.8447	0.0061	819.2233	0.0012	0.2012	4.9697
29	197.8136	0.0051	984.0680	0.0010	0.2010	4.9747
30	237.3763	0.0042	1181.8816	0.0008	0.2008	4.9789
31	284.8516	0.0035	1419.2579	0.0007	0.2007	4.9824
32	341.8219	0.0029	1704.1095	0.0006	0.2006	4.9854
33	410.1863	0.0024	2045.9314	0.0005	0.2005	4.9878
34	492.2235	0.0020	2456.1176	0.0004	0.2004	4.9898
35	590.6682	0.0017	2948.3411	0.0003	0.2003	4.9915
36	708.8019	0.0014	3539.0094	0.0003	0.2003	4.9929

(续)

年限 n/年	一次支付终值系数 (F/P,i,n)	一次支付现值系数 (P/F,i,n)	等额系列终值系数 (F/A,i,n)	偿债基金系数 (A/F,i,n)	资金回收系数 (A/P,i,n)	等额系列现值系数 (P/A,i,n)
			$i=20\%$			
37	850.5622	0.0012	4247.8112	0.0002	0.2002	4.9941
38	1020.6747	0.0010	5098.3735	0.0002	0.2002	4.9951
39	1224.8096	0.0008	6119.0482	0.0002	0.2002	4.9959
40	1469.7716	0.0007	7343.8578	0.0001	0.2001	4.9966
41	1763.7259	0.0006	8813.6294	0.0001	0.2001	4.9972
42	2116.4711	0.0005	10577.3553	0.0001	0.2001	4.9976
43	2539.7653	0.0004	12693.8263	0.0001	0.2001	4.9980
44	3047.7183	0.0003	15233.5916	0.0001	0.2001	4.9984
45	3657.2620	0.0003	18281.3099	0.0001	0.2001	4.9986
46	4388.7144	0.0002	21938.5719	0.0000	0.2000	4.9989
47	5266.4573	0.0002	26327.2863	0.0000	0.2000	4.9991
48	6319.7487	0.0002	31593.7436	0.0000	0.2000	4.9992
49	7583.6985	0.0001	37913.4923	0.0000	0.2000	4.9993
50	9100.4382	0.0001	45497.1908	0.0000	0.2000	4.9995

参 考 文 献

[1] 宋国防. 工程经济 [M]. 北京：中国科学技术出版社，2005.
[2] 何亚伯，张海涛，杨海红. 工程经济学 [M]. 北京：机械工业出版社，2008.
[3] 吴锋，叶锋. 工程经济 [M]. 2版. 北京：机械工业出版社，2015.
[4] BLANKL，TARQUINA. 工程经济学 [M]. 胡欣悦，李从东，汤用力，译. 6版. 北京：清华大学出版社，2010.
[5] 李南. 工程经济学 [M]. 4版. 北京：科学出版社，2013.
[6] 李南. 工程经济学学习指导与习题 [M]. 北京：科学出版社，2013.
[7] 陈伟，韩斌，张凌. 技术经济学 [M]. 北京：清华大学出版社，2012.
[8] 郭伟，王凯. 工程经济学 [M]. 2版. 北京：电子工业出版社，2013.
[9] 刘晓君. 工程经济学 [M]. 3版. 北京：中国建筑工业出版社，2014.
[10] 于立君，郝利光. 工程经济学 [M]. 2版. 北京：机械工业出版社，2010.
[11] 于立君. 工程经济学学习指导与习题 [M]. 北京：机械工业出版社，2010.
[12] 陆宁. 工程经济学 [M]. 北京：化学工业出版社，2008.
[13] 武献华，宋维佳，屈哲. 工程经济学 [M]. 4版. 大连：东北财经大学出版社，2015.
[14] 魏法杰，王玉灵，郑筠. 工程经济学 [M]. 2版. 北京：电子工业出版社，2015.
[15] 陈锡璞. 工程经济 [M]. 北京：机械工业出版社，2000.
[16] 李丽. 工程项目全面风险管理的理论与方法研究 [M]. 北京：北京工业大学出版社，2002.
[17] 王英. 工程经济 [M]. 北京：中国科学技术出版社，2001.
[18] 汪应洛. 运筹学与系统工程 [M]. 北京：机械工业出版社，1993.
[19] 赵建华. 技术经济学 [M]. 北京：科学出版社，2000.
[20] 傅家骥，雷家骕，程源. 技术经济学前沿问题 [M]. 北京：经济科学出版社，2004.
[21] 雷家骕，程源，杨湘玉. 技术经济学的基础理论与方法 [M]. 北京：高等教育出版社，2005.
[22] 王景山. 项目投资与管理 [M]. 北京：机械工业出版社，2004.
[23] 何亚伯. 建筑工程与企业管理 [M]. 武汉：武汉大学出版社，2005.
[24] 杨华锋，贾增然，张勤. 投资项目经济评价 [M]. 北京：中国经济出版社，1997.
[25] 孙耀君. 西方管理学：名著提要 [M]. 南昌：江西人民出版社，1998.
[26] 郭咸纲. 西方管理思想史 [M]. 北京：世界图书出版公司，2010.
[27] 罗宾斯. 管理学 [M]. 9版. 北京：中国人民大学出版社，2008.
[28] 陈树文. 组织管理学 [M]. 大连：大连理工大学出版社，2005.
[29] 魏颖辉，王景平. 企业管理学 [M]. 北京：北京航空航天大学出版社，2008.
[30] 杨善林，傅为忠，胡祥林. 企业管理学 [M]. 北京：高等教育出版社，2015.
[31] 周三多，陈传明. 管理学 [M]. 5版. 上海：复旦大学出版社，2013.
[32] 李垣. 管理学 [M]. 北京：高等教育出版社，2015.
[33] 杨文士，焦叔斌，张雁，等. 管理学原理 [M]. 2版. 北京：中国人民大学出版社，2004.
[34] 金武，朱庆宝. 管理学 [M]. 北京：北京航空航天大学出版社，2011.
[35] 王景河，庄培章. 管理学基础与实践 [M]. 北京：中国人民大学出版社，2015.
[36] 达夫特，马克西. 管理学原理 [M]. 7版. 北京：机械工业出版社，2012.
[37] 曾旗，胡延松，王晓君. 管理学原理 [M]. 武汉：武汉理工大学出版社，2006.
[38] 熊勇清. 管理学原理、方案与案例 [M]. 上海：复旦大学出版社，2006.

[39] 周三多, 邹统钎. 战略管理思想史［M］. 上海: 复旦大学出版社, 2003.
[40] 项宝华. 战略管理——艺术与实务［M］. 3版. 北京: 华夏出版社, 2012.
[41] 波特. 竞争战略［M］. 陈小悦, 译. 北京: 华夏出版社, 2014.
[42] 罗子明. 消费者心理学［M］. 4版. 北京: 清华大学出版社, 2017.
[43] 王玮, 梁新弘. 网络营销［M］. 北京: 中国人民大学出版社, 2016.
[44] 科特勒, 凯勒. 营销管理［M］. 上海: 格致出版社, 2016.
[45] 德斯勒, 曾湘泉. 人力资源管理.［M］. 10版. 北京: 中国人民大学出版社, 2007.
[46] Excel Home. Excel高效办公——人力资源与行政管理［M］. 北京: 人民邮电出版社, 2014.
[47] 吴冬梅. 人力资源管理案例分析［M］. 北京: 机械工业出版社, 2011.
[48] 程向阳, 王明姬, 冯筱珩. 操作与风险规避指引手册［M］. 北京: 北京大学出版社, 2011.
[49] 官志. 案例: 盛唐广告公司——开发人力资源管理, 培养献身精神, 实现企业成长［D］. 广州: 暨南大学, 2001.
[50] 陈荣秋, 马士华. 生产运作管理［M］. 北京: 高等教育出版社, 2017.
[51] CHASE B, AQUILANO N J, JACOBS F R. 运营管理［M］. 任建标, 译. 北京: 机械工业出版社, 2015.
[52] FITZSIMMONS J A, FITZSIMMONSM J. 服务管理: 运作、战略和信息技术［M］. 张金成, 范秀成, 译. 北京: 机械工业出版, 2013.
[53] 梅雷迪思, 谢弗. MBA运营管理［M］. 陈曦, 译. 北京: 中国人民大学出版社, 2015.
[54] 王丽亚. 生产计划与控制［M］. 北京: 清华大学出版社, 2007.
[55] 吴冬梅. 人力资源管理案例分析［M］. 北京: 机械工业出版社, 2011.
[56] 何娟. 人力资源管理［M］. 天津: 天津大学出版社, 2007.
[57] 张小兵, 孔凡柱. 人力资源管理［M］. 北京: 机械工业出版社, 2013.
[58] EVANS J R, LINDSAY W M. 质量管理与质量控制［M］. 焦叔斌, 译. 北京: 中国人民大学出版社, 2010.
[59] 蒋家东, 冯允成. 统计过程控制［M］. 北京: 中国质检出版社, 2011.
[60] 鲁若愚, 银路. 企业技术管理［M］. 北京: 高等教育出版社, 2006.
[61] SULLIVAN W G, WICKS E M, KOELLING C P. Engineering economy［M］. 15th ed. Upper Saddle River: Prentice Hall, 2012.
[62] PARK C S. Contemporary engineering economics［M］. 5th ed. New York: Pearson Education Inc, 2011.
[63] ROBBINS S P, COULTER M. Management［M］. 11th ed. New York: Pearson Education Inc, 2012.
[64] GULATI R, MAYO A J, NOHRIA N. Management［M］. Stamford: Cengage Learning, 2013.
[65] ROBBINS S P, JUDGE T A. Essentials of organizational behavior［M］. 11th ed. New York: Pearson Education Inc, 2012.